MEDIAÇÃO E CONCILIAÇÃO

Aplicações Práticas para Resolução de Conflitos

Organizadores:
Bianca Oliveira de Farias
Daniel Brantes Ferreira

Autores:
Adrianne Silva Maragno, Alessandra De Lima Oliveira, Barbara Lucia Tiradentes De Souza, Bianca Oliveira de Farias, Daniel Brantes Ferreira, Eduardo Alves Walker, Jardel Ulisses Alves De Sousa, Josias Gadelha Da Silva, Larissa Padilha Roriz Penna, Marcella Amud Botelho, Mario Sergio Leiras Teixeira, Sandra Cristina Dos Santos Bahia, Shellsy Anne Aquino Moslay, Thiago Virginio Paes Leme

Publisher: Ambra University Press
First edition: AUGUST 2022 (Revision 1.0a)

Author: Adrianne Silva Maragno, Alessandra De Lima Oliveira, Barbara Lucia Tiradentes De Souza, Bianca Oliveira de Farias, Daniel Brantes Ferreira, Eduardo Alves Walker, Jardel Ulisses Alves De Sousa, Josias Gadelha Da Silva, Larissa Padilha Roriz Penna, Marcella Amud Botelho, Mario Sergio Leiras Teixeira, Sandra Cristina Dos Santos Bahia, Shellsy Anne Aquino Moslay, Thiago Virginio Paes Leme
Title: Mediação e Conciliação: Aplicações Práticas para Resolução de Conflitos
Cover design: Ambra University Press
Book design: Ambra University Press
Proofreading: Ambra University Press

E-book format: EPUB
Print format: Print format: Paperback- 6 x 9 inch

ISBN: 978-1-952514-15-9 (Print - Paperback)
ISBN: 978-1-952514-16-6 (e-book – EPUB)

Ambra is a trademark of Ambra Education, Inc. registered in the U.S. Patent and Trademark Office.
Ambra University Press is a division of Ambra Education, Inc.
Orlando, FL, USA
https://press.ambra.education/ • https://www.ambra.education/

Editora: Ambra University Press
Primeira edição: agosto 2022 (Revisão 1.01)

Autores: Adrianne Silva Maragno, Alessandra De Lima Oliveira, Barbara Lucia Tiradentes De Souza, Bianca Oliveira de Farias, Daniel Brantes Ferreira, Eduardo Alves Walker, Jardel Ulisses Alves De Sousa, Josias Gadelha Da Silva, Larissa Padilha Roriz Penna, Marcella Amud Botelho, Mario Sergio Leiras Teixeira, Sandra Cristina Dos Santos Bahia, Shellsy Anne Aquino Moslay, Thiago Virginio Paes Leme
Título: Mediação e Conciliação: Aplicações Práticas para Resolução de Conflitos
Design da capa: Ambra University Press
Projeto gráfico: Ambra University Press
Revisão: Ambra University Press

Formato e-book: EPUB
Formato impresso: Capa mole - 6 x 9 polegadas

ISBN: 978-1-952514-15-9 (Impresso – capa mole)
ISBN: 978-1-952514-16-6 (e-book – EPUB)

Ambra é uma marca da Ambra Education, Inc. registrada no U.S. Patent and Trademark Office.
Ambra University Press é uma divisão da Ambra Education, Inc.
Orlando, FL, EUA
https://press.ambra.education/ • https://www.ambra.education/

SUMÁRIO

SOBRE OS AUTORES

Bianca Oliveira de Farias

Mediadora e advogada; mais de 15 anos de experiência em direito e ensino jurídico; professora de mestrado na Universidade Candido Mendes (Ucam); coordenadora de graduação em direito na Ucam; editora assistente na Revista Brasileira de Alternative Dispute Resolution – RBADR; doutorado em direito pela Universidade do Estado do Rio de Janeiro (UERJ), mestrado em direito pela UERJ, bacharelado em direito pela UERJ;

Daniel Brantes Ferreira

CEO do Centro Brasileiro de Mediação e Arbitragem (CBMA); mais de 15 anos de experiência em advocacia, ensino jurídico e arbitragem; Fellow no Chartered Institute of Arbitrators (CIArb) e Regional Chair para o Brasil do Institute for Transnational Arbitration (ITA); editor chefe da Revista Brasileira de Alternative Dispute Resolution; pesquisador visitante na Law School da State University of New York at Buffalo; pós-doutorado em direito pela Universidade do Estado do Rio de Janeiro (UERJ), doutorado em direito pela PUC-Rio, mestrado em direito pela PUC-Rio, bacharelado em direito pela PUC-Rio.

ADRIANNE SILVA MARAGNO

Mestranda em Ciências Jurídicas com ênfase em Métodos Adequados de Solução de Conflitos na Ambra University. Arbitra na área trabalhista com formação na AMCHAM e TASP. Mediadora e Conciliadora Judicial. Membro do Comitê Brasileiro de Arbitragem (CBAr). Membro do Instituto Brasileiro de Direito Desportivo (IBDD). Membro efetivo da comissão especial da advocacia na mediação e conciliação da OAB/SP. Mediadora do Instituto de Mediação Imediate.

ALESSANDRA DE LIMA OLIVEIRA

Pós Graduada em Civil e Processo Civil, Pós Graduada em Direito Público. Advogada e Sócia do Escritório Anjos & Oliveira com sede em Manaus - Amazonas, Brasil, hoje com atuação na cidade de Manaus e São Paulo. Com experiência Jurídica há mais de 10 anos. Autora do artigo "A razoável duração do processo em face à virtualização no Tribunal de Justiça do Amazonas" em 2012. publicado na Revista de Doutrina e Jurisprudência do Tribunal de Justiça do Amazonas.

BÁRBARA LÚCIA TIRADENTES DE SOUZA

Mestre em Ciências Jurídicas (Ambra University). Especialista em Direito Aplicado (EMAP) e Gestão Pública com ênfase em Gestão de Pessoas (IFPR). Psicopedagoga Institucional (Barão de Mauá). Gestora Sistêmica em Resolução Adequada de Disputas - RAD. Negociadora (Harvard University). Mediadora judicial. Facilitadora em Círculos de Justiça Restaurativa (AJURIS) e Peacemaking Circles (Coonozco). Palestrante na área de Psicologia Positiva voltada para Negociação, Mediação Judicial, Peacemaking Circles, Comunicação Assertiva e Escuta Ativa.

EDUARDO ALVES WALKER

Juiz de Direito do Estado do Amazonas, Ex Delegado de Polícia de SC, Aprovado e nomeado para Promotor de Justiça do Estado de Roraima (12º lugar) e Oficial de Justiça do TJDFT (2º Lugar), dentre outros, Aprovado para consultor legislativo da Câmara dos Deputados – área penal (14º lugar) e para Procurador do Estado do Amazonas, dentre outros, Autor de diversos artigos jurídicos, Mestre em direito – Métodos alternativos de resolução de conflitos, Graduado na UDF.

JARDEL ULISSES ALVES DE SOUSA

Bacharel em Direito pela Universidade do Estado do AMAZONAS - UEA. Especialista em Direito Penal e Processo Penal (CIESA). Licenciado em História (UEA). Oficial de Justiça - Avaliador do Tribunal de Justiça do Amazonas - TJ/AM. Mestrando em Dispute Resolucion pela Ambra University (U.S.A).

JOSIAS GADELHA DA SILVA

Servidor Público no Tribunal de Justiça do Amazonas. Bacharel em Direito - Universidade do Estado do Amazonas (UEA). Especialista em Direito Processual - Escola Superior da Magistratura do Amazonas (ESMAM). Pós-Graduado em Técnicas e Fundamentos da Construção das Decisões Judiciais - Escola Superior da Magistratura do Amazonas (ESMAM). Mestrando em Ciências Jurídicas - Ambra University.

Larissa Padilha Roriz Penna

Juíza de Direito do Estado do Amazonas. Pós graduada em Direito Público pela Universidade Federal do Ceará. Pós graduada em Direito Penal e Processo Penal pela FAERPI. Mestranda em Direito pela Ambra University. Responsável pelo Projeto "Nossa Dor Não é brincadeira", cartilha e palestras sobre o enfrentamento à Violência contra a Mulher.

Marcella Amud Botelho

Graduada em Direito pela UFAM, especialista em Direito Processual pela PUC-Minas, mestranda em Ciências Jurídicas na Ambra University e chefe de gabinete de desembargador no TJAM.

Mario Sergio Leiras Teixeira

Formado em Ciências Humanas Exatas e Letras de Rondônia – FARO Curso de DIREITO. Faculdade de Ciências Administrativas e de Tecnologia – FATEC TECNOLOGIA EM PROCESSAMENTO DE DADOS. Pós Graduação em Direito Civil e Processo Civil – CAEJ. Atualização em Direito – Preatorium – Juiz de Fora - MG. Pós Graduado em Direito Civil, pela Faculdade FAVENI. Cursando Mestrado em Ciências Jurídicas pela Ambra College. Cursando Pós Graduação em Direito Previdenciário, pelo INFOC. Negociador. Mediador Extrajudicial e Judicial. Professor de Direito Constitucional. Professor de Métodos Adequados de Solução de Conflitos.

Sandra Cristina dos Santos Bahia

Advogada atuante nas áreas de Direito Previdenciário e Direito Civil. Formada em Direito pela Universidade Federal de Rondônia- UNIR, pós graduada em Direito Penal; MBA em Direito Civil e processo Civil pela Fundação Getúlio Vargas; pós graduada em Direito do Trabalho e Processo do Trabalho, pós-graduanda em Direito Previdenciário e Mestranda em Resoluções de Conflitos pela AMBRA UNIVERSITY na Flórida/USA.

Shellsy Anne Aquino Moslay

é Mestranda em Ciências Jurídicas com ênfase em Resolução de Conflitos pela AMBRA University/ Florida-EUA. Especialista em Direito Penal e Processual Penal pelo CIESA - Centro Integrado de Ensino Superior do Amazonas. Oficial de Justiça do TJ/AM e Psicóloga.

Thiago Virginio Paes Leme

Advogado e Consultor atuante nas áreas de Direito Empresarial e Médico. Ex Procurador Jurídico do CRO-MA, especialista em Direito Tributário pela PUC Minas. Mestre em Direito pela Ambra.

NEGOCIAÇÃO ELETRÔNICA E A COMUNICAÇÃO NÃO-VERBAL

Autores:

Bianca Oliveira de Farias

Daniel Brantes Ferreira

INTRODUÇÃO

Toda negociação tem por objetivo o consenso. No entanto, alcançá-lo dependerá dos vários elementos que as partes envolvidas trazem para a mesa de negociações do mundo real ou virtual. Nesse capítulo do livro, apresentaremos alguns conceitos de negociação que influenciam diretamente em seu resultado, cotejando as discrepâncias que ocorrem com a inserção da mídia nas negociações eletrônicas.

Para alcançar esse objetivo, discorreremos, em um primeiro momento, sobre a evolução dos sistemas projetados para auxiliar nas tarefas de negociação até chegarmos à negociação no ambiente virtual com suporte de softwares dos dias atuais.

Na sequência, abordaremos a negociação eletrônica e os obstáculos enfrentados devido ao distanciamento social e psicológico produzido pela mídia.

Ato contínuo, discorreremos sobre a relevância das mensagens silenciosas (comunicação não-verbal) na negociação e como esta é impactada em diferentes níveis nas negociações eletrônicas.

Por fim, traremos proposições acerca da utilização da mídia com o intuito de construir rapport no complexo processo de negociação virtual.

SISTEMAS E CONCEITOS NA NEGOCIAÇÃO ELETRÔNICA: PANORAMA

A tecnologia da informação e comunicação (TICs) possui papel fundamental e crescente nos processos de negociação, mediação, arbitragem e até mesmo na via judicial.

Negociação é um procedimento de barganha onde os participantes atingem determinado acordo sob determinadas condições de interação estratégica ou através de processos decisórios interdependentes. As partes seguem um ritual de avaliação da posição da parte contrária e, através de uma sequência de proposta e contrapropostas atingem ou não um acordo.[1] A negociação também pode ser denominada de procedimento de barganha bilateral (bilateral bargaining).

Desde o final da década de 1970, muitos sistemas foram projetados para auxiliar em tarefas fundamentais de processos complexos de negociação

---

1   TUREL, Ofir et. al. You can't shake hands with clenched fists: potential effects of trust assessments on the adoption of e-negotiation services. Group Decision and Negotiations, 2008, p. 141.

tais como: identificação do conflito, gestão e resolução do litígio, busca de consenso, análise da estabilidade do acordo e avaliação do equilíbrio. Sistemas como o de Suporte de Decisão de Grupo (Group Decision Support Systems – GDSSs) e os de Suporte a Reuniões (Meeting Support Systems – MSSs) possuem a função de gerir e de auxiliar na solução do conflito.[2] Tais sistemas de suporte de negociação (Negotiation Support Systems – NSSs) precisam ser projetados sempre levando em consideração seus usuários, para que o suporte na negociação tenha resultados satisfatórios.

Os primeiros sistemas projetados eram desenhados para conferir suporte de decisão (Decision Support Systems - DSS). A necessidade de utilização de sistemas computacionais especializados em negociação foi reconhecida nos anos 70.[3]

A partir daí, abriu-se o campo para o surgimento dos sistemas de suporte de negociação (NSS). Um sistema de suporte de negociação (NSS) pode ser definido como um software que implementa modelos e procedimentos, que possui recursos de comunicação e coordenação e é projetado para duas ou mais partes e/ou terceira parte (mediador) realizarem suas atividades de negociação. Em suma, o sistema de suporte de negociação é um modelo de suporte de decisão acrescido do amparo à comunicação.

Os sistemas de suporte de negociação (NSS) tornaram-se sistemas de negociação eletrônica (E-negotiation[4] systems - ENS) quando a internet passou

---

2   KERSTEN, Gregory E. et. al. Negotiation Support and E-Negotiation Systems: An Overview. Group Decision and Negotiations, Vol. 16, 2007, p. 554.

3   NYHART, J.D. et. al. Computer models as support for complex negotiations. Massachusetts Institute of Technology, 1987, pp. 1-32.

4   O termo E-negotiation foi proposto por Martin Bichler et. al. em 2003. Vide BICHLER, Martin. et. al. Toward a Structured Design of Electronic Negotiations. Group Decision and Negotiations, Vol. 12, pp. 311-335, 2003. Assim afirmam os autores: Negociação eletrônica, ou e-negociação, é um processo de negociação no qual

a ser utilizada para facilitar, organizar e automatizar (ou não) as atividades dos negociadores e/ou terceiro.[5]

Ao definirmos sistemas de negociação eletrônica (ENS) como software utilizado em negociações através da internet, estamos encampando no conceito todo e qualquer software capaz de auxiliar no processo de negociação tais como: e-mail, chat, vídeo, aplicativos que combinam mais de um meio de comunicação, negociação e leilões automatizados e softwares que combinam mecanismos de negociação e leilão.

Ademais, por força da necessidade de viabilizar o acesso por vários usuários, desenvolveu-se o conceito de mesa de negociação eletrônica (E-negotiation table - ENT), que consiste em um software que cria um espaço virtual para a negociação com ferramentas disponíveis para as partes e permite que implementem todas as atividades inerentes à negociação. Em suma, trata-se de uma sala virtual de reuniões. Uma mesa de negociação eletrônica (ENT) pode ainda contar com auxílio de um software-agente de negociação (NSA) que é capaz de automatizar uma ou mais atividades da negociação, ou seja, que consegue conduzir parte significativa da negociação (ou a negociação na integralidade) sem a necessidade de atuação humana (vide, por exemplo, negociação conduzida por bot).[6]

Cabe ressaltar, também, a existência dos softwares-assistentes de agentes de negociação (Negotiation Agents-Assistants – NAA) que têm a função

---

a informação é trocada por via de uma mídia eletrônica. (...) Na negociação eletrônica toda a comunicação é realizada utilizando a mídia eletrônica através de canais eletrônicos ou digitais que transportam dados.

5   KERSTEN, Gregory E. et. al. Negotiation Support and E-Negotiation Systems: An Overview. Group Decision and Negotiations, Vol. 16, 2007, p. 556.

6   Vide, por exemplo, os Bots de negociação como o Profit Trailer, o Gunbot, o HaasBot, o Cryptohopper e o Gekko utilizados para negociação de criptomoedas. É o chamado comércio de criptomoedas algorítmico.

de aconselhar os negociadores ou terceiros em prol do consenso. Os NAA funcionam como analistas ou experts. Diferenciam-se dos NSS devido a sua autonomia, mobilidade e provável parcialidade. Pode ser projetado, por exemplo, para auxiliar apenas um negociador e municiá-lo de vantagem competitiva sobre os outros.

Os sistemas de negociação eletrônica (ENS) contém todos os outros sistemas (NSS, ENT, DSS, NSA, NAA) e ferramentas utilizadas para auxiliar na negociação, tendo estas sido projetadas para este fim ou não (por exemplo: e-mail).

Portanto, podemos considerar que temos duas gerações de sistemas de negociação. Em um primeiro momento foram desenvolvidos sistemas de suporte de negociação (NSS) que possuíam uso limitado à determinada localidade e, em um segundo momento, surgiram os sistemas de negociação eletrônica (ENS) onde as possibilidades de suporte e de utilização de softwares de auxílio à negociação de forma ativa ou passiva são inúmeras.

SISTEMAS DE NEGOCIAÇÃO ELETRÔNICA E MEDIA EFFECT: CONFIANÇA, RAPPORT E PRESENÇA SOCIAL

Questão central em todo e qualquer método adotado para solução de conflitos é a confiança em sentido amplo (confiança entre as partes, confiança em relação a um terceiro neutro e confiança na tecnologia que está sendo utilizada). Não se consegue apertar a mão de alguém com os punhos cerrados. Sendo assim, para que as partes atinjam o consenso, é necessário o estabelecimento da confiança mútua o mais cedo possível, ou seja, as partes devem o quanto antes mostrar que estão de braços abertos.

Confiança pode ser definida como o estado psicológico que fornece uma representação de como os indivíduos compreendem sua relação com o outro em situações que envolvem risco e vulnerabilidade. Portanto, a confiança incorpora as experiências acumuladas bem como o conhecimento sobre a outra parte em situações que envolvem fragilidade. Por representar o entendimento de um indivíduo sobre uma relação, acaba por englobar dois processos distintos que promovem ou inibem resultados positivos na relação.

Em primeiro lugar, a confiança afeta a forma como um indivíduo analisa o comportamento futuro de outra parte em relação a qual há interdependência. Em segundo lugar, a confiança também afeta a interpretação das ações passadas ou atuais da outra parte.[7]

Confiança também pode ser definida como um conjunto de crenças nas quais se baseiam a ação dos outros na ausência de garantias expressas. Trata-se do atributo básico em todas as situações sociais que requerem cooperação e interdependência, bem como (na economia e na teoria das organizações) do mecanismo mais eficiente para regular transações. Sob o prisma sociológico, a confiança é vital para relacionamentos sociais estáveis, sendo também determinante para que haja cooperação social.[8] Confiança é o resultado de observações que levam à crença de que as ações de outra pessoa podem ser esperadas, sem garantia explícita, para atingir um objetivo em uma situação de risco.[9]

---

7   DIRKS, Kurt T. et. al. The Role of Trust in Organizational Settings. Organization Science, vol. 12, nº 4, 2001, p. 456.

8   ELOFSON, Greg. Developing trust with intelligent agents: an exploratory study. In: Castelfranchi C, Tan Y-H (eds) Trust and deception in virtual societies. Rotterdam: Kluwer Academic Publishing, 2001, p. 125.

9   ELOFSON, Greg. Developing trust with intelligent agents: an exploratory study. In: Castelfranchi C, Tan Y-H (eds) Trust and deception in virtual societies. Rotterdam: Kluwer Academic Publishing, 2001, p. 126.

Portanto, é necessário o estabelecimento de rapport,[10] ou seja, empatia entre as partes. O nível de confiança entre as partes pode variar em função de detalhes. Em negociações face-to-face (presenciais ou offline) o nível de confiança é comprovadamente maior do que em negociações realizadas por telefone e até em negociações onde os negociadores são colocados lado a lado e não frente a frente.[11]

A principal razão para isso é o fato de a negociação face-to-face, inegavelmente, facilitar a cooperação. O vídeo aumenta a sobrecarga da conversa, exigindo esforço superior ao que se faz pessoalmente. Além disso, se a conexão estiver instável, pode produzir sinais que as partes geralmente associam à mentira. A confiança é uma emoção delicada, portanto, o vídeo pode não ser suficiente. Em negociações por e-mail, por exemplo, a probabilidade de consenso aumenta se a comunicação é precedida por uma conversa telefônica, ou se as partes realizam autorrevelações por e-mail (através de troca de fotografias, informações pessoais e emoticons que demonstram emoções)[12]. Tais ações promovem o rapport e aumentam a credibilidade do negociador.

Em síntese, a confiança aumenta quando o distanciamento produzido pela mídia utilizada é reduzido por uma comunicação mais eficaz que torna o uso da tecnologia mais confortável. As partes, em uma negociação, se pautam

---

10   Rapport pode ser definido como um estado de positividade e interesse mútuo que surge através do arrastamento do comportamento expressivo em uma interação. DROLET, Aimee L. et. al. Rapport in Conflict Resolution: Accounting for How Face-to-Face Contact Fosters Mutual Cooperation in Mixed-Motive Conflicts. Journal of Experimental Social Psychology, vol. 36, 2000, p. 28.

11   DROLET, Aimee L. et. al. Rapport in Conflict Resolution: Accounting for How Face-to-Face Contact Fosters Mutual Cooperation in Mixed-Motive Conflicts. Journal of Experimental Social Psychology, vol. 36, 2000, pp. 26-50.

12   DROLET, Aimee L. et. al. Rapport in Conflict Resolution: Accounting for How Face-to-Face Contact Fosters Mutual Cooperation in Mixed-Motive Conflicts. Journal of Experimental Social Psychology, vol. 36, 2000, p. 47.

muito pelo que é dito, mas o nível de confiança aumenta significativamente em função do que não é dito, ou seja, do comportamento não-verbal. Além disso, quando a presença social[13] e psicológica das partes é mais facilmente percebida, as chances de sucesso na negociação são maiores. Dessa forma, quanto mais interativa a mídia utilizada, mais efetiva se revelará na construção da confiança.

Cabe ressaltar que existem dois tipos de confiança na negociação eletrônica:

a) a confiança interpessoal mediada pela tecnologia (seja entre negociadores ou entre negociadores e terceiros);

b) a confiança atribuída à tecnologia em si. A confiança no site de negociação ou na tecnologia de negociação utilizada, a confiança no terceiro (se existir) e a confiança na outra parte podem influenciar, diretamente, na confiança geral depositada em um provedor de serviços de negociação eletrônica.[14]

Qualquer mídia utilizada impacta em todas as partes envolvidas, gerando efeitos tanto na condução do procedimento de negociação e mediação quanto

---

13   Presença social se refere a habilidade da mídia em permitir que membros de um grupo sintam a realmente presença de um comunicador. Videoconferência, por exemplo, possui um nível de presença social maior do que a troca de mensagens por e-mail. Mídias que possuem maior nível de presença social permitem uma maior riqueza na transmissão de informações. Vide CHIDAMBARAM, Laku et. al. Impact of Communication Medium and Computer Support on Group Perceptions and Performance: A Comparison of Face-to-Face and Dispersed Meetings. MIS Quarterly, vol. 17, nº 4, 1993, p. 477.

14   TUREL, Ofir et. al. You can't shake hands with clenched fists: potential effects of trust assessments on the adoption of e-negotiation services. Group Decision and Negotiations, 2008, p. 152.

na maneira pela qual as partes trocam, recebem e interpretam as informações. A esse fenômeno a doutrina chama de efeitos da mídia (media effects).[15]

A profundidade da confiança e o nível de confiabilidade dos participantes depende de como o meio transmite e traduz a experiência social, incluindo suas sugestões culturais e pessoais, muitas vezes invisíveis.[16] Quanto menor o grau de proximidade física, maior o grau de distância psicológica.[17]

Os procedimentos de online dispute resolution tornam a experiência e a transmissão da empatia ainda mais difíceis e, conforme afirmado, a empatia gera confiança sendo, portanto, elemento essencial na negociação. No entanto, com o uso da tecnologia, se faz necessário desenvolver outros meios de demonstração de empatia que não os tradicionalmente utilizados offline, tais como balançar a cabeça em concordância, sorrir ou ainda tocar na mão de seu oponente demonstrando rapport.

Ao utilizar a mídia, o negociador deverá demonstrar, a todo momento, que compreendeu a fala de seu oponente. Portanto, ser descritivo para mostrar que compreendeu a fala do interlocutor, pode ser eficaz.

Ademais, é relevante tentar esclarecer pontos dúbios. Em trocas de e-mail, por exemplo, é recomendável copiar e colar trecho de mensagem não compreendido e fazer perguntas para prestação dos esclarecimentos possíveis . Sempre que possível, indagações devem ser formuladas (principalmente em interações textuais).

---

15   EBNER, Noam. Online Dispute Resolution and Interpersonal Trust. In: M.S. Abdel Wahab, E. Katsh & D. Rainey (Eds.) ODR: Theory and Practice. The Hague: Eleven International Publishing, 2012, pp. 203-236. Disponível em SSRN: https://ssrn.com/abstract=2167856. Acesso em: 10.04.2020.

16   OLSON, Judith S. et. al. i2i trust in e-commerce, vol. 43, nº 12, 2000, p. 41.

17   CITERA, Maryalice et. al. An Experimental Study of Credibility in E-Negotiations. Psychology & Marketing, vol. 22, nº 2, 2005, p. 166.

Tais condutas constroem a confiança entre as partes. Se a negociação se operar por vídeo, o mesmo deve ser feito. Nessa hipótese, questionamentos e as elucidações pertinentes devem ser feitas a todo momento. É fundamental que se atue de forma descritiva para que o oponente tenha certeza de que suas proposições foram compreendidas. Um mediador, à guisa de exemplificação, deve ter a função de esclarecedor tanto da mídia que está sendo utilizada quanto da negociação em si. Deverá, portanto, ensinar as partes a se comunicarem de forma mais eficaz no ambiente virtual (teach communication, achieve empathy).[18]

Cumpre salientar que as negociações eletrônicas, em regra, requerem mais tempo de barganha[19] e estão mais suscetíveis ao impasse, devido ao grau de distanciamento psicológico, ou seja, à menor presença social e maior dificuldade de estabelecimento de rapport.

Além disso, quanto maior o grau de novidade para as partes da tecnologia utilizada menores as chances de sucesso. Portanto, as partes devem sempre se sentir confortáveis no ambiente virtual escolhido ou no uso da mídia eleita. Quanto maior a experiência prévia no uso da tecnologia, mais confortáveis sentir-se-ão durante o processo de negociação.

Evidencia-se, pois, que, negociadores e mediadores devem, para obtenção do consenso, se familiarizar com a tecnologia utilizada, valendo-se de linguagem clara, fazendo perguntas para esclarecimentos de eventuais dúvidas e com isso, acabarão por contribuir com o processo de construção da confiança, a fim de reduzir ao máximo o grau de distância psicológica. Adotando as posturas referidas, atingirão um bom nível de rapport.

---

18   EBNER, Noam. Online Dispute Resolution and Interpersonal Trust. In: M.S. Abdel Wahab, E. Katsh & D. Rainey (Eds.) ODR: Theory and Practice. The Hague: Eleven International Publishing, 2012, p. 229. Disponível em SSRN: https://ssrn.com/abstract=2167856. Acesso em: 10.04.2020.

19   CITERA, Maryalice et. al. An Experimental Study of Credibility in E-Negotiations. Psychology & Marketing, vol. 22, nº 2, 2005, p. 172.

A IMPORTÂNCIA DA COMUNICAÇÃO VERBAL E NÃO-VERBAL NA NEGOCIAÇÃO ELETRÔNICA

Toda comunicação possui elementos e indicativos verbais e não-verbais.[20] Por obviedade, é mais fácil focar nos elementos verbais da comunicação, assim entendido aquilo que é dito. No entanto, a comunicação não-verbal é vital para o sucesso de qualquer interação humana, tanto no contexto social, quanto no profissional.[21] As informações não-verbais podem ser definidas como todo e qualquer comportamento potencialmente informativo que não é de conteúdo puramente linguístico.

Assim sendo, a comunicação não-verbal inclui três categorias:

a) o ambiente de comunicação que consiste no ambiente físico e espacial;

b) as características físicas do comunicador, ou seja, sua aparência e atratividade em geral: altura, peso, cabelo, cor de pele, odores (do corpo ou hálito). Considera-se, ainda, sua apresentação (roupa, uso de maquiagem, óculos, peruca, adereços de cabelo, joias, etc.);

c) movimentos corporais e posições tais como gestos, postura, padrão de toque, expressões faciais, comportamento do olhar e padrão vocal.

---

20   A comunicação não-verbal é geralmente separada em duas tradições, a emocional e a comunicacional. As dicas não-verbais que expressam sentimentos internos, de forma intencional ou não, são resultados da emoção, enquanto as dicas não-verbais que complementam ou substituem as palavras são definidas como comunicacionais. Apesar de existir tal distinção é comum o intercâmbio entre os conceitos. THOMPSON, Jeff et. al. Nonverbal Communication in Negotiation. In: Negotiatior's Desk Reference. Minnessotta: DRI Press, 2017, p. 465.

21   THOMPSON, Jeff et. al. Nonverbal Communication in Negotiation. In: HONEYMAN, Chris et. al. Negotiator's Desk Reference. Minnessotta: DRI Press, 2017, p. 451.

Existem duas áreas da comunicação não-verbal que interessam aos negociadores: a proxêmica (do latim, próximo), ou seja, o estudo de como as pessoas interagem e se comunicam com o espaço ou de como o homem percebe as estruturas e utiliza o espaço e até mesmo o modo de arrumação dos móveis; e a cinésica que é o estudo do movimento e se refere a todas as formas de movimentos corpóreos excluindo-se o toque.[22] Trata-se, pois, de mensagens silenciosas.

Em negociações presenciais, muitos negociadores julgam a integridade de seu oponente pautado no contato visual, na firmeza do aperto de mão e no instinto (reação visceral). Ao observar como um negociador utiliza o espaço, pode-se extrair percepções de suas intenções e estratégias. É viável afirmar, também, que negociadores estruturam seu território de maneira a deixar seu oponente confortável em maior ou menor grau.[23]

A coordenação do comportamento não-verbal entre as pessoas auxilia na manutenção dos níveis desejados de excitação e intimidade, tais como convergência postural, sincronia gestual e compatibilidade de expressões faciais que demonstram interesse mútuo.[24]

A maior parte dos padrões de comportamento não-verbal simplesmente não ocorrem quando a pessoa está sozinha. No entanto, as expressões faciais de emoção podem ser intensas em situações de solidão. As interações sociais

---

22   CHU, Yun et. al. Silent messages in negotiations: The role of nonverbal communication in cross-culture business negotiations. Journal of Organizational Culture, Communication and Conflict, vol. 9, nº 2, 2005, pp. 114-115.

23   CHU, Yun et. al. Silent messages in negotiations: The role of nonverbal communication in cross-culture business negotiations. Journal of Organizational Culture, Communication and Conflict, vol. 9, nº 2, 2005, p. 115.

24   DROLET, Aimee L. et. al. Rapport in Conflict Resolution: Accounting for How Face-to-Face Contact Fosters Mutual Cooperation in Mixed-Motive Conflicts. Journal of Experimental Social Psychology, vol. 36, 2000, p. 39.

podem, inclusive, reduzir as expressões faciais de emoção. Os movimentos faciais e a voz já foram estudados, de forma ampla, em termos de expressão emocional e foram percebidas sete emoções que possuem configurações de movimentos musculares característicos, além de uma variação acústica na voz correlata.[25]

Interessante observar o modelo METTA de comunicação não-verbal (movimento, ambiente - environment, toque, tom de voz e aparência) através da tabela abaixo[26]:

Movimento	Gestos, postura, orientação corporal, contato visual e movimentos oculares, expressões faciais, movimentos da cabeça em concordância ou discordância e ângulo de inclinação
Ambiente	Localização, distância entre pessoas, tempo e layout da sala
Toque	Aperto de mão, vazamento não-verbal – non-verbal leakage[27] (self-adaptors e object-adaptors): tocar em si mesmo tal como enrolar o cabelo; tocar em objetos tais como clicar caneta ou mexer em um canudo de bebida)
Tom de voz	Clareza, pausas, "umms" e "ahs", volume, tom, ritmo
Aparência	Roupa, acessórios e ornamentos

---

25   Sobre métodos de medição de configuração facial vide: EKMAN, Paul. Methods for measuring facial action. In SCHERER, K. R. et. al. Handbook of methods in nonverbal behavior research. New York: Cambridge University Press, 1982, pp. 45-135.

26   THOMPSON, Jeff et. Al. Nonverbal Communication in Negotiation. In: HONEYMAN, Chris et. al. Negotiator's Desk Reference. Minnessotta: DRI Press, 2017, p. 455.

27   Leakage ou vazamento são as pistas obtidas através de ações não-verbais que abrem uma janela para observadores experientes observarem o estado emocional de alguém. São os movimentos físicos inconscientes, não-intencionais e incontroláveis.

Afirma-se que 93% da comunicação é não-verbal (composta de 55% de linguagem corporal e 38% de tom de voz)[28] e que 7% apenas da comunicação seria realizada por palavras. Tal regra do 7-38-55, por obviedade, não pode ser considerada literalmente sob pena de praticamente desconsiderarmos a relevância da comunicação verbal e deve ser vista com ressalvas.[29]

O que devemos nos atentar principalmente é com a congruência entre o comportamento verbal e o comportamento não-verbal online ou offline. Tal congruência ou incongruência afeta a retenção que o interlocutor faz dos argumentos de seu oponente. No entanto, não se pode desconsiderar a habilidade do negociador de lidar com mensagens contraditórias (incongruentes), filtrá-las e retirar o eventual ruído. Dessa forma, devemos enfatizar a importância da comunicação verbal. O comportamento defensivo, por exemplo, reduz a motivação e habilidade de enxergar o conflito sob outra perspectiva e reduz a probabilidade de uma reavaliação de posição. Portanto, reduz a possibilidade de uma modificação de atitude em prol de um acordo. A expressão de um comportamento competitivo aumenta a postura defensiva e reduz as chances de acordo.[30]

Fato é que um melhor entendimento do comportamento não-verbal torna o negociador um melhor remetente e um destinatário da mensagem mais apto

---

28   MEHRABIAN, Albert. Nonverbal Communication. 3ª ed. New Brunswick: Aldine Transaction, 2009.

29   LAPAKKO, David. Communication is 93% Nonverbal: An urban legend proliferates. Communication and Theater Association of Minnesota Journal, vol. 34, 2007, pp. 6-19.

30   JOHNSON, David. W. Congruent and contradictory verbal and nonverbal communications of cooperativeness and competitiveness in negotiations. Communication Research, vol. 3, nº 3, p. 290.

a recebê-la.[31] Esse fenômeno também ocorre quando a negociação é realizada por meio eletrônico.

Outro ponto que merece destaque é a escuta ativa, que, quando presente, demonstra maior grau de cooperação entre as partes. A escuta ativa, primordial na negociação realizada por meio de mídia eletrônica, é uma prática que faz com que o negociador consiga mais informações, compreenda melhor o ponto de vista da outra parte e trabalhe de forma mais cooperativa. Ao utilizar técnicas de escuta ativa, o interlocutor é capaz de demonstrar empatia, construir rapport, descomprimir a tensão e dissipar as emoções negativas do oponente.

A escuta ativa engloba uma série de ações comunicacionais verbais e não-verbais tais como: perguntas com final aberto, rotulagem emocional (tom de voz passivo, gestos de abertura, olhar direcionado à pessoa, leve inclinação do corpo para frente), ato de parafrasear o oponente, adoção de atitudes pequenas de encorajamento (aceno com a cabeça, utilização de sons indicativos de concordância e compreensão "mmm" ou "uh-huh") e emprego do silêncio (expressões faciais agradáveis que permitem ao oponente continuar falando de forma confortável)[32].

Naturalmente, quando a negociação é realizada por meio eletrônico o foco deve, mais do que nunca, ser nos 7%, ou seja, na comunicação não-verbal uma vez que, a depender da mídia, perde-se a possibilidade de leitura do comportamento não-verbal. No entanto, na videoconferência, pistas não-verbais continuam presentes, evidenciando-se em expressões faciais, alteração do tom de voz e alguns gestuais. A leitura de tal comunicação pode auxiliar na negociação.

---

31   Thompson, Leigh. The Mind and Heart of the Negotiator, 3ª ed. New Jersey: Prentice Hall, 2005, p. 340.

32   THOMPSON, Jeff et. Al. Nonverbal Communication in Negotiation. In: HONEYMAN, Chris et. al. Negotiator's Desk Reference. Minnessotta: DRI Press, 2017, p. 462.

Um bom negociador deverá estar sempre atento à comunicação não-verbal, seja esta realizada de forma online ou offline. Duas qualidades de um bom negociador para aprender a ler e utilizar a comunicação não-verbal, presencialmente ou virtualmente, são a sua atenção aos sinais não-verbais e a sua capacidade de transmiti-los genuinamente. Manter-se alerta fará com que ele identifique, de forma cada vez mais eficaz, as pistas não-verbais, cabendo-lhe atuar com naturalidade, a fim de preservar a desejável sintonia entre os diversos mecanismos de comunicação.

Concluímos, pois, que, online ou offline, o negociador precisa aproveitar ao máximo a comunicação não-verbal e tornar essa congruente com sua comunicação verbal gerando rapport. O hábil negociador deve ser capaz de se comunicar no plano não-verbal e, nesse sentido, conhecer a tecnologia utilizada e a linguagem não-verbal que a mídia permite transmitir e receber, torna-se essencial para o sucesso da negociação.

Quanto menor o nível de presença social proporcionado pela mídia utilizada, menor será o nível de comunicação não-verbal e maior será o grau de dependência das palavras pronunciadas (ligações, audioconferências, etc.) e escritas (e-mail, exemplificativamente). Com o uso da tecnologia, perde-se completamente a proxêmica uma vez que não há movimentação espacial. No entanto, a depender da mídia utilizada, um satisfatório grau de cinésica permanece.

CONCLUSÃO

Com a inserção da tecnologia no contexto da negociação, mais um importante elemento precisa ser considerado, a fim de que as partes extraiam o máximo proveito desse mecanismo de superação de demandas.

Com efeito, o ambiente virtual modifica o modo de condução da negociação. Conhecê-lo e estudá-lo, antes do início dos trabalhos, indubitavelmente, é um diferencial para a obtenção de melhores resultados.

Nessa nova perspectiva, as partes passam a ter que construir relação de confiança entre si ao mesmo tempo em que estabelecem laços de credibilidade com a tecnologia empregada.

O efeito da mídia utilizada e o distanciamento social que esta produz podem ser um empecilho para negociadores sem experiência no ambiente virtual.

Frise-se que a comunicação não-verbal, mesmo que em menor grau, continua existindo através da mídia e, por obviedade, vai variar conforme o nível de presença social permitido pelo dispositivo tecnológico utilizado.

Uma negociação por videoconferência permite, exemplificativamente, a leitura de expressões faciais que uma negociação por e-mail não permitirá. O bom uso da linguagem atrelado à escuta ativa serão fundamentais no sucesso da negociação eletrônica uma vez que, a depender da mídia, a comunicação verbal é tudo que resta (ou seja, o negociador terá que confiar no suposto 7%).

Impõe-se, assim, o domínio pleno da tecnologia empregada e a ampla compreensão do grau de leitura de comunicação não-verbal que esta permite. O domínio dessas habilidades viabiliza a percepção de eventuais incongruências e a detecção de sinais não-verbais capazes de conduzir ao advento de um resultado favorável.

Em qualquer hipótese, a despeito da mídia de que se faz uso, imperioso de faz empenhar esforços para que, com a maior brevidade possível, seja solidificada a necessária confiança e estabelecido o fundamental rapport entre os envolvidos na negociação.

São esses os elementos que, hodiernamente, em quaisquer hipóteses, servirão de ponte para o estabelecimento do diálogo e do consenso e que reforçarão, em boa hora, a consolidação da cultura de paz como mecanismo mais eficaz para a justa, célere e efetiva composição de litígios.

REFERÊNCIAS BIBLIOGRÁFICAS

AGNEW, Christopher R. Then a Miracle Occurs: Focusing on a Behavior in Social Psychological Theory and Research. New York: Oxford University Press, 2010.

CITERA, Maryalice et. al. An Experimental Study of Credibility in E-Negotiations. Psychology & Marketing, vol. 22, nº 2, 2005, pp. 163-179.

CHIDAMBARAM, Laku et. al. Impact of Communication Medium and Computer Support on Group Perceptions and Performance: A Comparison of Face-to-Face and Dispersed Meetings. MIS Quarterly, vol. 17, nº 4, 1993, pp. 465-491.

CHU, Yun et. al. Silent messages in negotiations: The role of nonverbal communication in cross-culture business negotiations. Journal of Organizational Culture, Communication and Conflict, vol. 9, nº 2, 2005, pp. 113-130.

DIRKS, Kurt T. et. al. The Role of Trust in Organizational Settings. Organization Science, vol. 12, nº 4, 2001, pp. 450-467.

DROLET, Aimee L. et. al. Rapport in Conflict Resolution: Accounting for How Face-to-Face Contact Fosters Mutual Cooperation in Mixed-Motive Conflicts. Journal of Experimental Social Psychology, vol. 36, 2000, pp. 26-50.

EBNER, Noam. Online Dispute Resolution and Interpersonal Trust. In: M.S. Abdel Wahab, E. Katsh & D. Rainey (Eds.) ODR: Theory and Practice. The Hague: Eleven International Publishing, 2012. Disponível em SSRN: https://ssrn.com/abstract=2167856. Acesso em: 10.04.2020.

EKMAN, Paul. Methods for measuring facial action. In SCHERER, K. R. et. al. Handbook of methods in nonverbal behavior research. New York: Cambridge University Press, 1982, pp. 45-135.

ELOFSON, Greg. Developing trust with intelligent agents: an exploratory study. In: Castelfranchi C, Tan Y-H (eds) Trust and deception in virtual societies. Rotterdam: Kluwer Academic Publishing, 2001, pp. 125-135.

JOHNSON, David. W. Congruent and contradictory verbal and nonverbal communications of cooperativeness and competitiveness in negotiations. Communication Research, vol. 3, n° 3, pp. 275-290.

KERSTEN, Gregory E. et. al. Negotiation Support and E-Negotiation Systems: An Overview. Group Decision and Negotiations, Vol. 16, 2007, pp. 553-586.

LAPAKKO, David. Communication is 93% Nonverbal: An urban legend proliferates. Communication and Theater Association of Minnesota Journal, vol. 34, 2007, pp. 6-19.

MEHRABIAN, Albert. Nonverbal Communication. 3ª ed. New Brunswick: Aldine Transaction, 2009.

NYHART, J.D. et. al. Computer models as support for complex negotiations. Massachusetts Institute of Technology, 1987, pp. 1-32.

OLSON, Judith S. et. al. i2i trust in e-commerce, vol. 43, n° 12, 2000, pp. 41-44.

Thompson, Leigh. The Mind and Heart of the Negotiator, 3ª ed. New Jersey: Prentice Hall, 2005.

THOMPSON, Jeff et. Al. Nonverbal Communication in Negotiation. In: HONEYMAN, Chris et. al. Negotiator's Desk Reference. Minnessotta: DRI Press, 2017, pp. 449-470.

TUREL, Ofir et. al. You can't shake hands with clenched fists: potential effects of trust assessments on the adoption of e-negotiation services. Group Decision and Negotiations, 2008, pp. 141-155.

CONFLITOS CIVIS E OS TRADICIONAIS MEIOS DE COMPOSIÇÃO

Autor:

Thiago Virginio Paes Leme

INTRODUÇÃO

Este artigo é apresentado na disciplina Negociação e Conciliação como parte avaliativa e tem por objetivo o estudo do tema conflitos civis e os meios tradicionais de composição.

Os conflitos são inerentes ao convívio em sociedade dado a multiplicidade de pessoas, seus pensamentos e vontades que, eventualmente entram em choque.

O artigo tem como objetivo geral analisar os diferentes métodos tradicionais de composição civil utilizados no direito brasileiro trazidos pela doutrina e fazendo breves apontamentos de tais institutos em outros países, procurando ainda, verificar como o fenômeno da judicialização dos conflitos civis cresceu no Brasil, a partir da promulgação da Constituição Federal de 1988, bem como identificar e apontar os meios tradicionais de composição civil introduzidos no direito brasileiro pelas sucessivas alterações legislativas.

Após a promulgação da Carta Constitucional vigente e a elevação do princípio constitucional do acesso à Justiça[1], mudou-se o paradigma social. O aumento de garantias constitucionais dos direitos pessoais, sociais e patrimoniais, bem como a cultura acadêmica brasileira calcada na disputa judicial, fez elevar de forma vertiginosa o número de processos judiciais.

Vários fatores interferem na solução de uma disputa judicial dentro da cultura de sentença, tais como: a lenta marcha processual, alto número de recursos, pouco número de magistrados e servidores, aumento crescente na demanda, entre outros. Esta combinação fez com que a entrega da solução jurisdicional ao cidadão pela dicção do direito, muitas vezes não finalizasse o conflito.

Surgido o conflito, este precisa ser resolvido sob pena de "contaminar" toda a sociedade. Ao longo do tempo, foram surgindo técnicas adequadas para solução das mais diversas controvérsias. A doutrina costuma citar dois grandes grupos de técnicas de solução, a saber: as de composição não adversariais (autocomposição) e adversariais (heterocomposição).

Nas técnicas autocompositivas ou não adversariais, as próprias partes, em diálogo próprio ou através de colaboração de terceiro(s), podem encontrar uma solução possível. Isso ocorre, via de regra, na transação, na conciliação e na mediação. Enquanto nas técnicas heterocompositivas ou também chamadas de adversariais ou, as partes outorgam a um terceiro a prerrogativa de determinar a solução do conflito, seja pela via judicial ou arbitral, sendo este meio o majoritário no Brasil, principalmente através do acionamento do Poder Judiciário.

---

1   "Art. 5º Todos são iguais perante a lei, sem distinção de qualquer natureza, garantindo-se aos brasileiros e aos estrangeiros residentes no País a inviolabilidade do direito à vida, à liberdade, à igualdade, à segurança e à propriedade, nos termos seguintes:

XXXV - a lei não excluirá da apreciação do Poder Judiciário lesão ou ameaça a direito;" (Brasil, 1988).

Assim, com a percepção de que a jurisdição não é o único meio eficaz de pacificação social, cada vez mais os estados vêm adotando meios de resolução de conflitos que não a jurisdição apenas. Surgiram, então as chamadas ADRs (Alternative Dispute Resolution). Entre os mais tradicionais podemos citar a mediação, arbitragem, conciliação e negociação. Tratam-se de meios que estão inseridos em uma cultura de paz e visam a promover o maior bem estar dos membros de uma sociedade, diminuindo o acervo judicial e fomentando a negociação entre as partes, conforme toda legislação e doutrina apresentada ao longo do trabalho.

TRADICIONAIS MEIOS DE COMPOSIÇÃO

Os conflitos são inerentes as sociedades e podem possuir várias vertentes tais como: familiares, comerciais, empresariais, patrimoniais, etc.

Em geral, os conflitos e suas resoluções são extremante caros, seja do ponto de vista patrimonial ou psicológico. Demandam muito tempo, perturbam a paz interior de cada cidadão (componente psicológico) e a paz social (componente sociológico). Majoritariamente, a doutrina afirma que a intervenção da jurisdição ao determinar quem tem o direito, põe fim à lide mas, nem sempre resolve o conflito que pode se apresentar de várias formas, não necessariamente patrimonial, como ensina Tourinho Neto, Figueira Junior (2006).[2]

---

2   Tourinho Neto e Figueira Junior ja admitem: "A sentença, por intermédio do Comando específico a ela agregado, gerador da coisa julgada material, produz para os litigantes segurança e estabilidade jurídica a respeito da questão.porém, deixa a parte sucumbente, em regra, insatisfeita, quando mesmo não acaba ocorrendo também com o autor, nas hipóteses de improcedência ou de acolhimento parcial da pretenção. Na verdade, a sentença nada mais é do que um típico ato de império, portanto, de violência admitida pelo Sistema, representada pela imposição da ordem judicial aos litigantes sucumbentes." In: Tourinho Neto, F.da C, Figueira Junior, J. D. Juizados Especiais

Tradicionalmente, em nosso sistema processual, dentro da proibição da autotutela, que seria o sistema onde o mais forte impõe a sua decisão por meio da força, o Estado tomou para si o poder de resolver os conflitos. As sociedades modernas, em geral, rejeitam a autotutela, punindo, inclusive, quem faz uso.[3]

Em uma abordagem mais sociológica podemos dizer que em Hobbes, os homens transferem sua liberdade em troca da segurança do Estado Leviatã, com fim de se auto preservarem. Já em Locke, os indivíduos concordam em se agruparem para dar ainda maior garantia a estes direitos (vida, propriedade, liberdade), conseguindo com isso uma melhor situação através do ganho de eficiência. (Odon, 2018)

Através do pacto da sociedade de transferir ao Estado o monopólio de dizer o direito, em nosso sistema criou-se então, a cultura da sentença(Conselho da Justiça Federal, 2019), onde as partes esperam de um juiz o pronunciamento de um comando sobre a controvérsia.

Especificamente no Brasil, com o Advento da chamada Constituição Cidadã[4], o acesso à justiça foi ampliado por meio de diversos mecanismos, aumentando consideravelmente o acervo judicial. Houve a partir de então, grande celeuma doutrinária questionando se a utilização de meios alternativos feriria o princípio do livre acesso à justiça. Hoje tal questão está relativamente pacificada. No entanto, prudente apontar que o acesso à Justiça deve ser visto com diferença do acesso ao Poder Judiciário.

Estaduais Cíveis e Criminais. Comentários à Lei 9.099/1995. 5a ed. Rev. atual. E ampl. São Paulo, Revista dos Tribunais, 2007. Pag 231

3   Conforme prevê o artigo 345 do Código Penal Brasileiro.

4   A CF/88 é assim chamada por elevar inúmeros Direitos indivuais, conf. Senado Federal (2013). Disponível em http://www.senado.gov.br/noticias/especiais/constituicao25anos/historia-das-constituicoes.htm acesso em 03 de abril de 2020.

Neste sentido, o acesso a justiça pode ser entendido como a oportunidade da utilização de meios adequados de pacificação social, de resolução de conflitos, buscando criar uma sociedade mais justa. Já o acesso ao Judiciário se dá pela jurisdição, seja o poder judiciário ou a arbitragem, sendo esta última ainda mais restrita.

Como dito, invariavelmente, por conta de inúmeros fatores, tais como crescimento populacional, escassez de recursos, número insuficiente de juízes entre outros, este modelo da jurisdição, via poder judiciário tornou-se caro e demorado. Neste sentido começou-se a pensar em vias alternativas de solução de conflitos que não só a jurisdição. Algo que fosse mais rápido, eficiente e barato, pois a solução rápida de um conflito dentro da cultura de pacificação (Moreira 2016) cria uma sociedade mais justa e tendente a ser igualitária, pois extingue o mal quessola o cidadão.

Podemos então, para fins didáticos, dividir os meios de resolução de conflitos em autocompositivos e heterocompositivos.

Nas técnicas de autocomposição, por si próprias, ou através da colaboração de um terceiro encontram uma solução para o conflito entre elas. Nestes tipos de conflito é importante resolver não só a parte material, mas também os espectros psicológicos através de técnicas próprias. A depender do caso a pode ser usada a negociação somente entre as partes ou com facilitador, a conciliação e a própria mediação.

No que tange as técnicas héterocompsitivas as partes levam o conflito a terceiro habilitado, imparcial, que julgará o conflito apenas na parte material. Em geral são usados a arbitragem e a própria jurisdição e a decisão do terceiro é imperiosa à parte perdedora.

No Direito Anglo-saxão as vias compositivas historicamente foram mais estimuladas que nos países de base romano-germânica, como o Brasil.

Surgiram então as DSD (Dispute System Design) e as DSR (Alternative Dispute Resolution).[5]

No direito Americano existem inúmeros dispositivos judiciais e extrajudiciais de solução de conflitos.[6]

Importante ressaltar que nas técnicas autocompositivas são mais informais, isto as tornam mais céleres, podem ser confidenciais, a depender do acordo entre as partes, e são mais propensas às partes aceitarem o resultado.

Já quando o conflito vai ao judiciário é conhecida sua lentidão dada a lenta marcha processual e grande número de processos acumulados nas varas dos Tribunais e inúmeras possibilidades de recurso, desgaste emocional das partes que revivem fatos passados. Outra fragilidade deste meio é a imprevisibilidade

---

5   Conf. Sander, F. (2012). In dispute Resolution Magazine. Disponivel em < http://franksander.com/wp-content/uploads/2018/08/Alternative-dispute-resolution-frank-sander.pdf> acesso em 01 mar de 2020.

6   "Ainda que inúmeras sejam as experiências estrangeiras aternos-emos à vivenciada nos EUA, já que foi fonte de inspiração para as atuais. Assim, as ADRs conjugam institutos responsáveis pela maior celeridade dos processos e são aplicados rotineiramente naquele país. Citando alguns mecanismos teremos: a arbitragem, onde, por meio heterocompositivo, um terceiro imparcial determina o direito; o court-annexed arbitration, em que a arbitragem é realizada anexa ao Tribunal; rent a judge, ou juiz de aluguel, quando é contratado um árbitro para, apenas, prolatar a sentença do processo em que toda a instrução foi realizada pelo juiz; med/arb, quando se inicia com a mediação e, caso seja, ela frustrada terá seguimento com a arbitragem; focused group, onde um grupo assessor previamente escolhido pelas partes oferecerá uma opinião sobre o conflito; a conciliação, mecanismo autocompositivo vinculado ao poder Judiciário; negociação; mediação; mini-trial, que não possui força vinculante, mas funciona como um júri simulado, apresentando um provável resultado do que ocorrerá em um tribunal, dentre outros". in Andrade, L. R. de M. (2012) o instituto da conciliação sob a ótica dos direitos fundamentais. Disponível em < https://bdjur.stj.jus.br/jspui/bitstream/2011/55360/instituto_conciliacao_sob_andrade.pdf> acesso em 06 de abril de 2020.

eis que no Brasil há julgados para todas as opiniões, jurisprudência lotérica, além de ser bem mais caro (Mancuso, 2014).

No Brasil a legislação por sua vez vem evoluindo, estimulando os meios alternativos, entre elas a conciliação judicial a exemplo da lei 9099/95, a arbitragem através da lei 9.307/96, a mediação dada pela lei 13.140/2015, sendo tais marcos regulatórios. Porém, os institutos já eram usados antes das legislações, e foram trazidas desde 2010 pelo CNJ[7], e algumas centenárias como será demonstrado.

O CPC traz em seu artigo 3o a solução consensual dos conflitos como ordem[8]. Na mudança do CPC de 1973 para o de 2015 estimulou-se consideravelmente os meios de composição.

Trata-se de verdadeira imposição legal à adoção de métodos alternativos de solução de conflitos, que estão sendo cada vez mais procurados e utilizados, pela informalidade, rapidez e eficácia nos conflitos de natureza civil, afinal hoje temos o que chamamos de sistema multiportas[9], que se opera através do desenho de método de soluções mais adequadas ao caso concreto.

---

7   dispinível em https://www.adambrasil.com/resolucao125cnj/. Acesso em 07 de abril de 2020.

8   Art. 3o Omissis:

§ 2º O Estado promoverá, sempre que possível, a solução consensual dos conflitos.

§ 3º A conciliação, a mediação e outros métodos de solução consensual de conflitos deverão ser estimulados por juízes, advogados, defensores públicos e membros do Ministério Público, inclusive no curso do processo judicial." (Brasil. 2015)

9   conf. Lorencini, M. A. G. L. (2013) Sistema multiportas: opções para tratamento de conflitos de forma adequada. In: (Coords.) Salles, C. A.; lorencini, M. A.

A NEGOCIAÇÃO NO CPC: BREVES CONSIDERAÇÕES

Aliamo-nos à doutrina que aponta falta de técnica legislativa do Código de Processo Civil que afirma que haverá resolução de mérito quando acontecer transação entre as partes[10].

Portanto, há distinção do que seria negociar, conciliar e transacionar.

O ato de negociar ou negociação estrita, pode ou não ter a presença de um terceiro facilitador, imparcial, e deve ser vista de forma mais ampla.

A conciliação deve ser entendida como ato, ou seja, conduta das partes a buscarem um entendimento, enquanto a transação é o conteúdo, aquilo sobre o que versou a negociação. Não sendo necessário informar que só é possível transacionar, conciliar ou mesmo utilizar os demais meios quando houver possibilidade jurídica do pedido. Assim impossível trocar um veículo por um lote na lua, no clássico doutrinário.

A negociação, portanto, é considerado meio de autocomposição no qual sua principal característica é ausência de terceiro imparcial, sendo resolvido o conflito através de composição direta entre os envolvidos no conflito de interesse (s). É mais utilizada nos conflitos envolvendo relações contratuais contínuas entre pessoas jurídicas, e por vezes entre pessoas físicas como nos casos de contratos de locação, relações familiares, ou seja, pode ser utilizada numa grande gama de conflitos civis. Até mesmo em outros ramos do direito, como o trabalhista, existem as negociações coletivas a exemplo das convenções

---

G.L.; Silva, P.E.A. Negociação, mediação e arbitragem – curso básico para programas de graduação em Direito. São Paulo: Método, 2013.

10   "Art. 487. Haverá resolução de mérito quando o juiz:

III - homologar:

b) a transação;" (Brasil, 2015)

coletivas de trabalho e acordos coletivos, e mais recentemente a negociação entre patrão e empregado permitido pela reforma trabalhista.

Importante salientar nas resoluções de conflitos internacionais através dos mecanismos diplomáticos, a negociação ainda nos dias de hoje é método majoritariamente utilizado.

CONCILIAÇÃO E MEDIAÇÃO

A conciliação como método, é forma de aproximação e conversa entre as partes e pode ser judicial ou extrajudicial. Sobre esta questão já houve embate na doutrina se a mesma poderia ser extrajudicial, o que nos parece superada pelo CPC em seu art. 784 que afirma que o termo produzido pelo devedor ou por acordantes mediante conciliador designado é título executivo extrajudicial[11].

Desta forma, podemos afirmar que a conciliação é um negócio jurídico praticado por quem tem capacidade e interesse na resolução de um conflito. Como ensina Tucci (1985).[12] Podem ser objetos de mediação os direitos disponíveis e os indisponíveis que admitem transação.

---

11   "Art. 784. São títulos executivos extrajudiciais:

III - o documento particular assinado pelo devedor e por 2 (duas) testemunhas;

IV - o instrumento de transação referendado pelo Ministério Público, pela Defensoria Pública, pela Advocacia Pública, pelos advogados dos transatores ou por conciliador ou mediador credenciado por tribunal;" (Brasil, 2015)

12   "A conciliação consiste num negócio jurídico processual acerca de direitos disponíveis ou efeitos patrimoniais de direitos indisponíveis, mediante o qual as partes, provocadas pelo juiz, realizam autocomposição do litígio por uma delas submetido à apreciação do poder judiciário". Tucci. R. L. (1985) Manual do Juizado Especial de pequenas causas. São Paulo, Saraiva, 1985, p 76.

O legislador brasileiro tem aos poucos introduzido e, em certa medida estimulado os meios alternativos de solução de conflitos, a exemplo da conciliação e mediação, principalmente no sistema processual brasileiro, tentando destituir a cultura da sentença, migrando para cultura da pacificação. Na cultura da sentença, há uma verdadeira guerra entre ganhadores e perdedores sem adequação da solução através das especificidades das causas por meio do encontro de vontades dos litigantes.

Desse modo, movimento de pacificação é em si um trabalho mais preventivo que curativo (CNJ, 2019), uma vez que as partes podem chegar a um termo antes mesmo da propositura de ação judicial, ou quando já instituído, antes da instrução propriamente dita.

No entanto, vale lembrar que tal instituto não é novo no Brasil como se propaga. O instituto da conciliação prévia já estava previsto na Constituição Brasileira Imperial de 1824 em seu art. 161.[13]

Naquele momento, não era possível recorrer ao poder judiciário sem antes tentar a conciliação. No mesmo sentido caminhou o Código de Processo Civil de 1850. Porém, em 1890 foi revogada a necessidade das conciliações prévias (Andrade, 2012).

A própria Consolidação das Leis do Trabalho também previa o instituto da conciliação, inclusive posteriormente, instituindo as comissões de conciliação prévias já no ano 2000.[14]

---

13   "Art. 161. Sem se fazer constar, que se tem intentado o meio da reconciliação, não se começará Processo algum." Brasil, Constituição (1824). Constituição politica do império do Brazil Texto constitucional outorgada em 25 de março de 1824, Disponível em: http://www.planalto.gov.br/ccivil_03/Constituicao/Constituicao24.htm . Acesso em: 10 de março. 2020.

14   "Art. 625-A. As empresas e os sindicatos podem instituir Comissões de Conciliação Prévia, de composição paritária, com representantes dos empregados e dos empregadores, com a atribuição de tentar conciliar os conflitos individuais do trabalho." (Brasil, 1943). Consolidação das Leis do Trabalho. Disponível em < http://

No Brasil, a mediação sempre foi tratada ao lado da conciliação. Já na Constituição Federal é possível extrair do preambulo a diretriz fundamental da solução pacífica dos conflitos.[15]

A mediação e Conciliação foram ainda, objeto do II pacto Republicano de 2009 onde representantes dos três poderes assinaram o compromisso no qual constava a necessidade de fortalecer a mediação e conciliação e estimular a resolução de conflitos por meios autocompositivos voltados a maior pacificação social. (Cabral 2017).

Houve inúmeras propostas legislativas no sentido de dar força de lei à mediação. Porém, em 2015 foi editada a Lei 13.140 sendo instituído o marco regulatório da arbitragem no Brasil.[16]

---

www.planalto.gov.br/ccivil_03/decreto-lei/del5452.htm> acessado em 10 de abril de 2020.

15   "Nós, representantes do povo brasileiro, reunidos em Assembléia Nacional Constituinte para instituir um Estado Democrático, destinado a assegurar o exercício dos direitos sociais e individuais, a liberdade, a segurança, o bem-estar, o desenvolvimento, a igualdade e a justiça como valores supremos de uma sociedade fraterna, pluralista e sem preconceitos, fundada na harmonia social e comprometida, na ordem interna e internacional, com a solução pacífica das controvérsias, promulgamos, sob a proteção de Deus, a seguinte CONSTITUIÇÃO DA REPÚBLICA FEDERATIVA DO BRASIL". Brasil, Constituição (1988). Constituição da República Federativa do Brasil. Texto constitucional promulgado em 5 de outubro de 1988, com as alterações adotadas pelas Emendas Constitucionais nos 1/1992 a 105/2019. Disponível em:< http://www. planalto.gov.br/ccivil_03/constituicao/constituicaocompilado.htm> acesso em 05 de abril de 2020.

16   "Art. 1º Esta Lei dispõe sobre a mediação como meio de solução de controvérsias entre particulares e sobre a autocomposição de conflitos no âmbito da administração pública.

Parágrafo único. Considera-se mediação a atividade técnica exercida por terceiro imparcial sem poder decisório, que, escolhido ou aceito pelas partes, as auxilia e

O CPC por sua vez, reconheceu a cultura da pacificação através da conciliação e mediação como instrumentos hábeis à pacificação social, determinando que o juiz ao receber a inicial, não sendo o caso de improcedência liminar do pedido, determinará às partes o comparecimento à sessão de conciliação ou mediação[17], sendo a falta entendida como ato atentatório à dignidade da justiça[18].

Tal movimento vem no sentido de mudar a cultura como já dito, além de uma tentativa de interromper o crescimento da demanda judicial.

O Conselho Nacional de Justiça atento a estas questões, lançou o Movimento Nacional da Conciliação, instituindo o Fórum Nacional de Mediação e Conciliação buscando "promover discussões e levantar boas práticas para

---

estimula a identificar ou desenvolver soluções consensuais para a controvérsia." (Brasil, 2015). Lei 13.140 de 26 de junho de 2015. Disponível em http://www.planalto.gov.br/ccivil_03/_ato2015-2018/2015/Lei/L13140.htm acesso em 06 de abril de 2020.

17   "Art. 334. Se a petição inicial preencher os requisitos essenciais e não for o caso de improcedência liminar do pedido, o juiz designará audiência de conciliação ou de mediação com antecedência mínima de 30 (trinta) dias, devendo ser citado o réu com pelo menos 20 (vinte) dias de antecedência.

§ 1º O conciliador ou mediador, onde houver, atuará necessariamente na audiência de conciliação ou de mediação, observando o disposto neste Código, bem como as disposições da lei de organização judiciária.

§ 2º Poderá haver mais de uma sessão destinada à conciliação e à mediação, não podendo exceder a 2 (dois) meses da data de realização da primeira sessão, desde que necessárias à composição das partes.

18   § 8º O não comparecimento injustificado do autor ou do réu à audiência de conciliação é considerado ato atentatório à dignidade da justiça e será sancionado com multa de até dois por cento da vantagem econômica pretendida ou do valor da causa, revertida em favor da União ou do Estado." (Brasil, 2015)

aprimorar o exercício das funções desempenhadas por seus integrantes, buscando aperfeiçoar cada vez mais os métodos consensuais de solução de conflitos".[19]

No campo legal, podemos citar que uma das maiores alterações de mudança nesta cultura foi a permissão de da utilização de métodos alternativos ao Poder Judiciário para resolver conflitos entre a Administração (em todas suas esferas) e demais atores. Podemos citar que na Lei de Mediação (art. 32) e o CPC (art. 174) há determinação expressa para que o poder executivo (União, Estados e Municípios) criem câmaras de prevenção e resolução administrativa de conflitos, dentro dos órgãos da advocacia pública (procuradorias), onde houver, devendo buscar dirimir conflitos entre órgãos e entidades da Administração Pública, devendo em todo caso proceder com a avaliação sobre possibilidade jurídica de pedidos de resolução de conflitos, por via extrajudiciais tais como a celebração de termo de ajustamento de conduta, celebração de acordos extrajudiciais, entre outros.

Quanto à classificação, importante ressaltar que a conciliação pode ser judicial ou extrajudicial. A judicial se dá dentro de um processo levado ao Poder Judiciário; enquanto, na extrajudicial pode ser feito pelas próprias partes e, neste caso lavrado em escritura pública ou particular de acordo assinado por testemunhas, conforme se extrai do 784 do CPC[20].

---

19   Em 2014 foi lançado o FONAMEC. Conf. https://www.cnj.jus.br/programas-e-acoes/conciliacao-e-mediacao/movimento-pela-conciliacao/forum-nacional-da-mediacao-e-conciliacao-fonamec/

20   "Art. 784. São títulos executivos extrajudiciais: [...]

I - a escritura pública ou outro documento público assinado pelo devedor;

III - o documento particular assinado pelo devedor e por 2 (duas) testemunhas;

IV - o instrumento de transação referendado pelo Ministério Público, pela Defensoria Pública, pela Advocacia Pública, pelos advogados dos transatores ou por conciliador ou mediador credenciado por tribunal; [...]" (Brasil, 2015)

Na forma deve o conciliador tanto judicial quanto extrajudicial atender vários princípios e se capacitar para tal função. Entre os conciliadores extrajudiciais podemos elencar os religiosos, de sociedades empresariais internas, os tribunais de conciliação e mediação entre outros (Macedo Junior; Andrade 2001)

O conciliador não precisa ser neutro podendo ponderar no mérito da questão, atuando como elo de ligação levando as partes ao entendimento, separando o problema das pessoas[21] e apontando possíveis soluções. Neste sentido ele pode sugerir decisões mas esta cabe às partes.[22]

Os conciliadores e mediadores devem no uso de suas atribuições observar inúmeros princípios orientadores entre os quais podemos expor: confidencialidade (o que for trazido fica adstrito ao processo), imparcialidade (o conciliador é neutro e não toma partido de nenhuma das partes), voluntariedade (as partes permanecem no processo conciliatório até o momento em que desejarem) e autonomia da vontade das partes (cabe as partes decidirem, sendo vedado ao conciliador fazer qualquer imposição).

Em âmbito da justiça brasileira os mediadores e conciliadores judiciais devem observar condutas éticas: confidencialidade, competência, imparcialidade, independência, ausência de obrigação de resultado, entre outros[23], sendo que o Conselho Nacional de Justiça possui um manual que

---

21   Ury, W, Patton, B. ; Fisher, R. (2014): Como chegar ao sim. Rio de Janeiro, Solomon Editores.

22   Magalhães, R. A.(2008) Formas alternativas de resolução de conflitos. Belo Horizonte, RHJ.

23   CNJ (2010). Resolução 125/2010. Anexo III Código de ética de conciliadores e mediadores judiciais. Disponível em < http://www.tjrj.jus.br/

informa aspectos relevantes da conciliação,[24] instituindo inclusive, o Código de Ética do Conciliador através da Res. 125/2010[25].

Nos tempos modernos, os tribunais e demais organizações, têm lançado mão do uso da tecnologia fazendo sessões de conciliação e mediação com uso de aplicativos que utilizam a videoconferência[26], de forma a otimizar o tempo, aumentando a eficiência e os próprios tribunais. O CNJ, criou a política Nacional de Tratamento Adequado dos Conflitos de Interesses, e determinou

---

documents/10136/1077812/cod-etica-mediador-conciliador.pdf> acesso em 10 de abril de 2020.

24   Atualmente, com base na política pública preconizada pelo Conselho Nacional de Justiça e consolidada em resoluções e publicações diversas, pode-se afirmar que a conciliação no Poder Judiciário busca: i) além do acordo, uma efetiva harmonização social das partes; ii) restaurar, dentro dos limites possíveis, a relação social das partes; iii) utilizar técnicas persuasivas, mas não impositivas ou coercitivas para se alcançarem soluções; iv) demorar suficientemente para que os interessados compreendam que o conciliador se importa com o caso e a solução encontrada; v) humanizar o processo de resolução de disputas; vi) preservar a intimidade dos interessados sempre que possível; vii) visar a uma solução construtiva para o conflito, com enfoque prospectivo para a relação dos envolvidos; viii) permitir que as partes sintam-se ouvidas; e ix) utilizar-se de técnicas multidisciplinares para permitir que se encontrem soluções satisfatórias no menor prazo possível." (CNJ, 2016). Manual de mediação Judicial. Disponível em < https://www.cnj.jus.br/wp-content/uploads/2015/06/f247f5ce60df2774c59d6e2dddbfec54.pdf> pag 22. Acesso em 07 de abril de 2020.

25   CNJ(2010) Op cit.

26   Ver nota do TRF4 em <https://www.trf4.jus.br/trf4/controlador.php?acao=noticia_visualizar&id_noticia=9897>

que os tribunais criassem os Centros Judiciários de Solução de Conflitos e Cidadania, inclusive havendo previsão de soluções pré-processuais[27].

Importante ressaltar que na mediação é obrigatória a presença dos princípios da imparcialidade do mediador, da isonomia entre as partes, oralidade, informalidade, autonomia da vontade das partes, busca do consenso, confidencialidade e boa fé (Cabral, 2017).

O instituto da mediação já é amplamente utilizado mundo, na União Europeia desde 2008 (Cabral, 2017). É um instrumento muito utilizado no meio empresarial, notadamente na esfera internacional, havendo inclusive tribunais internacionais de mediação e arbitragem, entre outras soluções pacíficas[28].

Nas empresas com ações listadas em bolsas de valores do Brasil, para atingirem o Novo Mercado, tido como segmento mais seguro de investimentos é obrigatório a utilização da mediação e da conciliação nas práticas de Governança Corporativa, sendo uma determinação da Organização para Cooperação do Desenvolvimento Econômico (OCDE – G20)[29].

---

27   Ver Resolução 125 do CNJ. Disponível em < https://atos.cnj.jus.br/atos/detalhar/atos-normativos?documento=156> acesso em 07 de abril de 2020

28   "The parties to any dispute, the continuance of which is likely to endanger the maintenance of international peace and security, shall, first of all, seek a solution by negotiation, enquiry, mediation, conciliation, arbitration, judicial settlement, resort to regional agencies or arrangements, or other peaceful means of their own choice." U.N., (1942). Charter of the United Nations and statute of the international court of justice. Disponível em < https://www.un.org/en/sections/un-charter/chapter-vi/index.html> acesso em 11 de abril de 2020.

29   "a) Os conflitos entre sócios, administradores e entre estes e a organização devem, preferencialmente, ser resolvidos mediante a negociação entre as partes. Caso isso não seja possível, recomenda-se que sejam resolvidos por meio de mediação e/ou arbitragem. É recomendável a inclusão desses mecanismos no estatuto/contrato social

Anualmente, o CNJ divulga o balanço de suas atividades e quantidade de processos. Em 2019, houve uma redução de 1,9% em casos novos; e, 1,2% de processos pendentes, em relação ao ano de 2018. Em 2018, foram prolatadas 4,4 milhões de sentenças homologatórias de acordos; sendo 12% dos processos foram conciliados[30].

A justiça brasileira ampliado os métodos de soluções de conflitos, atualmente alcança demandas que até 2010 eram impensáveis do ponto de vista da indisponibilidade dos bens públicos, à exemplo dos conflitos previdenciários, agrários, sistema financeiro de habitação, entre outros[31].

Mesmo com todo este esforço, é necessária uma mudança de paradigma de uma cultura de sentença para uma cultura de paz, por parte de todos os atores que perfazem o sistema de justiça a saber: juízes, promotores, gestores públicos, advogados, serventuários, entre outros.

---

ou em compro- misso a ser firmado entre as partes. b) A companhia deve informar equitativamente ao mercado as principais decisões e atos referentes aos procedimentos arbitrais que tenham a possibilidade de impactar o valor de títulos de emissão da sociedade ou as decisões de investimento dos sócios." Instituto Brasileiro de Governança Corporativa (2015). Código de melhores práticas de governança corporativa. São Paulo. Disponível em <https://ava.portalambra.com/pluginfile.php/248710/mod_resource/content/1/Livro_Codigo_Melhores_Praticas_GC.pdf> acesso em 04/11/2019.

30   CNJ   (2019).   Justiça   em   números.   Sumário   executivo. Disponível   em   <   https://www.cnj.jus.br/wp-content/uploads/conteudo/arquivo/2019/08/8ee6903750bb4361b5d0d1932ec6632e.pdf> acesso em 07 de abril de 2020.

31   Conselho da Justiça Federal (2019). Manual de mediação e conciliação. Bruno Takahashi ... [et al]. Disponível em < https://www.cjf.jus.br/cjf/corregedoria-da-justica-federal/centro-de-estudos-judiciarios-1/publicacoes-1/outras-publicacoes/manual-de-mediacao-e-conciliacao-na-jf-versao-online.pdf> acesso em 15 de março de 2020.

ARBITRAGEM

Os métodos heterocompositivos de solução de conflitos se dá pela atuação de um terceiro dotado de poder para impor, por sentença, a norma aplicável ao caso que lhe é apresentado. Portanto, ao lado da jurisdição estatal a arbitragem representa um meio heterocompositivo.

O conflito que é apresentado ao poder judiciário, meio heterocompositivo, dada a inafastabilidade da jurisdição, estando o processo em ordem, por determinação constitucional e legal o magistrado (no Brasil Juiz de carreira ou Ministros dos tribunais superiores) imporão sua decisão. Havendo descumprimento haverá meios agravadores do conflitos, como multas, astreintes, multas por atentado à dignidade da justiça entre outros.

Sendo a Arbitragem método heterocompositivo, não significa dizer que não é um meio alternativo de solução de disputa. A mesma pode ser acionada em detrimento da propositura de uma ação judicial, eis que é um meio privado e alternativo à solução judicial de conflitos, desde que esses conflitos sejam decorrentes de direitos patrimoniais e disponíveis[32]. A solução é dada por intermédio da sentença arbitral, obrigatória para as partes nos termos da Lei 9.307/1996. Ainda assim, a coerção, ou seja, a imposição da decisão, ainda é prerrogativa exclusiva do Poder Judiciário (Scavone Junior, 2018).

Em relação a arbitragem é necessário anotar que existem direitos que não admitem solução fora do judiciário, portanto não podem ser submetidos a este tipo de solução, como são os casos dos direitos indisponíveis, tais como alguns direitos de família, a maior parte dos direitos penais entre outros.[33]

---

32   "Art. 1º As pessoas capazes de contratar poderão valer-se da arbitragem para dirimir litígios relativos a direitos patrimoniais disponíveis."

33   […]"entre esses direitos, podemos mencionar questões penais, aquelas referente ao estado das pessoas, matéria tributária e direitos pessoais concernentes ao direito de família, como por exemplo, filiação e poder familiar. Surge, assim a arbitragem

A arbitragem é um dos mais antigos meios de solução de conflitos utilizados em todo mundo, havendo registros de seu uso na Babilônia, nos textos bíblicos, em Roma e na Grécia, tanto em conflitos internos quanto em cidades estados (Gaio Junior, 2018).

A arbitragem não é meio novo no Brasil no entanto sofreu nos últimos anos modificações importantes. No revogado Código Civil de 1973 os conflitos levados à arbitragem culminavam em um laudo arbitral, que podia ser revisto pelo poder judiciário. Atualmente a lei 9.307, de 23 de setembro de 1996, equipara para todos os fins o árbitro ao juiz natural da causa[34] (não a magistrado) no desempenho da arbitragem, e agora não existe mais o laudo arbitral e sim uma sentença arbitral que vai direto ao procedimento de cumprimento de sentença como se fosse uma sentença judicial[35] não passível de revisão pelo poder judiciário,[36] salvo nas hipóteses expressas na Lei de Arbitragem[37].

---

institucional ou administrada, na qual existe uma insttuição especializada, com regras procedimentais de acordo com a Lei de Arbitragem [...]" Scavone Junior, L.A.(2018) Manual de arbitragem mediação e conciliação. 8a ed. Rio de Janeiro. Forense. Pag13.

34   "Art. 17. Os árbitros, quando no exercício de suas funções ou em razão delas, ficam equiparados aos funcionários públicos, para os efeitos da legislação penal.

Art. 18. O árbitro é juiz de fato e de direito, e a sentença que proferir não fica sujeita a recurso ou a homologação pelo Poder Judiciário.

35   Art. 515. São títulos executivos judiciais, cujo cumprimento dar-se-á de acordo com os artigos previstos neste Título: [...]

 VII - a sentença arbitral;

36   Art. 31. A sentença arbitral produz, entre as partes e seus sucessores, os mesmos efeitos da sentença proferida pelos órgãos do Poder Judiciário e, sendo condenatória, constitui título executivo.

37   Artigos 32 e seguintes da Lei 9.307 de 1996.

E estas mudanças não param por aí. Se uma parte após a prolação da sentença arbitral leva o conflito ao judiciário, e a parte contrária legar em sede de contestação a existência de cláusula de arbitragem o juiz deverá extinguir o processo sem resolução de mérito conforme dicção dos artigos 485,VII e 337, X. O Árbitro, como juiz natural, pode decidir sobre qualquer nulidade contratal parcial ou total conforme prevê os artigos 8o e 20o da lei de arbitragem. Estes institutos serviram e servem para fortalecer este meio de composição que vem cada vez mais sendo utilizado, inclusive em conflitos internacionais.

Trata-se, portanto de atividade de jurisdição, como já defendeu Nelson Nery Junior[38], pois claramente a lei outorgou ao árbitro o poder de aplicar o Direito e solucionar o conflito por meio do processo estruturado e com procedimento previsto[39], prolatando sentença capaz de produzir coisa julgada material e, nessa medida, pode ser imposta aos litigantes, inclusive com arrimo jurisprudencial[40].

---

38   "A natureza jurídica da arbitragem é de jurisdição. O árbitro exerce jurisdição porque aplica o direito ao caso concreto e coloca fim à lide que existe entre as partes. A arbitragem é instrumento de pacificação social. Sua decisão é exteriorizada por meio de sentença, que tem qualidade de título executivo judicial, não havendo necessidade de ser homologada pela jurisdição estatal. A execução da sentença arbitral é aparelhada por título judicial[...]"Nery Junior, N (1997). Código de Processo Civil comentado, 3. ed., São Paulo: RT, p. 1.300

39   artigos 19 e seguintes da Lei 9307/1996.

40   "(...)15. A aplicação da Lei 9.307/96 e do artigo 267, inc. VII do CPC à matéria sub judice, afasta a jurisdição estatal, in casu em obediência ao princípio do juiz natural (artigo 5o, LII da Constituição Federal de 1988). 16.É cediço que o juízo arbitral não subtrai a garantia constitucional do juiz natural, ao contrário, implica realizá-la, porquanto somente cabível por mútua concessão entre as partes, inaplicável, por isso, de forma coercitiva, tendo em vista que ambas as partes assumem o "risco" de serem derrotadas na arbitragem. (...) Destarte, uma vez convencionado pelas partes cláusula arbitral, o árbitro vira juiz de fato e de direito da causa, e a decisão que então proferir

A doutrina apresenta como vantagens da utilização da Arbitragem: eficiência e conveniência – o procedimento arbitral é flexível e rápido e se desenvolve com discrição e em geral, o árbitro eleito é conhecedor da matéria, estando mais propícia a atender as expectativas das partes (Lima, 2008); irrecorribilidade - uma vez decidido, não caberá recurso fora do procedimento adotado e convencionado pelas partes; informalidade - obedecendo os trâmites estabelecidos na Lei 9.307/96, podendo inclusive as partes transigirem sobre o procedimento (Scavone Junior, 2018).

Para além, diferente do procedimento judicial que é marcado pela publicidade; no procedimento arbitral, o sigilo é a regra se assim for convencionado (Araújo Neto, 2016).

Portanto, a arbitragem mostra-se um importante meio alternativo de solução de controvérsia, previsto na legislação brasileira e com amplo uso e aceitação, principalmente utilizado em empresas de médio e grande porte, sendo, inclusive recomendado pela OCDE – G20. (IBBG, 2015).

CONCLUSÃO

No presente artigo propusemo-nos estudar os tradicionais meios de composição nos conflitos civis.

Com a complexidade e dinamismo das relações sociais, o aumento populacional, os conflitos tendem a se exacerbar e o Estado precisa dar uma resposta rápida e apta a solucionar tais conflitos.

---

não ficará sujeita a recurso ou à homologação judicial, segundo dispõe o artigo 18 da Lei 9.307/96, o que significa categorizá-lo como equivalente jurisdicional, porquanto terá os mesmos poderes do juiz togado, não sofrendo restrições na sua competência. [...]" STJ(2008). Mandado de Segurança. MS 11.308 - DF. Relator Ministro Luiz Fux. DJe 19/05/2008. Disponível em: <https://www.teses.usp.br/teses/disponiveis/2/2134/tde-20062013-133627/publico/Anexo_7_LUIZ_FELIPE_HADLICH_MIGUEL.pdf> p. 4 acesso em 10 de abril de 2020.

Verificou-se que o crescente número de demandas trazidas à apreciação do poder judiciário, criou um congestionamento, tornando-se caras e demoradas.

Ressaltamos que no ano de 2018 o acervo judicial brasileiro passou de 78 milhões de processos, e que somente neste ano foram iniciados mais de 28 milhões de procedimentos judiciais (CNJ, 2019), números assustadores. Os recursos públicos são finitos bem como os recursos e investimentos não crescem na mesma proporção.

Com a concentração da resolução dos conflitos pelo Estado juiz, criou-se a cultura da sentença, onde as partes se enfrentam em um longo processo judicial. Após a prolação da sentença, em alguns casos, o conflito continua a existir, eis que há a imposição do Direito, e isso nem sempre atende as expectativas das partes.

Importante frisar, que não há uma fórmula para todos os tipos de conflitos. Entretanto, como vimos, há formas alternativas para resolução das controvérsias, que atendam as especificidades do caso concreto e que permitam manter a perenidade das relações quando necessárias. Paras estes casos pode-se indicar a mediação.

 Nas relações consumeristas e onde não há relacionamento duradouro, a conciliação mostra-se mais adequada. Nas relações empresariais e outras, dada a necessidade de adequação da solução ao problema, a negociação e arbitragem dentro do chamado sistema multiportas, pode ser mais apropriada.

Partindo dos autores analisados, percebemos que na negociação não é necessário a participação de terceiro imparcial. Na mediação e conciliação, há essa figura que ajuda as partes a conversarem e construírem uma solução adequada. Na jurisdição, que se dá na Arbitragem e no processo judicial, há a figura de um terceiro imparcial que determina a solução, independente da vontade das partes.

É imprescindível repensarmos a cultura da sentença e trilharmos o caminho da pacificação social, onde os conflitos podem ser resolvidos pelas partes de forma mais célere, informal e ajustada, a fim não só de resolver os conflitos existentes, mas evitar que novos surjam. É um desafio que cabe a todos operadores do Direito, aos gestores públicos e principalmente à academia.

REFERÊNCIAS BIBLIOGRÁFICAS

Andrade, L. R. de M. (2012) o instituto da conciliação sob a ótica dos direitos fundamentais. Disponível na biblioteca virtual do STJ no endereço < https://bdjur.stj.jus.br/jspui/bitstream/2011/55360/instituto_conciliacao_sob_andrade.pdf> acesso em 06 de abril de 2020.

Araujo Neto, P. I. de M. (2016). A confidencialidade do procedimento arbitral e o princípio da publicidade. RIL Brasília a. 53 n. 212 out./dez. 2016 p. 139-154. Disponível em < https://www12.senado.leg.br/ril/edicoes/53/212/ril_v53_n212_p139.pdf> acesso em 11 de abril de 2020.

Brasil, Constituição (1824). Constituição politica do império do Brazil Texto constitucional outorgada em 25 de março de 1824, Disponível em: http://www.planalto.gov.br/ccivil_03/Constituicao/Constituicao24.htm . Acesso em: 10 de março. 2020.

Brasil, Constituição (1988). Constituição da República Federativa do Brasil. Texto constitucional promulgado em 5 de outubro de 1988, com as alterações adotadas pelas Emendas Constitucionais nos 1/1992 a 105/2019. Disponível em:< http://www.planalto.gov.br/ccivil_03/constituicao/constituicaocompilado.htm> acesso em 05 de abril de 2020.

(Brasil, 1943). Consolidação das Leis do Trabalho. Disponível em <http://www.planalto.gov.br/ccivil_03/decreto-lei/del5452.htm> acessado em 10 de abril de 2020.

Brasil, (2015). Código de Processo Civil. Brasil. Lei n. 13.105/15. Disponível em http://www.planalto.gov.br/ccivil_03/_Ato2015-2018/2015/Lei/L13105.htm. Consultado em 03 de abril de 2020. Brasil, (2015). Lei 13.140 de 26 de junho de 2015. Disponível em <http://www.planalto.gov.br/ccivil_03/_ato2015-2018/2015/Lei/L13140.htm> acesso em 06 de abril de 2020.

Cabral, T.N.X. (2017) evolução da conciliação e Mediação no Brasil. Rio de Janeiro. Revista Fonamec, v.1, n.1, p354-359. Disponível em < https://www.emerj.tjrj.jus.br/revistas/fonamec/volumes/volumeI/revistafonamec_numero1volume1_354.pdf> acesso em 09 de abril de 2020.

CNJ (2010). Resolução 125/2010. Disponível em < http://www.tjrj.jus.br/documents/10136/1077812/cod-etica-mediador-conciliador.pdf> acesso em 10 de abril de 2020.

(CNJ, 2016). Manual de mediação Judicial. Disponível em < https://www.cnj.jus.br/wp-content/uploads/2015/06/f247f5ce60df2774c59d6e2dddbfec54.pdf> pag 22. Acesso em 07 de abril de 2020.

CNJ (2019). Justiça em números. Sumário executivo. Disponível em < https://www.cnj.jus.br/wp-content/uploads/conteudo/arquivo/2019/08/8ee6903750bb4361b5d0d1932ec6632e.pdf> acesso em 07 de abril de 2020.

Conselho da Justiça Federal (2019). Manual de mediação e conciliação. Bruno Takahashi ... [et al]. Disponível em < https://www.cjf.jus.br/cjf/corregedoria-da-justica-federal/centro-de-estudos-judiciarios-1/publicacoes-1/outras-publicacoes/manual-de-mediacao-e-conciliacao-na-jf-versao-online.pdf> acesso em 15 de março de 2020.

Gaio Junior, A. P. (2018). Teoria Geral da Arbitragem: Manual básico para sala de aula. Edição revista e atualizada de acordo com a Lei 13.129/2015, o Novo CPC e a Reforma Trabalhista. 2a ed revista e atualizada. Curitiba. Juruá.

Gavronski A. A Arlé, D. G. G., Almeida, G.A, Oliveira, I. L. G., Martins L. L. B., Beltrame,M.S., Romano, M. B., ... Borges, V.M.G. (2015) Manual de Negociação e Conciliação para membros do Ministério Público. Brasília. Conselho Nacional do ministério Público. Disponível em < https://www.cnmp.mp.br/portal/images/Publicacoes/manual_mediacao_negociacao_membros_mp_2_edicao.pdf> acesso em 06 de março de 2020.

Grinover, A. (2007). A inafastabilidade do controle jurisdicional e uma nova modalidade de autotutela (parágrafos únicos dos artigos 249 e 251 do código civil) . disponível em < http://www.esdc.com.br/RBDC/RBDC-10/ RBDC-10-013-Ada_Pellegrini_Grinover.pdf> acesso em 11 mar 2020

Instituto Brasileiro de Governança COrporativa (2015). Código de melhores práticas de governança corporativa. São Paulo: IBGC. Disponível em <https://ava.portalambra.com/pluginfile.php/248710/mod_resource/content/1/Livro_Codigo_Melhores_Praticas_GC.pdf> acesso em 04/11/2019.

Lima, S. M. C. (2008) Arbitragem aspectos fundamentais. Rio de Janeiro, Forense.

Macedo Junior, F. L. Andrade, M. R. (2001). Manual de conciliação: aspectos jurídicos e aspectos psicológicos. 2a ed. Revista e atualizada. Curitiba. Juruá.

Magalhães, R. A.(2008) Formas alternativas de resolução de conflitos. Belo Horizonte, RHJ.

Mancuso, R. de C. (2014) A resolução dos conflitos e a função judicial no contemporâneo Estado de Direito. 2. ed., São Paulo: Revista dos Tribunais.

Martins, R. L C (2014). A mediação civil como instrumento de resolução de conflitos: a previsão da união europeia e a ordem jurídica portuguesa. Disponível em <http://recil.grupolusofo2014na.pt/bitstream/handle/10437/7498/DISSERTAÇÃO%20DE%20MESTRADO.pdf?sequence=1> acesso em 06 de mar 2020.

Moreira, L de S. (2016). Processo de socialização e promoção da Cultura de Paz na perspectiva de policiais militares: Socialization process and promotion of a Culture of Peace from the perspective of Military Police Officers.. Disponível em < http://www.scielo.br/scielo.php?script=sci_arttext&pid=S0103-166X2016000300553> acesso em 10 de mar 2020.

Nery Junior, N (1997). Código de Processo Civil comentado, 3. ed., São Paulo: RT.

Odon, T.I (2018). Justiça como equilíbrio uma conversa entre Filosofia do Direito, Economia & Sociologia. Novas Edições acadêmicas. Mauritius.

Senado Federal (2013). Disponível em <http://www.senado.gov.br/noticias/especiais/constituicao25anos/historia-das-constituicoes.htm> acesso em 03 de abril de 2020.

Scavone Junior, L.A.(2018) Manual de arbitragem mediação e conciliação. 8a ed. Rio de Janeiro. Forense.

Sander, F. (2012). In dispute Resolution Magazine. Disponível em < http://franksander.com/wp-content/uploads/2018/08/Alternative-dispute-resolution-frank-sander.pdf> acesso em 01 mar de 2020.

Silveira, S. S., Guimarães, L.A.M., Zacarias, F. (2019) Meios alternativos de resolução de conflitos: arbitragem de direitos coletivos. Disponível em < http://www.periodicoseletronicos.ufma.br/index.php/revistahumus/article/view/10853> acesso em 14 de mar 2020.

STJ(2008). Mandado de Segurança. MS 11.308 - DF. Relator Ministro Luiz Fux. DJe 19/05/2008. Disponível em: <https://www.teses.usp.br/teses/disponiveis/2/2134/tde-20062013-133627/publico/Anexo_7_LUIZ_FELIPE_HADLICH_MIGUEL.pdf> p. 4 acesso em 10 de abril de 2020.

Tourinho Neto, F.da C, Figueira Junior, J. D. Juizados Especiais Estaduais Cíveis e Criminais. Comentários à Lei 9.099/1995. 5a ed. Rev. atual. E ampl. São Paulo, Revista dos Tribunais, 2007. Pag 231

Tucci. R. L. (1985) Manual do Juizado Especial de pequenas causas. São Paulo, Saraiva, 1985, p 76.

Ury, W, Patton, B. ; Fisher, R. (2014): Como chegar ao sim. Rio de Janeiro, Solomon Editores.

U.N., (1942). Charter of the United Nations and statute of the international court of justice. Disponível em < https://www.un.org/en/sections/un-charter/chapter-vi/index.html> acesso em 11 de abril de 2020.

DIVERSAS MANEIRAS DE SOLUCIONAR CONFLITOS

Autora:

Adrianne Silva Maragno

INTRODUÇÃO

Desde que o mundo existe, a sociedade humana é composta por pessoas com ampla diversidade de comportamentos e com isso constantemente há conflitos de baixa, média e alta complexidade.

Com o passar dos anos a autotutela deixou de ser manejada, surgindo a autocomposição (negociação, conciliação e mediação) e a heterocomposição (arbitragem e poder judiciário).

Todavia, as pessoas costumeiramente utilizam uma das formas heterocompositivas - poder judiciário – delegando poderes aos advogados, aos juízes Ministério Público entre outros para que estes conversem e decidam por eles. Com isso ocorre a privatização de ambivalência, ou seja, privatizam ao contratar outra pessoa para dialogar e resolver o litígio.

Com o passar dos anos, o Poder Judiciário ficou estagnado com um número excessivo de processos, e consequentemente com péssima prestação jurisdicional, a qual atua sem efetividade, com lentidão e sem crédito para o jurisdicionado.

Esta cultura tem sido alterada nas últimas décadas a nível mundial, pois surgiu o sistema multiportas. Cabe ao cidadão, detentor do problema, decidir se buscará a solução do litígio por meio do Poder Judiciário ou das formas adequadas de solução de conflitos. Assim a negociação, conciliação, mediação ou arbitragem são os métodos privados de solução do conflito, ou seja, métodos extrajudiciais, também denominado de formas adequadas de solução de conflitos. Neste sistema o problema será solucionado pelas próprias partes na sua raiz pacificando a sociedade e ensejando uma cultura de paz social.

A formas adequadas para solucionar conflitos, cada qual, na sua peculiaridade, tem seus objetivos gerais e específicos. Aqueles podem ser resumidos como celeridade, informalidade, busca da pacificação social, menos custoso, acesso à justiça com efetividade (encontrar a solução no caso concreto, na raiz), efetividade de política pública, adimplemento das obrigações, adequação do caso (atingir o real objetivo do litígio), comunicação sem agressividade, proporciona o empoderamento para as partes envolvidas, voluntariedade para que os acordos sejam duradouros e efeito educativo para viver e manter a cidadania. Já os objetivos específicos refletem a manutenção da relação existente entre as pessoas, a fim de que possam continuar a viver harmonicamente mantendo a paz social.

Por fim, o assunto em debate tem grande relevância para todos, pois o conflito é um fato inerente à vida de todos os seres humanos. Desta forma, o litígio pode ser solucionado através de meios privados adequados a cada caso concreto, utilizando das normas legais e com racionalidade, visando sempre a pacificação social.

Neste sentido, este trabalho analisa separadamente os tipos de formas adequadas de solução de conflito, que podem ser autocompositivas ou heterocompositivas, bem como os conceitos e princípios inerentes aos institutos da negociação, conciliação, mediação e arbitragem.

FORMAS ADEQUADAS PARA SOLUCIONAR CONFLITOS

Antigamente, os conflitos eram solucionados por meio de autotutela, ou seja, prevalecia a vontade da autoridade do local, método este superado pelo uso da jurisdição, como leciona Cahali.[1]

A globalização do mundo trouxe consigo uma gama de conflitos que geram discórdias no dia a dia das pessoas envolvendo as esferas jurídicas, como as relações existentes no ramo do consumidor, ambiental, setor público, família, trabalhista, securitário, escolar, empresarial e todos os demais existentes.

É notório que atualmente, o Poder Judiciário brasileiro se encontra em crise, pois exerce a sua atividade com morosidade, falta de efetividade e as decisões proferidas muitas vezes não resolvem o conflito na sua raiz. Por este motivo, muitos doutrinadores processualistas têm incentivado o uso de mecanismos extrajudiciais para solucionar os conflitos, como ensina Sarah Merçon Vargas.[2]

Os meios extrajudiciais - também conhecidos como meios alternativos de solução de conflitos ou "Alternative Dispute Resolution" – ADRs – são

---

[1] Cahali, 2018, p.45. – "Primitivamente, os conflitos de interesse eram solucionados por autotutela ou autodefesa, que representava a definição da questão litigiosa pela imposição da vontade do mais forte. Esse método de solução foi superado há anos quando o Estado idealizou o monopólio da jurisdição, impedindo, assim, que as próprias partes fizessem uso de suas razões, o que no atual ordenamento brasileiro, é até mesmo capitulado como crime."

[2] Vargas, 2012, p. 06 – "Na busca por resultados mais efetivos, a tendência de universalizar a tutela jurisdicional evidencia, de um lado, a urgência em se aprimorar a técnica processual e, de outro, a necessidade de se ampliar as formas de acesso à justiça, para além da técnica universal do processo estatal."

utilizados com isenção da presença de um magistrado, pois as próprias partes tentam buscar a melhor solução para pacificar o evento ocorrido.[3]

Para tanto os eventos são solucionados através de métodos privados que podem ser por meio da autocomposição (as próprias partes decidem a pacificação do litígio e não um terceiro) ou heterocomposição (um terceiro decide o conflito pelas partes – árbitro ou magistrado).[4]/[5]

Todavia, se o litígio for complexo, será necessário a atuação do poder judiciário o qual é maçante e demorado, isto porque nem tudo é conciliável. Porém, para os conflitos do cotidiano e com menos complexidade, a solução requer menos informalidade e pode se utilizar dos métodos extrajudiciais,

---

3   Almeida. T, Pelajo S. e Jonathan E, (2016), 2016, p. 57/58. – "Os novos paradigmas de acesso à justiça originaram, desse modo, o ressurgimento dos meios "alternativos" de resolução de conflitos ou "Alternative Dispute Resolution" – ADRs, cuja sigla designa os procedimentos em que não há a intervenção do juiz para impor às partes uma decisão, e que são pautados, em síntese, pela celeridade, informalidade, economia e pela busca de soluções criativas – e, no caso das espécies autocompositivas, também mutuamente satisfatórias. O termo ADR foi cunhado nos Estados Unidos, como sigla para a expressão Alternative Dispute Resolution, a qual diz respeito aos métodos de resolução de litígios que prescindem da existência de um processo judicial e da prolação de uma decisão impositiva de um juiz para solucioná-los. Incluem-se dentre os ADRs todos os meios adequados, extrajudiciais escolhidos livremente pelas partes para resolver seus conflitos."

4   Guilherme. 2018. Item 1.2.1 – "A autocomposição é um meio de solução de controvérsia promovido pelas próprias partes que o vivenciam, sem a atuação de outro agente na tentativa de pacificação do conflito. Percebe-se o despojamento unilateral de outrem da vantagem por este almejada. O que se verifica é que normalmente não existe nenhum exercício de coerção dos indivíduos."

5   Guilherme. 2018. Item 1.2.2 – "Já a heterocomposição o litígio é resolvido por meio da intervenção de uma pessoa que está fora do conflito original. Em vez de as partes isoladamente ajustarem o deslinde, o conflito é submetido a um terceiro que toma uma decisão."

o qual originou nos Estados Unidos das Américas, como ensina Cahali[6] e Watanabe.[7]

Em regra, ao interpor uma ação judicial, está incluída a análise da norma legal vigente, bem como um drama pessoal relacionado com o problema. Porém o drama, o magistrado não irá solucionar, pois ele não discutirá a relação pessoal havida e sim apenas julgará os dados constantes nos papéis e o material probatório produzido nos autos processuais. Com isso o problema pessoal persiste.

Para resolver o drama pessoal existente entre as pessoas envolvidas, o melhor caminho é utilizar dos métodos de negociação, conciliação, mediação e arbitragem, os quais irão propiciar o empoderamento das partes e desenvolver a comunicação entre elas. É um novo paradigma de acesso à justiça, como enfatiza o professor Watanabe.[8]

Absorvendo este raciocínio e visando a pacificação social, o Poder Derivado (legislativo) tem aprovado a inserção de normas no ordenamento jurídico brasileiro, concretizando a previsão de métodos adequados de solução de conflitos, bem como cada vez mais têm surgido institutos relacionados ao

---

6   Cabral, 2012. p. 3 – "Considerado o berço dos movimentos alternativos de resolução de conflitos, foi nos Estados Unidos da América que esses métodos de resolução de controvérsias tornaram-se mais pujantes."

7   Watanabe. 2019, p.7 – "Alguns desses conflitos está adequada a estrutura atual, que é formal e pesada. A outros, porém, principalmente aos de pequena expressão econômica, que são os cotidianos e de ocorrência múltipla, é necessária uma estrutura mais leve e ágil."

8   Watanabe, 2019, p.7 – "Mesmo em país com o nosso, que adota o sistema da jurisdição una, em que ao judiciário cabe dizer a última palavra em matéria de direito, não se pode pensar apenas no sistema de resolução de conflitos através da adjudicação da solução pela autoridade estatal."

assunto. Para isto, o Conselho Nacional de Justiça (CNJ), editou a Resolução 125/2010 incentivando o uso das ADRs no meio jurídico.[9]/[10]

Entre diversas normas legais existentes destaca-se: Constituição Federal de 1988 - art. 114 - Arbitragem dissídio coletivo trabalhista; Lei 9.0099/95 – Juizado especial cível; Lei 9.307/96 – Lei da arbitragem; Reconhecimento pelo STF da constitucionalidade da arbitragem (SE 5.206-7,.j.,12.12.2001 e SE 5.847-1); Código Civil de 2002 - art. 851 a 853 - Arbitragem; Convenção de Nova York, jun/1958 – Ratificada pelo Brasil através do Decreto n. 4.311 em julho/2002 (reconhecimento e execução de sentenças arbitrais estrangeiras); Resolução 125/2010 – Conselho Nacional de Justiça; Lei 13.240/15 – Lei de mediação; Lei 13.105/15 - Novo código de processo civil; Lei 13.467/17 – reforma trabalhista; Decreto 9.760/19 – meio ambiente, entre outros.

Cada método extrajudicial tem a sua peculiaridade, mas em regra há uma coisa em comum, ou seja, incentivam e facilitam que as partes envolvidas

---

9   Cahali, 2018, p.46. – "O próprio Estado passou a oferecer à sociedade as ferramentas para o encerramento amistoso da controvérsia, com a implantação do chamado "Tribunal Multiportas" através da Res. CNJ 125/2010."

10   Dispõe o artigo 1º da Resolução 125/2010 do CNJ:

"Art. 1º - Fica instituída a Política Judiciária Nacional de tratamento dos conflitos de interesses, tendente a assegurar a todos o direito à solução dos conflitos por meios adequados à sua natureza e peculiaridade.

Parágrafo único. Aos órgãos judiciários incumbe, nos termos do art. 334 do Novo Código de Processo Civil combinado com o art. 27 da Lei de Mediação, antes da solução adjudicada mediante sentença, oferecer outros mecanismos de soluções de controvérsias, em especial os chamados meios consensuais, como a mediação e a conciliação, bem assim prestar atendimento e orientação ao cidadão."

reconheçam que são capazes de encontrar a melhor forma para solucionar o problema e não deixar que um terceiro decida por elas, como leciona Cahali.[11]

A negociação, de uma certa forma, está incluída nos demais métodos adequados de solução de conflito, pois seja por meio da autocomposição ou da heterocomposição, as partes sempre estarão sujeitas a negociar alguma coisa.

Por fim, na conciliação, mediação e arbitragem é aconselhável que as partes estejam assistidas por seus advogados, o que garantirá a assimetria das partes, como também proporcionará a assessoria jurídica pertinente ao caso. A presença do advogado é muito importante, pois o negociador, mediador, conciliador e árbitro, ainda que tenham formação profissional jurídica, não devem ofertar orientação jurídica para as partes.

Pois bem, a concretização da pacificação social é uma forma do exercício da política pública, para a qual engaja ao cidadão a sua participação para encontrar a melhor forma para solucionar o seu conflito com adimplemento e efetividade.

---

11   Cahali, 2018, p.46 – "A oferta de alternativas para resolução de contendas está incluída no objetivo maior de garantir o acesso à Justiça, o que nunca foi exclusividade do Poder Judiciário, mas sim finalidade do Estado, que, assim, pode incentivar que os conflitos sejam resolvidos no âmbito estatal ou fora dele, como, de fato, ocorre em muitos desses métodos privados."

NEGOCIAÇÃO

Conceito

Antes de adentrar na abordagem no tema em destaque, merece destaque o ensinamento de Ury, Fisher e Patton, os quais ensinam que todos nós somos negociadores.[12]

A negociação- autocomposição - é um processo de busca da aceitação de ideias, propósitos ou interesses, que tem como finalidade obter um melhor resultado duradouro. A negociação está presente no dia a dia das pessoas, seja criança ou adulto, pois desde pequena, a criança negocia com seus pais a conquista de um presente e ou de atividades que pretendem realizar. A própria

---

12   Ury, Fisher e Patton, 2018. p. 17 – "Goste ou não, você é um negociador. A negociação é um fato da vida. Você discute um aumento com seu chefe. Tenta chegar a um acordo com um estranho sobre o preço de compra da casa dele. Dois advogados buscam resolver um processo decorrente de um acidente de carro. Um grupo de petroleiros planeja criar uma joint venture para exploração offshore. Uma autoridade se encontra com líderes sindicais para evitar uma greve dos transportes. O secretário do Estado norte-americano se reúne com o primeiro-ministro russo para chegar a um acordo que limite o uso e o desenvolvimento de armas nucleares. Todos esses são exemplos de negociações."

parte envolvida negocia e não um terceiro, pois as partes tentam resolver suas divergências diretamente.[13]/[14]

Vale ponderar que negociar é diferente de vender, pois a finalidade é distinta. Na negociação a parte almeja o relacionamento com o outro interlocutor e vislumbra um ganho. Já na venda, por sua vez, o interlocutor objetiva vender um produto sem qualquer interesse no relacionamento com a outra parte.

Por outro lado, a negociação pode ser exercida pelas partes envolvidas, como também por um terceiro – o negociador. Contudo, neste caso o terceiro não será um facilitador e sim uma pessoa representante que terá como objetivo defender o interesse do seu representado.

Ao iniciar uma negociação, um dos interlocutores somente saberá qual é a melhor forma de negociar, se souber com quem está negociando. É primordial que se utilize da empatia a fim de conseguir enxergar o interesse do seu adversário. Conciliar não é negociar. Na negociação é necessário dialogar com mais esforço para atingir a assertiva almejada. É necessário ter um "jogo de cintura" e conhecer bem o seu adversário. Já a conciliação é uma forma de composição mais ágil, pois na maioria das vezes as partes trazem o limite do que pretendem.

---

13   Cahali, 2018, p.47. – "Negociam com trocas de vantagens, diminuição de perdas, aproveitam oportunidades e situações de conforto exercitam a dialética, mas em última análise, querem uma composição, e para tanto, o resultado deve propiciar ganhos recíprocos, em condições mutuamente aceitáveis e, em certa medida, equitativa, caso contrário, será rejeitado por uma das partes."

14   Guilherme. 2018. Item 2.3.1 – "A negociação entre todos os sistemas alternativos, é o único instituto que não contém em sua essencialidade o uso de um terceiro, distante das partes litigantes, como ente corroborador com a justiça e com a finalização da lide."

Ao contrário do que é recomendado, quando as pessoas iniciam uma negociação, é costumeiramente que ocupem posições e consequentemente inicie uma barganha de posições.

Este comportamento não é o adequado, porque se assim se comportarem não irão resolver o conflito e sim manter aquele que já está instaurado ou criar outro que ainda é inexistente. Os interlocutores devem se ater aos seus interesses e não na posição que ocupa no conflito, a fim de evitar o empecilho na negociação.[15]

Por outro lado, há negociadores que procuram ser afável e amigável com o adversário, o que não é um comportamento adequado para obter uma boa negociação.[16]

Verifica-se assim que, negociar por posições não é o melhor caminho para um bom negociador. Para tanto, há alternativas para que as partes negociem de forma sensata e o acordo seja duradouro.

Para tanto, foi desenvolvido o Projeto de Negociação de Harvard, no qual Roger Fischer, Willian Ury e Bruce Patton buscam resultados sensatos e amistosos, os quais não são afáveis e nem rígidos e sim a intersecção

---

15   Ury, Fisher e Patton, 2018. p. 24. – "A negociação de posições não atende a critérios básicos para se produzir um acordo sensato de forma eficiente e amistosa."

16   Ury, Fisher e Patton, 2018. p. 30. – "O maior problema, porém, é que buscar uma forma gentil e amigável de negociação de posições torna você vulnerável a um negociador firme. Na negociação de posições, o jogo duro domina o suave. Se o negociador firme exige concessões e faz ameaças e o negociador gentil cede para evitar o confronto e insiste num acordo, o jogador firme tende a vencer. O processo produzirá um acordo que não é o sensato e será mais favorável para o negociador firme do que para o gentil. Se você negociar de forma gentil contra um negociador firme, provavelmente sairá perdendo."

destes. É um método conhecido como "negociação baseada em princípios ou negociação de mérito" que tem quatro focos elementares, ou seja, PESSOAS, INTERESSES, OPÇÕES e CRITÉRIOS.[17]

Enfim ao negociar baseado em princípios, o negociador age com gentileza com o interlocutor adverso, mas de maneira firme com o problema; explora os interesses envolvidos de ambas as partes; desenvolve múltiplas opções para decidir posteriormente qual a melhor para o caso concreto; almeja encontrar um resultado baseado em critérios objetivos independente da vontade subjetiva de cada um; e cede a princípios e à pressão advinda da parte adversa.

Procedimento

Para que uma negociação seja frutífera, primeiramente é necessário conhecer seu adversário. Não deve reagir à situação instaurada e sim manter um equilíbrio mental para que haja concentração no objetivo.

Finalizando a negociação, se as partes conseguiram obter uma conquista pode ser sim considerada frutífera. As partes não devem se sentirem vitoriosas,

---

17   Ury, Fisher e Patton, 2018. p. 31. – "Estes quatro pontos definem um método direto de negociação que pode ser usado em praticamente qualquer circunstância. Cada ponto trata de um elemento básico da negociação e sugere o que fazer a respeito dele.

PESSOAS: separe as pessoas do problema.

INTERESSES: concentre-se nos interesses, não nas posições.

OPÇÕES: Antes de decidir o que fazer, crie diversas opções com possibilidade de ganhos mútuos.

CRITÉRIOS: insista em que o resultado se baseie em critérios objetivos."

porque se assim ocorreu, não houve concentração no interesse e sim na posição, o que não é aconselhável.[18]

O doutrinador Guilherme, ensina resumidamente como deve ser o procedimento de uma negociação.[19]/[20]

____

18   Guilherme, 2018. item 3.2 – "Antes de mais nada, uma negociação justa deve ser aquela que espalha uma conquista e não uma vitória. Na verdade, deve apresentar uma conquista para ambos os lados."

19   Guilherme, 2018. item 3.1. – "A negociação é um procedimento involuntário e informal e que pode ter algumas barreiras quando de seu uso. Em um primeiro lugar, deve haver certa preocupação com a descoberta dos interesses compartilhados e a maximização dos resultados conjuntos. Outra problemática se dá porque em muitos litígios os titulares não negociam por si mesmos, mas sim por intermédio de terceiros que podem ter incentivos diferentes de seus titulares, A terceira barreira tem um "quê" fundado em aspectos de entendimento, visto se tratar de um entrave de âmbito cognitivo que se relaciona com a maneira como a mente do homem processa as informações, sobretudo ao avaliar incertezas e riscos. Por último, funda-se na investigação da psicologia social visto que cada parte está constantemente fazendo inferências acerca da intenção, dos motivos e da boa-fé da parte contrária. Na prática, diga-se, a ideia de barreiras gera um posto útil e vantajoso, e necessariamente interdisciplinar para explorar o porquê de muitas vezes as negociações falharem."

20   Guilherme, 2018. item 3.2 – "Para isto o negociador precisa percorrer alguns passos, ou seja, criação de uma atmosfera efetiva, esclarecimento das percepções das partes, foco nas necessidades individuais e compartilhadas, construção de um poder positivo e compartilhado, atenção ao futuro e em seguida reflexo sobre o passado, geração de opções, desenvolvimento do caminho e estabelecimento de acordos mútuos."

CONCILIAÇÃO

CONCEITO

Ao contrário do que ocorre com a negociação, na conciliação e na mediação existe a figura de um terceiro que atua como facilitador de comunicação entre as partes envolvidas nos litígios.[21]

Ao invés de se utilizar do poder judiciário, as partes podem se submeterem à conciliação - terá a presença de um conciliador – para solucionar um litígio que originou de conflito único e não de uma relação duradoura.[22] O conciliador, que é um terceiro, irá orientar a forma de comunicação entre as partes para que estas decidam o que é melhor para elas.[23]

O instituto da conciliação tem relação com a atuação exercida diariamente pelos magistrados integrantes do Poder Judiciário, os quais tentam conciliar as partes envolvidas na lide judicial. O juiz, ao buscar a conciliação, demonstra

---

21   Cahali, 2018, p.48. – "Diversamente da negociação, os meios da conciliação e mediação pressupõem a intervenção de um terceiro, imparcial, para facilitar a composição entre os interessados. O terceiro aqui comparece em posição equidistante das partes para ajudá-las e encontrar a melhor solução."

22   Cabral, 2012. p. 46 – "A conciliação constitui um dos meios mais utilizados para a resolução de conflitos, seja como forma de evitar a utilização da jurisdição, seja para abreviar a solução de uma pretensão apresentada perante os tribunais."

23   Guilherme. 2018. Item 2.3.2. – "A conciliação já passa a oferecer a participação de um terceiro que atua de forma mais decisiva para tentar resolver o conflito. Na verdade, os personagens principais do embate, ou seja, os próprios litigantes determinam que o conciliador deverá promover a orientação das partes e do próprio conflito para que haja o ajuste."

para as partes os riscos envolvidos caso o processo prossiga e expõe opções de alternativas para solucionar o caso, papel este inerente de um conciliador.

O papel do conciliador é muito semelhante ao do mediador, diferenciando apenas no tipo do conflito existente (relação pontual ou relação duradoura) e algumas peculiaridades na sua atuação.

O Conselho Nacional de Justiça com o intuito de dirimir a melhor atuação dos auxiliares da justiça, editou o Manual de Mediação Judicial e definiu que o método da conciliação.[24]

É importante ressaltar que o legislador utiliza os termos conciliação e transação como sinônimos e antônimos.[25]

Constata-se que a conciliação é um ato jurídico mais amplo, pois a transação está embutida no seu contexto. É através da transação que as partes conseguem almejar a conciliação. Neste sentido o Código de Processo Civil (artigo 487, III, b do CPC/2015[26]) prevê que o processo será extinto com julgamento do mérito quando as partes transigirem.

---

24   Manual. CNJ, p, 21, - "Conciliação pode ser definida como um processo autocompositivo breve no qual as partes ou os interessados aos auxiliados por um terceiro, neutro ao conflito, ou por um painel de pessoas sem interesse na causa, para assisti-las, por meio de técnicas adequadas, a chegar a uma solução ou a um acordo."

25   Guilherme, 2018. item 4.2 – "A conciliação é um expediente que tem em vista as partes no propósito de prevenirem ou resolverem um litígio. Refere-se à conduta – as partes se conciliaram. Já a transação se refere ao conteúdo – aquilo que a transação versou sobre. Sendo assim, é possível se afirmar que no processo a conciliação ocorre mediante uma transação. Os litigantes se conciliam transigindo."

26   "Art. 487. Haverá resolução de mérito quando o juiz:

I - Acolher ou rejeitar o pedido formulado na ação ou na reconvenção;

II - Decidir, de ofício ou a requerimento, sobre a ocorrência de decadência ou prescrição;

III - homologar:

Assim, quando as partes se comportam com harmonia a fim de buscar uma solução salutar para ambas, estão exercendo a conciliação. Já o acordo celebrado para concretizar a conciliação, pode-se denominar de transação, como ensina o professor Guilherme.[27]

A conciliação pode ocorrer no âmbito judicial (o caso está judicializado e concilia no processo para posteriormente ser homologado judicialmente) como extrajudicial (concretiza por meio de um contrato, sendo que a lei denomina como transação). Aquele será um título executivo judicial e este título executivo extrajudicial.

Para que a solução seja frutífera, o conciliador deve preparar o ambiente previamente, para que as partes ao adentrarem, possam se sentirem acolhedoras e empoderadas. Os envolvidos no litígio necessitam ter confiança na pessoa do facilitador, para que possam chegar a uma solução frutífera e com efetividade – é o que se denomina "rapport". Para tanto o conciliador deve se utilizar das técnicas, estratégias e ferramentas pertinentes ao instituto.[28]

---

a) o reconhecimento da procedência do pedido formulado na ação ou na reconvenção;

b) a transação;

c) a renúncia à pretensão formulada na ação ou na reconvenção.

Parágrafo único. Ressalvada a hipótese do § 1º do art. 332 , a prescrição e a decadência não serão reconhecidas sem que antes seja dada às partes oportunidade de manifestar-se."

27 Guilherme, 2018. item 4.2 – "Portanto, a conciliação é uma conduta das partes – é o ato de se colocar em harmonia; e a transação é o acordo mediante concessões mútuas."

28 Guilherme, 2018. item 4.5.1. – "O conciliador deve ser centrar no caso em questão buscando conhecer de antemão a natureza do conflito. Isso de fato ajuda para que ele tenha mais segurança na condução da conciliação, podendo, ainda, clarificar possíveis dúvidas com juízes, coordenadores e conciliadores orientados."

O facilitador, seja conciliador ou mediador, deve se dirigir às partes chamando-as pelos seus nomes, esclarecer que não é juiz e sim um facilitador de comunicação entre os envolvidos.

O facilitador - conciliador e mediador- deve utilizar das técnicas da escuta ativa (interpretar as atitudes da partes), recontextualização (clarear o problema com palavras adequadas), audição das propostas implícitas (perceber uma opção de solução, que ficou implícita), afago (expor uma atitude de positiva da parte), silêncio (respeitar o silêncio - é importante porque pode servir para a pessoa pensar no que está sendo discutido), normalização (expor que uma reação é normal), organização de questões e interesses (esclarecer que o problema será solucionado pelas partes e não pelo facilitador), enfoque prospectivo (mostrar qual a alteração que a parte faria no dia a dia), teste de realidade (enquadrar a solução encontrada na vida real) e validação de sentimentos (reconhecer a individualidade de cada pessoa e demonstrar que são apreciadas na sessão de conciliação e mediação).

Ainda assim, para um bom desenvolvimento, o conciliador deve se utilizar dos princípios inerentes, os quais são os mesmos utilizados na mediação.

Enfim, a conciliação é um instituto que já existe há décadas e tem sido utilizado hodiernamente pelo poder judiciário, a fim de pacificar conflitos judicializados.

MEDIAÇÃO

Conceito

O instituto da mediação tem sido procurado e aplicado gradativamente pelos jurisdicionados. Trata-se de uma outra forma autocompositiva de solução de conflito que tem a figura de um terceiro – mediador - o qual visa facilitar a comunicação entre as partes envolvidas no litígio oriundo de uma relação duradoura. Referido instituto foi muito bem definido pelo Conselho Nacional de Justiça o qual prega pela pacificação social.[29]

O Governo Federal, com o intuito de normatizar o assunto editou a Lei 13.140/2015, prevendo no artigo 1° o uso da mediação na esfera particular e pública, bem como definiu o instituto em análise.[30]

O mediador tem a função de fazer com que as partes encontrem uma solução efetiva para as partes envolvidas e a relação arruinada seja restaurada e atendam as necessidades de cada um. Assim leciona Professor Guilherme.[31]

---

29   Manual CNJ, 2016. p. 20. – "A mediação pode ser definida como uma negociação facilitada ou catalisada por um terceiro. Alguns autores preferem definições mais completas sugerindo que a mediação um processo autocompositivo segundo o qual as partes em disputa são auxiliadas por uma terceira parte neutra ao conflito ou por um painel de pessoas sem interesse na causa, para se chegar a uma composição. Trata-se de um método de resolução de disputas no qual se desenvolve um processo composto por vários atos procedimentais pelos quais o(s) terceiro(s) imparcial(is) facilita(m) a negociação entre as pessoas em conflito, habilitando-as a melhor compreender suas posições e a encontrar soluções que se compatibilizam aos seus interesses e necessidades."

30   "Art. 1° Esta Lei dispõe sobre a mediação como meio de solução de controvérsias entre particulares e sobre a autocomposição de conflitos no âmbito da administração pública.

Parágrafo único. Considera-se mediação a atividade técnica exercida por terceiro imparcial sem poder decisório, que, escolhido ou aceito pelas partes, as auxilia e estimula a identificar ou desenvolver soluções consensuais para a controvérsia."

31   Guilherme. 2018. Item 2.3.3. – "Pois bem, é um mecanismo de solução extrajudicial pelo qual o terceiro age procurando ajudar as partes no desfecho mais satisfatório do conflito, mas com principal atribuição de criar um canal de comunicação e de aproximação entre as partes mais latente e vivo. Ficam abastecidas as possibilidades

O que difere a mediação da conciliação é a forma de atuação do terceiro, porque naquele se busca solucionar o conflito e manter próximo o relacionamento havido entre as partes envolvidos, como por exemplo, litígio familiar ou de vizinhança. Já na conciliação tem como foco a pacificação do litígio, mas as partes envolvidas não têm relacionamentos anteriores e duradouros, pois o litígio decorreu de um ato isolado, como por exemplo uma colisão de veículos.

O mediador e conciliador são meros facilitadores para que as partes possam resgatar a comunicação entre si, a fim de que elas mesmas criem opções para solucionar o conflito existente. Não sendo satisfatória a comunicação ou a criação de opções, seja na mediação ou na conciliação, o processo judicial seguirá seu curso normalmente, com realização de audiência, produção de provas e prolação de decisão judicial.

A mediação é um procedimento voluntário, pois é com este intuito que os acordos celebrados serão adimplidos e restauradas as relações existentes entre os envolvidos, podendo ser aplicada na esfera privada como na esfera pública, conforme dispõe o art. 1º, a Lei 13.140/2015.[32] Assim ensina o doutrinador Scavone.[33]

---

de melhoras planos de comunicação e de interação de forma construtiva, a partir de acordos justos que possam respeitar as necessidades de cada um dos polos."

32   art. 1º, a Lei 13.140/2015. - "dispõe sobre a mediação como meio de solução de controvérsias entre particulares e sobre a autocomposição de conflitos no âmbito da administração pública".

33   Scavone, 2018, Item VIII, p. 298. – "É preciso observar que a mediação é sempre voluntária, a teor do § 2º do art. 2º da Lei 13.140/2015, segundo o qual "Ninguém será obrigado a permanecer em procedimento de mediação". A participação na conciliação, contudo, pode ser compulsória, notadamente na modalidade judicial, nos termos do art. 334 do CPC, que impõe ao juiz a determinação da audiência. A transação é o resultado da mediação e da conciliação que atingiram o seu objetivo: o consenso entre os contendores. A Lei 13.140/2015 define a mediação no parágrafo

A Constituição Federal do Brasil garante o respeito ao princípio da duração razoável do processo com o intuito de garantir a efetividade na prestação jurisdicional. Todavia este princípio tem sido reiteradamente desrespeitado pelos integrantes do Poder Judiciário, diante do excesso de processo em curso.

Portanto, utilizar a mediação para solucionar os conflitos é uma forma de resgatar a aplicação deste mandamento constitucional, como reza o professor Scavone.[34]

PRINCÍPIOS

Ao normatizar o instituto da mediação o legislador elencou alguns princípios basilares que devem ser aplicados a fim de garantir sucesso na sessão designada - atuar de forma legal e com respeito às partes envolvidas.

Ensina Scavone que:

"São princípios comuns à mediação e à conciliação (CPC, art. 166, e Lei 13.140/2015, art. 2º):

a) Independência, ou seja, o mediador e o conciliador devem se manter distantes das partes, sem se envolver com qualquer dos contendores;

único do art. 1º nos seguintes termos: "Considera-se mediação a atividade técnica exercida por terceiro imparcial e sem poder decisório, que, escolhido ou aceito pelas partes, as auxilia e estimula a identificar ou desenvolver soluções consensuais para a controvérsia". O mediador busca neutralizar a emoção das partes, facilitando a solução da controvérsia sem interferir na substância da decisão dos envolvidos."

34   Scavone, 2018, Item VIII, p. 299 – "Enfim, no Brasil enfrentamos uma pletora de feitos que assoberba o Poder Judiciário, tornando letra morta o princípio da duração razoável do processo, de tal sorte que a desjudicialização das controvérsias e a autocomposição devem ser incentivadas. Como veremos, mesmo durante o processo judicial, o Código de Processo Civil prevê a utilização da mediação que, com a Lei 13.140/2015, forma um "pacote" legislativo que tende a modificar a cultura do litígio arraigada na consciência popular e na praxe dos operadores do direito."

b) Imparcialidade, que impede qualquer interesse ou vínculo dos mediadores ou conciliadores com as partes. Nos termos do parágrafo único do art. 5º da Lei 13.140/2015, que trata da mediação e, por extensão, da conciliação, no início dos trabalhos o mediador – e também o conciliador – 'tem o dever de revelar às partes, antes da aceitação da função, qualquer fato ou circunstância que possa suscitar dúvida justificada em relação à sua imparcialidade para mediar o conflito, oportunidade em que poderá ser recusado por qualquer delas';

c) Oralidade, não havendo, inclusive, registro ou gravação dos atos praticados durante o procedimento de mediação, notadamente em razão da confidencialidade, que, em regra, o cerca, nos termos dos arts. 30 e 31 da Lei 13.140/2015 e do art. 166 do CPC;

d) Autonomia da vontade das partes. No procedimento de mediação, as partes chegarão, se quiserem, a um acordo quanto à situação conflituosa e, demais disso, o princípio da autonomia da vontade implica afirmar que 'ninguém será obrigado a permanecer em procedimento de mediação' (§ 2º do art. 2º da Lei 13.140/2015);

e) Decisão informada. '... o princípio da decisão informada estabelece como condição de legitimidade para a autocomposição a plena consciência das partes quanto aos seus direitos e a realidade fática na qual se encontram. Nesse sentido, somente será legítima a resolução de uma disputa por meio de autocomposição se as partes, ao eventualmente renunciarem a um direito, tiverem plena consciência quanto à existência desse seu direito subjetivo';

f) Confidencialidade. Os procedimentos de mediação e conciliação são confidenciais e toda informação coletada durante os trabalhos não poderá ser revelada pelo profissional, pelos seus prepostos, advogados, assessores técnicos ou outras pessoas que tenham participado do procedimento, direta ou indiretamente, e, evidentemente, nessa medida, não podem testemunhar (§

2º do art. 166 do CPC e arts. 30 e 31 da Lei 13.140/2015). A confidencialidade atinge, inclusive, as partes."[35]

Continua ensinando que quanto à mediação, a Lei 13.140/2015 ainda inclui os seguintes princípios (art. 2º):

"a) Isonomia entre as partes, de tal sorte que o mediador e o conciliador devem tratar ambos os contendores de forma igual, conferindo as mesmas oportunidades durante o procedimento de mediação ou de conciliação;

b) Informalidade. A fim de possibilitar o resultado útil do procedimento de mediação e de conciliação e tendo em vista a diversidade de situações que exigem do profissional habilitado diferentes meios para conseguir o acordo, o princípio da informalidade contempla a inexistência de regramento fixo para os atos praticados (CPC, art. 166, § 4º);

c) Busca do consenso, ou seja, a transação é o resultado útil da mediação."[36]

ARBITRAGEM

Conceito

Colocando o instituto em posição mais próxima do cotidiano do operador do direito, a arbitragem é uma forma de poder judiciário privado, no qual um terceiro, que não é magistrado, decidirá o conflito, conforme preconiza o doutrinador Guilherme.[37]

---

35   Scavone, 2018, p. 300

36   Scavone, 2018, p. 302

37   Guilherme. 2018. Item 2.3.4 – "A arbitragem em um dispositivo alternativo ao sistema jurídico convencional forma em que novamente um terceiro, capacitado

Da mesma forma ensina Francisco José Cahali que a arbitragem é um forma heterocompositiva, pois neste instituto as partes não resolverão o conflito e sim um terceiro, que é o árbitro o qual é definido como um juiz de fato e de direito.[38]

O instituto da arbitragem está regulado pela Lei 9.307, de 23 de setembro de 1996, e tem como objeto resolver conflitos sobre direitos patrimoniais disponíveis (art 1°).[39] Hoje é possível asseverar que o Brasil tem uma jurisdição estatal e uma jurisdição arbitral, sendo arbitráveis os direitos decorrentes de direito obrigacional na lição do doutrinador Scavone.[40]

A arbitragem é instituída com respeito à capacidade das partes e ao objeto litigioso. Para tanto, a arbitrabilidade se classifica em subjetiva (refere-se à capacidade das partes, ou seja, as partes devem ser detentoras de direitos e deveres nos termos do artigo 1° do Código Civil) e objetiva (refere-se a matéria em discussão – deve ser direito disponível).

---

tecnicamente, é eleito pelas partes com o intuito de mediar e de dirimir o conflito, estabelecendo aquilo que é o mais justo para o caso em apreço."

38   Cahali, 7ª edição, p. 126 – "A arbitragem ao lado da jurisdição estatal, representa uma forma heterocompositiva de solução de conflitos. As partes capazes, de comum acordo, diante de um litígio, ou por meio de uma convenção, estabelecem que um terceiro, ou colegiado, terá poderes para solucionar a controversia, sem a intervenção estatal, sendo que a decisão terá a mesma eficácia de uma sentença judicial."

39   Art. 1 lei 9.307/96 - "As pessoas capazes de contratar poderão valer-se da arbitragem para dirimir litígios relativos a direitos patrimoniais disponíveis".

40   Scavone, 2018, p. 28 – "Entre os direitos de cunho patrimonial, encontramos as relações jurídicas de direito obrigacional, ou seja, aquelas que encontram sua origem nos contratos, nos atos ilícitos e nas declarações unilaterais de vontade. Os direitos não patrimoniais, por seu turno, são aqueles ligados aos direitos da personalidade, como o direito à vida, à honra, à imagem, ao nome e ao estado das pessoas, como, por exemplo, a capacidade, a filiação e o poder familiar, entre outros com a mesma natureza."

Por outro lado, para instituir a arbitragem também é necessário a celebração de uma Convenção de Arbitragem, que é um negócio jurídico pactuado por pessoas capazes sendo o objeto um direito patrimonial disponível, conforme dispõe Art. 1 lei 9.307/96.

A Convenção de arbitragem é gênero que tem como espécie a cláusula compromissória e o termo de compromisso.[41] A cláusula compromissória consiste na formalização em pactuar a submissão do conflito à arbitragem, quando este ainda não existe. Caso venha surgir eventual litígio, este será submetido ao procedimento arbitral.[42] Já o termo de compromisso, é pactuado quando o conflito já existe e após o seu surgimento é que as partes decidem a submissão à arbitragem.[43] Em suma, a cláusula compromissória é pactuada antes do surgimento do conflito, enquanto o termo compromissório é confeccionado quando o conflito já é latente.

---

41   artigo 3º da Lei 9.307/96 – "As partes interessadas podem submeter a solução de seus litígios ao juízo arbitral mediante convenção de arbitragem, assim entendida a cláusula compromissória e o compromisso arbitral."

42   artigo 4º da Lei 9.307/96 – "Art 4º - A cláusula compromissória é a convenção através da qual as partes em um contrato comprometem-se a submeter à arbitragem os litígios que possam vir a surgir, relativamente a tal contrato."

43   artigo 9º da Lei 9.307/96 – "O compromisso arbitral é a convenção através da qual as partes submetem um litígio à arbitragem de uma ou mais pessoas, podendo ser judicial ou extrajudicial."

Também deve ser analisado o conteúdo da cláusula compromissória, a qual pode ser "cheia" ou "vazia", ou seja, possui ou não todos os elementos necessários para a instituição da arbitragem, assim define Cahali.[44]/[45]/[46]

A cláusula compromissória pode ser defeituosa, quando então será denominada de cláusula patológica.[47]

Como ainda não bastasse, a arbitragem pode ser institucional ou ad hoc, também chamada de avulsa.

Na arbitragem institucional as partes envolvidas nos litígios indicam a instituição que coordenará o desenvolvimento da arbitragem e escolherá o árbitro a conduzir o trabalho, que são intituladas de Câmaras, Centro ou mesmo de Tribunal. Já na arbitragem avulsa, as próprias partes indicam o árbitro o qual estará desvinculado de qualquer instituição de arbitragem.

---

44   Cahali, 7ª edição, p. 168 – "Classifica-se a cláusula arbitral, pelo seu conteúdo, como "cheia" ou "vazia" com idênticos efeitos – ensejar a solução do conflito pela arbitragem, porém seguindo caminhos distintos

45   Cahali, 7ª edição, p. 169 - De uma forma objetiva: será considerada cheia a cláusula que comtempla o quanto necessário para se dar início à arbitragem (art. 19 da Lei 9.307/1996)."

46   Cahali, 7ª edição, p. 173 – "Quanto a cláusula vazia, também chamada de cláusula em branco, como o próprio nome sugere, a previsão da arbitragem desta forma traz uma lacuna quando à forma de instauração do procedimento do conflito, celebrado pelas artes diretamente, ou por intermédio do Judiciário."

47   Cahali, 7ª edição, p. 181 – "Existem cláusulas com redação contraditórias, incongruente, confusa, ambígua ou de difícil interpretação. A imprecisão pode comprometer a certeza quanto a á vontade das partes e enseja dificuldade na sua efetivação. São as chamadas cláusulas patológicas, doentes, defeituosas, e como tal representam, sem dúvidas, pedras no caminho, criando imprevistas dificuldades pelos entraves surgidos, e podem até impedir a efetiva   juízo arbitral."

Por fim, a arbitragem pode ser de direito (segue as normas legais) ou de equidade, como previsto no artigo 2°, da Lei 9.307/1996.

Em outro artigo de minha autoria (Maragno, RBADR, jan/jun2020, n. 03, p 20) mencionei que "a grande novidade é o advento da Lei n. 13.467/2017 (denominada de Reforma Trabalhista) que inseriu no ordenamento jurídico brasileiro, o uso do instituto da arbitragem no direito individual do trabalho mediante a imposição de critérios norteadores no artigo 507-A da CLT (importe de remuneração e iniciativa ou consentimento do empregado). O uso da arbitragem no direito do trabalho, individual e coletivo, concretiza um dos fundamentos elencados no preâmbulo da Constituição da República Federativa do Brasil, que é a 'solução pacífica das controvérsias.'"[48]/[49]

Com isso a Lei 9.307/96 em conjunto com a Reforma Trabalhista, implementou uma forma moderna, rápida e eficiente de proporcionar a reparação aos direitos lesados. É necessário que os atores (árbitros, empregados, empregadores, advogados, sindicatos, Ministério Público do Trabalho e magistrados) atuem com legalidade e respeito ao sistema.

"A arbitragem é um caminho que trará muitos benefícios para os jurisdicionados, mas para isso deve haver respeito ao instituto, aos conceitos e

---

48 Artigo 507-A da CLT: "Nos contratos individuais de trabalho cuja remuneração seja superior a duas vezes o limite máximo estabelecido para os benefícios do Regime Geral de Previdência Social, poderá ser pactuada cláusula compromissória de arbitragem, desde que por iniciativa do empregado ou mediante a sua concordância expressa, nos termos previstos na Lei no 9.307, de 23 de setembro de 1996."

49 "Nós, representantes do povo brasileiro, reunidos em Assembleia Nacional Constituinte para instituir um Estado Democrático, destinado a assegurar o exercício dos direitos sociais e individuais, a liberdade, a segurança, o bem-estar, o desenvolvimento, a igualdade e a justiça como valores supremos de uma sociedade fraterna, pluralista e sem preconceitos, fundada na harmonia social e comprometida, na ordem interna e internacional, com a solução pacífica das controvérsias, promulgamos, sob a proteção de Deus, a seguinte CONSTITUIÇÃO DA REPÚBLICA FEDERATIVA DO BRASIL."

às normas legais (leis e princípios). Os operadores do direito devem denunciar aos órgãos competentes, as instituições que deturpam o uso do instituto, a fim de evitar a instalação de agentes fraudadores. (Maragno, RBADR, jan/jun2020, n. 03, p 36)"

"O próprio árbitro deve ter responsabilidade no desenvolvimento de suas atividades, pois no caso sob sua análise tem a possibilidade se ser mais atuante do que um magistrado. Deve ser íntegro, independente, não suscetível de pressão ou coação, empático, se informar sobre todos os assuntos envolvidos e respeitar integralmente os termos do contrato pactuado pelas partes, o qual lhe conferiu poderes para atuar no caso. Isto explica pelos seguintes motivos: ser um especialista no assunto; ser um procedimento menos formal, mais célere; e ainda ter sido eleito pelas partes envolvidas, as quais depositaram confiança na referida pessoa humana. É diferente do magistrado, o qual não é escolhido pelas partes e sim sorteado pela distribuição eletrônica no sistema do poder judiciário. (Maragno, RBADR, jan/jun2020, n. 03, p 36)"

Na hipótese de o árbitro atuar de forma contrária aos ditames legais, poderá ensejar prejuízos irreparáveis para as partes, mesmo no tocante ao direito propriamente dito, como alimentar o desentendimento contínuo entres os envolvidos nos litígios.

Conclui em um periódico de minha autoria (Maragno, RBADR, jan/jun2020, n. 03, p 37) que:

"diante de todo o exposto, a arbitragem é um meio de solução de conflito que veio para ficar, pois o poder judiciário precisa ser desafogado. Para isso precisa ser utilizada com responsabilidade a fim de garantir a eficiência do sistema, bem como o respeito aos princípios específicos de cada ramo da ciência jurídica".

NATUREZA JURÍDICA

Este tópico foi publicado na Revista Brasileira de Alternative Dispute Resolution (RBADR), autoria Adrianne Silva Maragno, Belo Horizonte, ano 02, n. 03, p 22, jan/jun2020.

"A fim de reconhecer a eficácia da decisão arbitral, muito se discutiu doutrinariamente sobre a natureza jurídica da arbitragem.

São basicamente quatro as teorias a respeito: privarista (contratual), jurisdicionalista (publicista), intermediária ou mista (contratual-publicista) e a autônoma.

Para a teoria contratualista a arbitragem é um negócio jurídico. Já a teoria Jurisdicionalista entende que a arbitragem tem natureza jurisdicional, ou seja, o árbitro é um juiz de direito e de fato com poderes para solucionar, mediante a prolação de uma sentença arbitral com força de título executivo judicial. Como terceira corrente, a teoria intermediária defende que o árbitro atua dentro de um sistema jurídico em decorrência de um negócio jurídico. Por fim, a corrente autônoma ensina que a arbitragem é uma solução de conflito desvinculada de sistema jurídico existente."

Atualmente prevalece que a natureza jurídica é jurisdicionalista, pois a Lei 9.307/96, confere ao árbitro o poder de solucionar o conflito posto, mediante a prolação de uma sentença arbitral, com eficácia e força de título executivo judicial, atribuindo a qualidade de juiz de direito e de fato."

CONCLUSÃO

Os métodos alternativos de solução de conflitos, foram introduzidos no ordenamento jurídico, a fim de proporcionar aos jurisdicionados a efetividade do acesso à justiça com efetividade, celeridade e de maneira menos formal.

No cotidiano do meio jurídico, a negociação, conciliação, mediação e arbitragem tem sido aceito paulatinamente, pois gradativamente referidos institutos são divulgados e vem conquistando a confiança da população brasileira.

Para isto, todos os métodos expostos acima devem ser utilizados com comunicação sem agressividade, a fim de que as pessoas possam colocar o seu ponto de vista, mas sem agressividade, ou seja, devem ser filtrados os sentimentos, e atuar com mais objetividade. É preciso saber como dizer e o que dizer. As pessoas pensam de forma diversa, mas nem por isso precisam ser inimigos. Tem que haver um mínimo de consenso, pois a diversidade faz o mundo inovar.

Diante do exposto, conclui-se que é recomendado o uso do processo judicial para solucionar discussões de direitos indisponíveis ou ainda situação que não haja simetria entre as partes. A negociação é uma técnica de solução de conflitos que em regra é utilizada pelas próprias partes, sem a intervenção de terceiro. A conciliação, por sua vez, tem a figura de terceiro (conciliador) sendo recomendada para resolver litígios em que a relação é pontual e não duradoura. Quanto à mediação, também terá a presença de terceiro – mediador – devendo ser submetidos os conflitos que a relação é duradoura por se prolongar no tempo, como por exemplo, família e vizinhança. Já a arbitragem, será implementada para socorrer a um especialista no assunto envolvido com o intuito de decidir com especificação técnica.

Independentemente do método adequado de solução de conflito, escolhido pelas partes, o Poder Judiciário sempre estará à disposição do jurisdicionado para dirimir dúvidas ou rever atos que geram nulidade. São, sim, uma forma eficiente de pacificação social e atuam como complemento do Poder Judiciário Estatal.

REFERÊNCIA BIBLIOGRÁFICA

Almeida. T, Pelajo S. e Jonathan E, (2016) Mediação de Conflitos para iniciantes, praticantes e docentes. Editora Juspodium

Cabral, M. M. (2012). Os Meios Alternativos De Resolução De Conflitos: Instrumentos De Ampliação Do Acesso À Justiça. (Dissertação de mestrado apresentada à FGV). Rio de Janeiro, RJ.

Cahali, F. J. (2018). Curso de Arbitragem. Editora Thomson Reuters Revista dos Tribunais (7ª edição). São Paulo, SP.

Gabbay, D. M. (2013). Mediação & Judiciário no Brasil e nos EUA. Vol. 01. Editora Gazeta Jurídica (1ª edição). Brasília, DF.

Guilherme, L. F. V. A. (2018). Manuel de Arbitragem e Mediação. Editora Saraiva. (4ª edição). São Paulo, SP.

Manual de Mediação Judicial. Conselho Nacional de Justiça (CNJ). (2016). 6ª edição.

Maragno. Adrianne Silva. Revista Brasileira de Alternative Dispute Resolution (RBADR), Belo Horizonte, ano 02, n. 03, p 17-39, jan./jun2020.

Resolução n. 125/2010. Conselho Nacional de Justiça (CNJ).

Scavone Junior, L. A. (2018). Manual de Arbitragem, Mediação e Conciliação. Editora Forense (8ª edição). Rio de Janeiro, RJ.

Ury, W., Fisher R., e Patton B. (2018). Como Chegar ao Sim. Editora Sextante, Rio de Janeiro, RJ.

Vargas, S. M. (2012). Meios Alternativos Na Resolução De Conflitos De Interesses Coletivos (tese de mestrado apresentada na Faculdade de Direito da Universidade de São Paulo). São Paulo/SP.

Watanabe, K. (2019). Acesso à Ordem Jurídica Justa. Editora Del Rey. (1ª edição). Belo Horizonte, MG.

OS MECANISMOS DE AUTOCOMPOSIÇÃO NO SISTEMA AMERICANO: UMA ANÁLISE COMPARATIVA

Autor:

Mario Sergio Leiras Teixeira

INTRODUÇÃO

O presente artigo possui como objetivo geral demonstrar a origem e o desenvolvimento da autocomposição no direito Norte Americano, seus benefícios e utilidades na esfera judicial e extrajudicial, comparando sua utilização com os métodos adotados no Brasil.

Na busca desta resposta, foram traçados dois objetivos específicos:

(a) trazer a evolução e os aparentes benefícios da autocomposição

(b) fazer uma comparação com os métodos adotados no Brasil.

Foi utilizada para estruturação e elaboração do presente estudo a pesquisa científica, por meio da seleção de obras, estudos, pesquisas e artigos científicos de relevância acerca da Autocomposição nos Estados Unidos da América e no Brasil. Buscou-se ainda a utilização de metodologia descritiva-prescritiva, ou seja, inicialmente abordaremos a origem e implementação, sempre traçando um paralelo com o sistema Brasileiro, para ao final indicarmos a solução encontrada para os problemas/hipóteses levantados.

O recorte metodológico, é temático (Autocomposição No Sistema Americano).

Sem a presunção de esgotar o tema, em que espera contribuir para disseminação de informações sobre a autocomposição no Direito Norte Americano e sua influência no Direito Pátrio, assim como no conhecimento de muitos métodos que não são utilizados no Brasil, porém, seriam de grande valia para a população, na busca de eficiência e respostas justas como justiça.

Ressaltando a grande importância no estudo do direito comparado, sendo este fundamental para o desenvolvimento de qualquer área, pois através dele verifica-se não só os avanços alcançados em outros países, mas também os fracassos na tentativa de seguir novos caminhos, ou seja, antes de implantarmos uma nova ideia, podemos analisar erros e acertos que ocorreram em países pioneiros, nos beneficiando dos acertos e evitando fracassos ocorridos nestes países.

Salientamos que este trabalho não tem a intenção de analisar detalhadamente todos os métodos existentes, no Sistema Americano (EUA), de autocomposição, mas apresentar de forma sintética e objetiva, os mais utilizados e os que entendemos mais eficazes, comparando-os com os métodos utilizados no Brasil.

Para isso se fazendo necessário uma breve análise da origem e evolução da autocomposição no Direito Norte Americano, e consequentemente sua situação atual e a exportação dos métodos para o Direito Brasileiro, com rápidas distinções entre o Civil Law e Common Law e demonstrando que com o passar dos anos e a influência recíproca dos dois sistemas houve uma atenuação desta diferença e não raras vezes já se usa a expressão, que alguns países como o Brasil, utilizam um sistema híbrido, com raízes na Civil Law e implementando medidas típicas do Common Law.

Faremos a distinção entre a autocomposição judicial e extrajudicial nos EUA, seus benefícios, sua evolução e a diferença destes institutos no Brasil.

Apesar dos números favoráveis, da adesão mundial e do crescimento da autocomposição, vale menção as críticas do surgimento e da evolução da ADR, nos Estados Unidos, e posteriormente no Brasil.

Por fim, cabe registrar que foram utilizadas apenas fontes de consulta primárias

BREVE HISTÓRICO DA AUTOCOMPOSIÇÃO NORTE AMERICANA

Antes de adentrarmos especificamente ao tema se faz necessários uma breve distinção[1] de Common Law X Civil Law, onde de forma mais simplificada e didática aproveitando os ensinamentos de René David, a Civil Law é um sistema fechado, enquanto a Common Law é mais aberto e está em constante evolução[2], ou seja, no primeiro, a fonte primária é a Lei, ao julgar o juiz se fundamenta na Lei (Códigos), já no segundo, a fonte primária é a jurisprudência, o juiz não se baseia em leis fixas e sim nos precedentes e nos costumes local.

---

[1] Sobre civil law e cammon law recomendamos a leitura do Artigo "SISTEMAS JURÍDICOS PARA SOLUÇÃO DE CONFLITOS NO MUNDO CONTEMPOR NEO" de REIS, Cássia Nunes. http://arquivo.fmu.br/prodisc/direito/cnr.pdf

[2] "Os sistemas de direito da família romano-germânica são sistemas fechados, a common law é um sistema aberto, onde novas regras são continuamente reveladas" DAVID, René. Os grandes sistemas do direito contemporâneo. São Paulo: Martins Fontes, 1978. p. 467-468

Apenas como conhecimento o Sistema Common Law, influencia 30% (trinta por cento) da população mundial[3], este sistema que aderiu os EUA, exceto o estado da Louisiana que foi colonizada pela França (Civil Law).

Quanto a Civil Law podemos citar com adesão a este sistema vários países europeus, ex. Alemanha, Áustria, Dinamarca, França, Itália, Portugal; toda a América Latina, grande parte da África, do Oriente Médio, do Japão e da Indonésia, além do Brasil.

Desde sua origem, o procedimento da Common Law tinha como característica estimular o diálogo entre as partes, em que um terceiro (juiz) era mais passivo, primando sempre pela investigação da verdade e disciplina do procedimento, sendo este modelo considerado isonômico. Isto é não havia desigualdade entre as partes e o juiz era durante grande parte do processo expectador e fiscalizador das regras do jogo.

Já o modelo romano-germânico (inquisitorial/Civil Law), tem como característica uma participação ativa do juiz tanto nos procedimentos quanto na busca da verdade. Conforme muito bem explanado Gajardoni[4], neste modelo o Estado-juiz se apropria do processo, pois, aqui todo o processo tinha as regras estabelecidas pela Lei ou Juiz, variando de país para país se este regramento era de maior ou menor grau.

Com essa breve diferenciação adentramos agora na parte histórica da autocomposição, suas origens encontram relatos na antiguidade, porém,

---

3   Exemplos de países que seguem a commom law: origem na Inglaterra, mas não fica só em países da língua inglesa, como República da Irlanda, a Austrália e Nova Zelândia, mas também os que tem seu próprio idioma ou dialeto, ex. o Paquistão, Quênia, Nigéria, Bangladesh, entre outros.

4   GAJARDONI, Fernando da Fonseca. Artigo GESTÃO DE CONFLITOS NOS ESTADOS UNIDOS E NO BRASIL. Revista Eletrônica de Direito Processual – REDP. Rio de Janeiro. Ano 12. Volume 19. Número 3. Setembro a Dezembro de 2018 Periódico Quadrimestral da Pós-Graduação Stricto Sensu em Direito Processual da UERJ.

pouco evidenciado no Sistema de Direito adotado na Europa e América Latina (Direito Romanístico), que teria a tendência a arbitragem.

Após a autotutela primitiva, aquela em que o homem mais forte, mais influente e/ou mais poderoso levava vantagem na busca pelos seus interesses, surge em sua primeira evolução que o indivíduo não precisaria utilizar apenas de força e/ou poder, mas poderia recorrer a diversas outras formas para combater a objeção da outra parte, nesta evolução não contava ainda com a intervenção de um terceiro que avalizasse aquela resolução. Este terceiro só apareceu posteriormente, no surgimento da arbitragem, em que havia a decisão tomada por um ancião ou um sábio da comunidade.

Desta forma, o acordo neste período da autocomposição, não havia intervenção de terceiro e assim era denominada, pois era exclusivamente através da vontade das partes, em que uma delas abria mão de seu interesse de forma parcial ou total, chegando assim à pacificação do conflito.

Assim com o passar dos tempos desenvolveram outras formas, entre elas a escolha de um árbitro, estranho a lide, e mesmo com este árbitro prevalecia a ideia de justiça privada, pois, mesmo havendo um terceiro para julgar a lide, não havia ali a intervenção do Estado.

Após algum tempo o Estado reivindica essa figura do terceiro que decide a lide, surgindo aqui a justiça pública, onde a "justiça" seria feita através do poder-dever da jurisdição. Este poder do Estado foi concentrado e refletido na figura do juiz, que era responsável pela pacificação dos conflitos com base na lei e no devido processo legal, sendo mais justo, por equilibrar a diferença entre as partes, o que fez com que a autocomposição e arbitragem perdessem espaço para o contencioso.

Com a massificação da judicialização do litígio, começa o descontentamento com o Judiciário da população dos Estados Unidos e aqui iniciamos nosso estudo, devendo apenas o alerta que cada um dos seus 50(cinquenta) Estados, possui autonomia para ditarem as regras processuais em seus Tribunais, ou seja, conforme suas particularidades podem disciplinar seus processos, ou seguir as diretrizes gerais, estas ditadas pela Justiça Federal, sendo assim para uma análise completa do sistema seria necessário uma análise de cada um dos Estados, o que não é o objetivo deste artigo.

Desta forma ficaremos restritos ao procedimento das Cortes Federais Norte-Americanas (Federal Distrito Courts), que tem como normas reguladoras as Federal Rules of Civil Procedure (FRCP), editada pela Suprema Corte dos EUA[5].

Em analogia com a medicina, onde os tratamentos variam conforme a doença e a condição do paciente, foi desenvolvido em meados de 1970, um projeto denominado Judicial Case Management, onde a condução dos processos seria individualizada.

Escutando o clamor das ruas, em que havia uma crítica severa quanto a ineficiência do sistema judicial, pois se acumulavam nas cortes um volume grande de processos sem decisão, identificando que essa ineficiência poderia influenciar negativamente nos negócios norte-americanos no mercado internacional, o Governo Federal aderiu ao projeto e implementou, uma grande reforma no Judiciário norte-americano (Civil Justice Reform Act de 1990) na tentativa de tornar o judiciário mais célere e eficiente, reduzindo o tempo de tramitação dos processos, dando assim uma resposta rápida a demanda da população.

Esta reforma na busca de melhora do judiciário, teve 3(três) pontos fundamentais: 1 – Aqueles órgãos estatais que eram mais demandados ou mais demandavam, foram reformados, o que já ocasionou a redução de um grande número de processos em que o Estado era parte. 2 – Verificou-se a necessidade de acompanhamento continuo das práticas judiciárias exitosas e não exitosas nas Cortes Federais, responsabilidade dada ao Federal Judicial

---

5   https://www.law.cornell.edu/uscode/text/28/2072 "28 U.S. Code § 2072. Rules of procedure and evidence; power to prescribe. (a) The Supreme Court shall have the power to prescribe general rules of practice and procedure and rules of evidence for cases in the United States district courts (including proceedings before magistrate judges thereof) and courts of appeals".

Center (FJC)[6]. 3 – Foi inserida na Federal Rules of Civil Procedural (FRCP), o Case Management[7] (Gestão de Processos) e o Court Management (Gestão das Cortes) tornando-se um padrão na solução de conflitos nas Federal Distrito Courts.

Já em 1976, foi realizada nos Estados Unidos a Conferência Pound, onde se reuniram teóricos e profissionais do direito discutindo o descontentamento com o sistema de justiça. Foi aqui que Frank Sander iniciou a defesa da criação do Tribunal "Multi-door" nas Cortes Norte Americanas, onde algumas conduziriam a processo e outras aos métodos adequados de conflito.

Após esta Conferência o movimento pela desprocessualização cresceu com o fundamento que desde sua origem a solução do litígio se davam entre particulares sem intervenção Estatal, mesmo estando ali para prestar uma possível tutela jurisdicional.

---

6   O Federal Judicial Center é a agência de pesquisa e educação do ramo judicial do governo dos Estados Unidos. O Centro apoia a administração eficiente e eficaz da justiça e da independência judicial. Seu status como uma agência separada dentro do ramo judicial, suas missões específicas e seu conhecimento especializado permitem perseguir e incentivar o exame crítico e cuidadoso de maneiras de melhorar a administração judicial. O Centro não possui autoridade de decisão ou de execução de políticas; seu papel é fornecer informações e educação precisas e objetivas e incentivar a análise completa e sincera de políticas, práticas e procedimentos.

7   GAJARDONI: "Case management das cortes federais norte-americanas, entre as frentes processuais que trabalham as que merecem destaque são:1 - A busca da solução do conflito por via dos meios alternativos de resolução das controvérsias (ADR) – mesmo que contra a vontade das partes -, dentro do ideário de Tribunal Multiportas (para cada tipo de conflito há um meio mais adequado de tratamento); b) A flexibilização judicial do procedimento, permitindo ao juiz que, junto às partes, previamente estipule as etapas do desenvolvimento do feito, gerenciando-o".

Como nos ensina Fernanda Tartuce[8], este movimento jurídico ocorrido nos Estados Unidos, onde houve o estudo do "Direito em ação" e de diversas propostas em que se indagava sobre a avaliação de instituições jurídicas, ocasionou muitas mudanças e formas de lhe dar com conflitos sociais e disputas individualizadas. Dai surgiram vários estudos, onde merecem destaque:

1 - Morton Deutsch, segundo ele existem duas perspectivas distintas em estilos para lidar com conflitos: cooperação e competição, o que posteriormente foi modificado, acrescentando mais três modos de lidar com disputas: acomodação, fuga e compromisso.

2 - Acadêmicos da teoria dos jogos criaram mecanismos de análise da interação estratégica humana sob condições de incerteza. Estes modelos contribuíram de forma fundamental na teoria da resolução de disputas, em especial internacionalmente.

3 - Lon Fuller[9], teve grande importância nos ensinamentos e elaboração das diretrizes sobre princípios e usos, para finalidades diversas, de mediação, arbitragem, adjudicação e outros mecanismos de métodos adequados de solução de conflitos.

Dessa forma cresceu e desenvolveu nos Estados Unidos, os métodos adequados de solução de conflitos, surgindo assim a teoria do "problem solving" (resolução de problemas), onde tinha como princípios o interesses e necessidades das partes, na busca pelo ganho mútuo – "ganha-ganha" – para isso poderiam ter a participação de facilitadores neutros ou não.

---

8   TARTUCE, Fernanda. Mediação nos conflitos civis / Fernanda Tartuce. – 4. ed., rev., atual. e ampl. – Rio de Janeiro: Forense; São Paulo:MÉTODO: 2018.

9   Professor de Harvard e porta-voz da escola de pensamento norte-americana de 1950 denominada "Legal Process"

Em 1981, com a publicação da obra Getting to Yes: Negotiating Agreements Without Giving In[10], Roger Fisher e William Ury, trouxeram esclarecimentos sobre a teoria da negociação e da mediação, ex.:

a) mudar o foco de posição para interesses;

b) separar as pessoas do problema;

c) inventar opções para ganho mútuo e utilizar critérios objetivos.

Não podemos avançar sem mencionar o professor Cappelletti que estava no Conselho Consultivo Internacional do Instituto de Direito Estrangeiro e Comparado da Universidade da África do Sul, além de codirigir, com os professores Joseph Weiler e Monica Seccombe, um projeto de pesquisa internacional sobre "Métodos, ferramentas e potencial para a integração jurídica europeia à luz da experiência federal americana", patrocinado pela Fundação Ford e pelo Instituto Universitário Europeu, codirigiu ainda o projeto Acesso à Justiça na European University Institute com Earl Johnson, Jr. no final da década de 1970.

O Nobre Professor pregou as 3 (três) grandes formas de solucionar os problemas de jurisdição, o movimento mundialmente conhecido como as 3 ondas renovatórias do direito, a 1ª onda foi a instituição da justiça gratuita, onde pregava que havia a necessidade de se garantir o acesso a justiça à todos, havendo aqui a criação de órgãos de defesa de classes como a Defensoria Pública, para a defesa dos hipossuficientes.

Todo esse empenho gerou um abarrotamento do judiciário, foi então criada a 2ª onda renovatória, com a proposta da tutela coletiva de direitos, ou seja, propõem a criação de mecanismos que consigam prestar jurisdição e tutela para um número significativo de pessoas que já experimentaram o mesmo dano ou situação base, ainda que não integrem o polo passivo ou ativo da demanda, surgindo assim as Class Action nos EUA e em paralelo no Brasil

---

10   No Brasil conhecida como: "Como chegar ao sim: negociação de acordos sem concessões".

as Ações Populares, Mandados de Segurança Coletivo, onde as decisões tem efeitos erga omnes.

A 3ª onda chamada de desburocratização de procedimentos, identificou que tem ritos do judiciário que são demorados e burocráticos e estavam sendo utilizados para causas simples e de menor complexidade, verificou-se então a necessidade pela doutrina de ressignificar o acesso a justiça, ou seja, passa a ser não mais o acesso ao judiciário e sim o acesso à uma decisão justa, sendo ela judicial ou extrajudicial, nesta onda ganha enorme força as ADR.

AUTOCOMPOSIÇÃO NO JUDICIÁRIO EUA X BRASIL

A grande diferença no Sistema Judicial Norte-Americano e Brasileiro ao nosso entender está nessa fase, pois, após a reforma na administração judicial dos EUA mencionado anteriormente e a adoção do sistema Multi-door, o sistema judicial americano para ser acionado depende de provas robustas e uma demanda consistente, como um dos fatores de desestímulo da judicialização do processo, tem-se o alto custo para se movimentar a máquina judiciária.

Além do alto custo, existem vários passos à serem seguidos até a propositura da ação, e é muito comum durante essas etapas a realização de acordos, pois, culturalmente já sabem que a ação só é aceita com provas reais, fazendo assim uma filtragem dos processos e evitando ações temerárias, ou sem qualquer fundamento, usada algumas vezes apenas para perseguir (como instrumento de vingança) ou para promoção social, demonstrando assim que o judiciário não é uma máquina de vingança.

A ação só prospera se na fase pré-processual, conhecida como Pretrial, as provas se mostrarem consistentes com potencial de chegar ao julgamento e saírem vencedoras.

No sistema Norte-Americano, diferente do Brasil, há uma significativa redução das atribuições dos magistrados, pois, em via de regra se mantêm afastados dos fatos e da produção de provas (adversary system) e são protegidos de influências indesejáveis dos advogados. Atualmente mesmo quando uma questão chega a ser judicializada, tradicionalmente o juiz fica mais distante, e ao se afastar da produção de provas e das partes, automaticamente facilita o diálogo entre elas, sendo seu papel apenas o esclarecimento dos pontos controvertidos e a busca pelo melhor para ambos.

Na Fase de Pretrial as partes vão levantar, elencar, demonstrar com maior veracidade as provas que possuem, no intuito de demonstrar o direito que alega ter, aqui fica clara a boa fé e quanto cada parte está disposta a colaborar para descoberta da verdade real e a promoção da justiça, é uma fase primordial para reduzir o número de ações infundadas e temerárias muito comuns no sistema Brasileiro.

Entendemos que esta fase pré-processual, acaba por retirar do judiciário a culpa pela morosidade no andamento processual, pois, a fase processual mais complexa e demorada, que é a instrutória, fica sobe a incumbência dos advogados, extrajudicialmente, sendo todas as provas colhidas nesta fase que só após completa é levada a ação ao Tribunal, onde se manifestam pela opção de julgamento pelo Júri ou pelo Juiz singular.

A fase anteriormente mencionada, que ocorre no pretrail, damos o nome de Discovery, onde ocorre a revelação de provas e dados que é papel ativo dos advogados, cabendo ao Juiz apenas coibir abusos, é muito comum aqui a efetivação de acordo, com extinção de grande número de processos pois, ao observar as potenciais provas, os litigantes costumam evitar maiores gastos e despesas, estimulando-se as autocomposições.

Vale ressaltar que existe um dever de colaboração evidente do direito Norte Americano em todas as fases do processo, existe sérias penalidade que o juiz aplica se identificar que existe uma litigância de má-fé, desta forma todas as fases do processo teoricamente são balizadas pela boa fé, como exemplo disso podemos mencionar Rule 26 do Federal Rules[11]: no momento anterior ao julgamento, na fase de Discovery, as partes tem o dever, de forma voluntária, de informar nome, telefone e endereço de qualquer possível testemunha que traga informações importantes que possam ser utilizadas nos requerimentos e/ou na defesa, salvo casos de impedimento comprovado, identificando os assuntos relacionados às informações prestadas. Aqui será melhor definido o objeto do litígio, realizado o exame de cabimento sobre o prosseguimento do caso e a conveniência de realização de um julgamento antecipado, minimiza-se com isso o game of wits, jogo de estratégias, em que advogados jogam com as partes e tentam surpreender a parte contrária, dificultando-lhe a defesa e impondo um resultado injusto (muito comum nos JEC's em que não há separação entre a fase de pré-julgamento e a de julgamento, podendo as partes serem surpreendidas com o depoimento de uma testemunha e a consecutiva prolação de sentença).

Com a redução do número de processos que passam ao trial (fase de julgamento), só chegam aqui os processos que não são aventuras jurídicas, com provas concretas e muito bem delimitados, podendo assim os juízes dedicarem a eles maior atenção levando à prestação jurisdicional mais efetiva, e sentenças mais justas.

Ademais, se o demandado (plaintiff) ao findar o pretrial percebe que as provas não são sólidas e que a parte contrária insiste em dar prosseguimento a demanda, pode requer um motion for summary judgement, ou seja, o julgamento da causa sem resolução de mérito.

Verificamos assim que esta fase pré-processual é de suma importância para a eficiência do sistema judiciário Norte-Americano, e embora não haja previsão de provas em fase de pré-julgamento na legislação brasileira, há um Anteprojeto de Lei sobre provas produzido pelo Grupo de Pesquisa: Observatório das Reformas Processuais, coordenado por Leonardo Greco, na

---

11   https://www.law.cornell.edu/rules/frcp/rule_26 Rule 26. Duty to Disclose; General Provisions Governing Discovery

UERJ[12], que propõe a criação de um procedimento probatório extrajudicial e pré-processual, inspirado na fase de Discovery norte-americana.

Fica claro que incorporar o Discovery é estimular a conciliação em fase pré-processual, colaborando com a desjudicialização, semeando a cooperação e evitando demandas imaturas. Evita-se ainda a fishing expedition (prospecção investigatória e invasiva no patrimônio ou registros de uma pessoa), já que o próprio requerente indicou os fatos e coisas ou documentos que os evidenciam.

A adoção da Discovery não altera o direito constitucional das partes de buscarem o Judiciário para resolução de um conflito, apenas racionaliza-se o uso do Judiciário evitando demandas infundadas ou inúteis, aumentando a qualidade da prestação jurisdicional e promovendo mudança cultural para que o acesso à justiça seja compreendido a partir do entendimento e da autocomposição, o caminho ideal para buscar a justiça não é o judiciário e sim o dialogo, o que é estimulado com a inclusão desta fase pré-processual e não com a maquiagem que foi implantada no judiciário Brasileiro com o advento do CPC/2015, em que torna-se obrigatório a inclusão da mediação e/ou conciliação em uma fase "pré-processual", porém da forma que vem sendo dirigida e praticada corre um grande risco de se tornar obsoleta ou cair em desuso, pois, existe ainda rejeição por parte dos magistrados e operadores do direito, apesar de toda determinação legal[13], tem sido feito apenas para preencher requisitos legais, sem a preocupação com a eficiência.

Entre os grandes problemas da implantação da mediação/conciliação judicial, podemos destacar, 1 – a falta de organização judicial: foi determinado a implantação pelo CNJ sem pensar nas estruturas físicas e na mudança de consciência dos operadores do direitos e serventuários da justiça; 2 –

---

12   https://www.e-publicacoes.uerj.br/index.php/redp/article/view/11923

13   Art. 3.º, § 3.º, do CPC/2015, "a conciliação, a mediação e outros métodos de solução consensual de conflitos deverão ser estimulados por juízes, advogados, defensores públicos e membros do Ministério Público, inclusive no curso do processo judicial".

as audiências em sua grande maioria, continuam sendo marcadas à cada 15(quinze) minutos, sem a mínima preparação e instrução de como proceder em uma mediação e/ou conciliação, vale o registro que o ideal seriam sessões de 1h(uma) hora, para a solução do conflito, saindo da preocupação quantitativa para uma questão qualitativa; 3 – a questão cultural e de formação nos cursos de Direito, nos EUA temos a implantação em Harvard na década de 70, no Brasil torna-se obrigatório a inclusão do ensino de ADR nas faculdade de Direito no fim do ano de 2018.

Uma questão é certa no Sistema Norte Americano a ideia de que todo litígio deve ser levado ao judiciário de imediato, é fracassada, pois entendem que uma decisão judicial nem sempre é justa e geralmente muito severa.

ALTERNATIVE DISPUTE RESOLUTIONS (ADR) EUA X BRASIL

Em menos de uma década, a resolução alternativa de disputas - ADR - cresceu de uma esperança de mudança, para um conjunto de práticas na busca de resolver batalhas legais fora do tribunal, buscando celeridade e a solução do litígio em definitivo e não apenas da demanda judicial.

Houve um crescimento dramático no uso da resolução alternativa de disputas (ADR) para resolver disputas que de outra forma poderiam ser tratadas por meio de litígios. Nos Estados Unidos, mediação, arbitragem e suas variantes são geralmente processos privados nos quais os próprios disputantes selecionam, contratam e pagam a terceira parte neutra que resolve ou tenta resolver sua disputa.

Apesar da adoção de mecanismos alternativos de composição de conflitos, não dever ser adotado tendo como fundamento a dificuldade na obtenção de uma sentença de mérito no judiciário moroso, essa propaganda é sempre difundida pelo mundo, porém, não deve ser o primordial condutor para tal adoção.

A adoção deve ser pensada na continuidade do relacionamento entre as partes, pois, aqui entende-se que o processo é menos traumático, havendo a disseminação, da cultura de paz, buscando uma solução harmônica e pacífica de controvérsias no contexto da justiça coexistencial, valendo neste caso os ensinamentos do professor Kazuo Watanabe[14], o maior objetivo que se almeja na adoção da desjudicialização é a solução mais adequada dos conflitos de interesses, pois existe uma participação direta e eficiente de todas as partes envolvidas na busca de um resultado que seja bom para todos os envolvidos, o que preservará o relacionamento delas, desta feita a diminuição no número de processos é secundário em relação e mera consequência do importante resultado social, de preservar a relação entre as partes.

O ponto fundamental da reforma judiciária americana, foi adotar formas de solução de conflitos que iam de encontro as necessidades da sociedade, sendo facilmente aderidas por ela, sem o ingresso nas vias judiciais.

A Universidade de Harvard desenvolve o The Harvard Negotiation Project, projeto que estudaria e desenvolveria técnicas de negociação, através de acordo sem concessões (Agreement without Giving In), neste método o terceiro envolvido é a figura do negociador, que orienta as partes sobre a melhor forma de fazer o acordo.

ADR é um conjunto de práticas e técnicas que permitem que disputas se resolvam fora dos tribunais na busca do benefício de todos os participantes, reduzindo o custo do litígio e celeridade na decisão.

Para cada tipo de conflito apresenta-se uma via que melhor se adequa para soluciona-lo, de forma célere, menos onerosa e principalmente menos gravosa entre as partes.

Existem inúmeros métodos de solução de conflitos nos Estados Unidos (berço da ADR no cenário mundial), sem a intenção de aprofundar no

---

14   WATANABE, Kazuo. Cultura da sentença e cultura da pacificação. In: MORAES, Maurício Zanoide, YARSHELL, Flávio Luiz (orgs.). Estudos em homenagem à professora Ada Pellegrini Grinover. São Paulo: DPJ, 2005, p. 685

conhecimento de cada um deles[15][16], mas apenas à titulo de conhecimento vale uma breve menção, entre as mais conhecidas temos:

1 – Arbitragem: as partes escolhem uma câmara ou árbitro ad hoc que trabalhará como um juiz, aqui ainda temos um sistema "perde-ganha". Vale o registro que este é um meio bastante difundido no Brasil, prova disso é a cidade de São Paulo ter sido eleita a 8ª melhor cidade para se fazer arbitragem no mundo.

2 – Mediação: as partes nomeiam um terceiro neutro, que servirá apenas como facilitador, podendo ou não chegar ao acordo.

3 – Negociação: pode ser feita direta entre as partes ou ter um terceiro que ajudará nesta negociação.

4 – Conciliação: aqui o terceiro atua de forma mais decisiva, para tentar resolver o conflito.

Podemos ainda citar outros utilizados na América do Norte, porém, com pouca ou nenhuma utilização no Brasil:

1 – Mini-trial: geralmente utilizado para resolver disputas que tendem à ser mais longas, visam uma solução em que ambas as partes saiam satisfeitas. Aqui há uma simulação de julgamento, ou seja, um consultor neutro (normalmente advogado com vasta experiência), após os advogados de ambas as partes demonstrarem suas teses, emite seu parecer do que possivelmente aconteceria se estivessem em um Tribunal. Com o parecer na mão as partes voltam a negociar.

---

15   Recomendamos a leitura GUILHERME, Luiz. Manual de ARBITRAGEM E MEDIAÇÃO Conciliação e Negociação, 4ª Edição. Ed. Saraiva.

16   Recomendamos a leitura A JUSTIÇA MULTIPORTAS E OS MEIOS ADEQUADOS DE SOLUÇAO DE CONTROVÉRSIAS: ALÉM DO ÓBVIO - Carolina Azevedo Assis

2 - Med-arb: Cláusula contratual em que as partes tentam resolver o conflito inicialmente através da mediação, não sendo possível, partem para a arbitragem.

3 - Fact finding: Aqui um terceiro também imparcial é escolhido pelas partes para ponderar e identificar pontos relevantes para a causa. Este terceiro pode atuar na negociação, na mediação ou na solução judicial.

4 - Summary jury trial: Neste método, forma-se um júri que não tem poder de julgamento, mas tem as mesmas características dos jurados reais. Com o júri formado os advogados fazem apresentações objetivas de seus casos, que decidem o caso. O veredicto deste juri não vincula as partes, mas as auxilia na melhor compreensão do seu caso, o que muitas vezes leva à um acordo.

5 - Baseball arbitration: Tem sua origem nos contratos entre Jogadores X Clubes de beisebol, tendo como principal disputa a definição do salário. Assemelha-se a arbitragem, e possui duas formas: a) a night baseball arbitration, são apresentadas duas ofertas de forma confidencial até mesmo ao árbitro. Somente após prolatar sua decisão, este identificará qual das ofertas mais se aproxima dela e essa será a vencedora; e b) o day baseball arbitration, diferente da anterior, as propostas são entregues ao árbitro, que após tomar conhecimento das mesmas toma sua decisão de qual das propostas julga mais "justa".

6 - Early neutral evaluation (avaliação neutra de terceiro): Ocorre quando as partes em disputa submetem seu caso a um avaliador neutro por meio de uma "sessão de avaliação" confidencial. O avaliador neutro considera a posição de cada lado e faz uma avaliação do caso.

7 - Rent a judge: Existem certos casos e em alguns tribunais (autorizado em seu regimento) que possibilitam o julgamento por cortes com membros neutros pagos, uma espécie de tribunal privado, a decisão serve como julgamento da corte, neste caso é aceito recurso contra o teor da decisão. As partes utilizam este método de forma voluntária na busca de celeridade, além de excluir o público dos procedimentos.

Verifica-se inúmeros métodos de solução adequadas de conflitos nos EUA, já no Brasil, talvez por desconhecimentos, talvez pelo distanciamento dos operadores do Direito com a cultura da paz, ou até mesmo por serem tratados apenas na legislação vigente a Arbitragem, Mediação, Conciliação e Negociação, o que conforme afirma Carolina Azevedo[17], não nos impede que busquemos suporte na legislação norte-americana, pois, "além do estímulo aos métodos consensuais (artigo 3º, CPC), outra grande inovação do Código de Processo Civil de 2015, decorrente do empoderamento dos sujeitos e democratização do processo, consiste na possibilidade de celebração dos negócios processuais atípicos, como prevê o artigo 190"[18].

Nesta mesma linha segue o § 4º do artigo 166, do CPC, em que fortalece a autonomia da vontade, afirmando que tanto a conciliação quanto a mediação sejam regidos prioritariamente pela livre autonomia dos indivíduos, aqui incluindo justamente à definição das regras procedimentais. Com a legislação anteriormente apresentada, fica claro que a principal regra dos meios adequados, é a autonomia da vontade desde que preservada as garantias processuais, ou seja, as partes podem livremente estabelecerem as regras que seguirão, não existindo qualquer impedimento na forma de autocomposição extrajudicial.

Talvez por o Brasil estar em período de adaptação com os Meios Adequados de Solução de Conflito, não utilizam ou se apropriam de outros mecanismos utilizados no direito estrangeiro, ou ainda, por sua origem na Civil Law, tem-se essa dificuldade em utilizar de métodos que não estejam claramente regulamentados através de Leis.

---

17   https://www.acbadv.com/artigo/a-justica-multiportas-e-os-meios-adequados-de-solucao-de-controversias-alem-do-obvio acesso em: 01/04/2020

18   www.planalto.gov.br/ccivil_03/_Ato2015-018/2015/Lei/L13105.htm

CRÍTICA A FORMA DE IMPLANTAÇÃO DA ADR

Não seria possível a análise deste tópico sem falarmos de Laura Nader[19], pesquisadora da Universidade de Berkeley, e seu trabalho com severas críticas ao discurso dos ADRs, onde entre os anos de 1979 e 2014, teve várias obras inclusive com estudo de caso relacionadas ao processo de inserção dos ADR na sociedade em especial nos EUA e sua propagação para o mundo.

A renomada pesquisadora tece duras críticas ao contraponto constante, entre ADR X Sistema Adversarial, e no seu modo de ver a implantação/imposição da harmony ideology sobre a população e a implantação do discurso da harmonia, onde se construiu a ideia que judicializar era menos civilizado.

Nader em uma publicação de 1993[20], para o Jornal do Estado de Ohio sobre resolução de disputas, lembra que nos anos 60 o descontentamento com o Direito era enorme, em função dos movimentos sociais norte-americanos, isso levou as indagações de como melhorar o sistema legal.

Foi então colocado como problema que o povo americano era muito litigante e essa mentalidade deveria ser mudada, através de dois pensamentos, o primeiro que a judicialização da demanda, demanda tempo e dinheiro, além de ser necessário conhecimentos específicos, devendo ser desviadas as

---

19   "São pelo menos 50 anos de cátedra dedicados à inúmeros estudos, dentre eles dos processos de controle e da harmony ideology, sendo outro diferencial de sua pesquisa o trabalho de campo, em especial com comunidades indígenas mexicanas, e a percepção antropológica sobre temas jurídicos". Cf. NADER, Laura. LAURA NADER: A Life of Teaching, Investigation, Scholarship and Scope. Regional Oral History Office, The Bancroft Library, University of California, Berkeley, 2014, entrevista concedida a Lisa Rubens and Samuel Redman.

20   https://kb.osu.edu/bitstream/handle/1811/79868/OSJDR_V9N1_001.pdf?sequence=1 Acesso em: 01/04/2020.

demandas do judiciário para outras soluções e o segundo pensamento tem como marco a Pound Conference em 1976 (Perspectivas da Justiça no Futuro), sobre a batuta do Juiz Burger (Chefe de Justiça da Suprema Corte Americana) encontram a solução para a extrema litigância do povo norte-americano.

Segundo NADER, o Juiz Burger, foi o responsável pelo que ela chama de harmony ideology, ou seja, da ideologia da harmonia, onde não teria outra forma de adquirir a paz senão por meio do consenso, e aqui ela e uma crítica contumaz, pois alega que tal afirmação é desprovida de evidências concretas e reais passíveis de convencer os profissionais e estudiosos de direito que este é o melhor caminho. Além da construção desta ideologia, foi primordial a construção de um discurso propagandista no convencimento da população e profissionais do Direito dos grandes benefícios deste novo modelo legal.

Afirma que a aplicação da cultura da paz, jamais se atentou para a desigualdade das partes, que mesmo diante desta desigualdade eram encaminhadas para as resoluções consensuais, o que na sua visão é um grande erro, pois, conforme seus estudos e trabalhos de campo com comunidades indígenas mexicanas, constata ser impossível um consenso igualitário entre os envolvidos, pois percebeu que desde a colonização destes povos aplicam-se modelos de harmony ideology, o que facilitou a colonização de diversos povos, devido sua pacificação.

Concluiu com seus estudos que houve a difusão da harmony ideology, por colonizadores nos povos colonizados, o que devido a implantação dessa ideologia os povos colonizados evitavam o conflito facilitando assim a colonização.

Levanta um questionamento duro, porém, extremamente relevante, será que o "não conflito" tem resolvido às demandas ou tem prevenido a manifestação da sociedade, como uma forma de controle.

Assim, Nader indaga ser impossível o consenso em cenários desiguais, alega ocorrer nestes casos de desigualdades uma falsa composição que não são questionadas, sem buscar a verdade real e o contexto em que se inserem na história e em determinados conflitos, citando o estudo da mediadora e pesquisadora da Universidade de San Francisco, Trina Grillo, sobre as problemáticas da mediação familiar, lembrando que nos Estados Unidos da América, a mediação familiar foi vista como um grande sucesso passando à ser exemplo para vários países do mundo, e em alguns Estados Norte Americanos se tornando obrigatória.

Grillo afirma que no começo parecia que haviam encontrado o método adequado (mediação familiar), para superar uma das maiores reclamações na área de família, ou seja, uma justiça fria e insensível, onde teríamos soluções justas e humanas. Porém em seu estudo apresenta uma série de problemas estruturais e procedimentais, afirma que emoções e falas são tolhidas, são reafirmadas a culpa e ocorre uma série de abusos à mulher nesse panorama, que dificultam acordos verdadeiramente justos.

Tem a convicção que no caso da mediação familiar, como nos demais em que há diferenças de gênero, raça e classe social, não existe qualquer distinção para aplicação de ADRs.

Por fim lembra que o momento para a difusão da ADR nos EUA era ideal, e mostraria a superioridade do povo americano ao criar e difundir um modelo de paz e harmonia, logo após a guerra, demonstraria a capacidade de mudança drástica da cultura litigante para a cultura da paz, da busca pelo consenso.

Já no Brasil ressaltamos o Artigo da Advogada Juliana Raineri Haddad[21], que faz uma análise crítica da implantação da harmony ideology nos Estados Unidos e sua disseminação pelo mundo em especial no Brasil, onde tece críticas desde a forma de implantação das ADRs, pois afirma não ter sido uma escolha, muito menos uma recepção despretensiosa, mas uma "imposição", aderindo

---

21   HADDAD, Juliana Raineri. Artigo: MÉTODOS ALTERNATIVOS DE SOLUÇÃO DE CONFLITOS (ADR): A RETÓRICA DA IDEOLOGIA DA HARMONIA VERSUS PROCESSOS DE CONTROLE. Revista de Formas Consensuais de Solução De Conflitos. Aprovado em: 20.08.2019. Acesso em: https://www.indexlaw.org/index. php/revistasolucoesconflitos/article/view/5446/pdf .

as diretrizes do Banco Mundial, que serviram como base na confecção dos regulamentos de conciliação, mediação e arbitragem no país.

A Constituição Federal abriu os caminhos para a recepção das ADRs, seguido de evoluções legislativas como a Lei 9.307/96, Lei 13.140/2015 e o Código de Processo Civil de 2015.

Alerta que o Brasil é um país das desigualdades sociais, e que qualquer instrumento legal que seja aplicado deve levar isso em consideração, o que não ocorreu.

Critica também a criação dos núcleos de mediação e conciliação de forma meteórica, além da "formação" dos profissionais, que não tiveram qualificação suficiente para essa prestação de serviço.

E conclui seu alerta que o Judiciário jamais será indispensável, muito pelo contrário ele é essencial em todas as demandas que tenham desigualdades, sendo o alicerce para trazer o reequilíbrio de poderes, e que não se deve utilizar o sistema multiportas de forma discriminada.

CONCLUSÃO

Iniciamos fazendo uma breve diferenciação entre Civil Law e Common Law, passando posteriormente à análise do histórico da autocomposição Norte Americana, onde verificou-se que a autocomposição surge desde o início da sociedade, perde sua força com o Estado reivindicando para si o poder de decidir os conflitos sob a afirmação de trazer igualdade entre as partes, porém, com o passar do tempo o judiciário começa não atender de forma satisfatória a população, acarretando inúmeras reclamações quanto à demora do julgamento dos conflitos de interesse, e decisão por um juiz, abarrotado de serviço e não especialista, o que em diversas ocasiões gera o descontentamento de todas as partes envolvidas.

Posteriormente tratamos da autocomposição no judiciário dos Estados Unidos, onde fica claro que após a reforma judicial na década de 70, onde só chega ao judiciário os casos de maior complexidade, que já passou por uma fase pré-processual em que todas as provas foram produzidas e demonstradas, não sendo possível um acordo durante esta fase (Pretrial), que um processo, nas Cortes Americanas, é extremamente oneroso e a deixar a decisão na mão do juiz pode ser extremamente severa, ocasionando inclusive a falência de uma empresa. Diferente do Brasil, em que toda a demanda vai direto ao judiciário, sem qualquer filtro e na busca de uma solução, tornou-se obrigatório a tentativa de Conciliação e ou Mediação antes de prosseguir o processo, porém, deve ser melhor empregada, pois, da forme que vem sendo utilizada corre um grande risco de cair em desuso.

Em um terceiro momento tratou-se da autocomposição extrajudicial, onde trouxe exemplos de um número grande de Alternative Dispute Resolutions (ADR), existente no ordenamento jurídico dos EUA, esse método foi fortalecido no fim da década de 70, após a Pound Conference, em que foi pregado a cultura da paz e a utilização do sistema Multi-door, em que para cada problema você poderia escolher várias portas para solucioná-lo, outro ponto para esse fortalecimento fui a adesão pela Faculdade de Harvard, ao incluir esta mentalidade nos cursos de Direito já na década de 80.

No Brasil, engatinhamos com as ADRs, talvez pela origem jurídica (Civil Law), talvez pelo pequeno período que vem sendo difundida no ordenamento jurídico, prova disso que só no fim de 2018, tornou-se obrigatória nos cursos de Direito. Certo que o Brasil tem uma legislação que flexibiliza a adoção de praticamente todos os métodos que se usa nos Estados Unidos, mas por desconhecimento ou medo do novo não é utilizado.

Mesmo parecendo só apresentar pontos favoráveis, trazemos através dos ensinamentos de Nader nos EUA e de HADDAD no Brasil, duras críticas à implantação da ADR, desde a forma como foi criada, até sua divulgação "propagandista" e a inobservância das classes menos favorecidas.

Em Suma, mesmo com as duras críticas apresentadas, que não podem ser ignoradas, os números são extremamente favoráveis a autocomposição, tanto judicial quanto extrajudicial, prova disso é a forma que os EUA difundiram suas técnicas para o mundo, trazendo soluções mais céleres e mais justas.

A busca por solução que pode contribuir, para corrigir culturas adotas no berço da Civil Law, que nos impregnou com a cultura da judicialização, da litigância e do ganha-perde, buscando assim a JUSTIÇA, e lembrando que buscar a justiça não significa judicializar e sim a melhor solução do conflito, desta forma devemos permanecer na busca constante na simplificação dos procedimentos, desobstruindo o judiciário e desenvolvendo métodos adequados de solução dos conflitos.

Assim como falado inicialmente a importância do estudo comparado é nos trazer a eficiência do método adotado naquele país e as falhas ocorridas, para que possamos assim aderir ao que realmente irá nos ajudar, deixando de lado os aspectos negativos. Desta forma o leque de opções existentes no Judiciário Norte Americano para a solução de conflito, pode servir de inspiração e norteador para o Judiciário, Legislativo e Executivo Brasileiro, na implantação de todos os meios possíveis para a solução de conflitos, além de um trabalho de conscientização de advogados, acadêmicos, população em geral, demonstrando sua eficiência, agilidade e em consequência desafogando o judiciário.

Demonstrando assim todo sucesso da Autocomposição nos EUA, e sua eficiência na busca de justiça, abrindo um sistema multiportas para solucionar de forma eficiente todos os conflitos, devendo o Brasil buscar uma maior eficiência e adesão as ADRs, em busca de justiça, pois, como muito bem afirmava Rui Barbosa: "Justiça tardia nada mais é do que injustiça institucionalizada."

REFERÊNCIAS BIBLIOGRÁFICAS

REIS, Cássia Nunes. Artigo "SISTEMAS JURÍDICOS PARA SOLUÇÃO DE CONFLITOS NO MUNDO CONTEMPOR NEO", UniFMU, São Paulo, 2006. http://arquivo.fmu.br/prodisc/direito/cnr.pdf. Acesso em: 25.03.2020.

DAVID, René. Os grandes sistemas do direito contemporâneo. São Paulo: Martins Fontes, 1978.

GAJARDONI, Fernando da Fonseca. Artigo GESTÃO DE CONFLITOS NOS ESTADOS UNIDOS E NO BRASIL. Revista Eletrônica de Direito Processual – REDP. Rio de Janeiro. Ano 12. Volume 19. Número 3. Setembro a Dezembro de 2018 Periódico Quadrimestral da Pós-Graduação Stricto Sensu em Direito Processual da UERJ. https://www.e-publicacoes.uerj.br/index.php/redp/article/view/39174 . Acesso em 01.04.2020.

LEGAL INFORMATION INSTITUTE https://www.law.cornell.edu/uscode/text/28/2072 Acesso em 11.04.2020.

TARTUCE, Fernanda. Mediação nos conflitos civis. 4. ed., rev., atual. e ampl. – Rio de Janeiro: Forense; São Paulo: MÉTODO: 2018.

GUILHERME, Luiz. Manual de ARBITRAGEM E MEDIAÇÃO Conciliação e Negociação, 4ª Edição. Ed. Saraiva.

ASSIS, Carolina Azevedo. Artigo: A JUSTIÇA MULTIPORTAS E OS MEIOS ADEQUADOS DE SOLUÇAO DE CONTROVÉRSIAS: ALÉM DO ÓBVIO. Acesso em 15.03.2020.

WATANABE, Kazuo. Cultura da sentença e cultura da pacificação. In: MORAES, Maurício Zanoide, YARSHELL, Flávio Luiz (orgs.). Estudos em homenagem à professora Ada Pellegrini Grinover. São Paulo: DPJ, 2005, p. 685

ASSIS, Carolina Azevedo A JUSTIÇA MULTIPORTAS E OS MEIOS ADEQUADOS DE SOLUÇAO DE CONTROVÉRSIAS: ALÉM DO ÓBVIO https://www.acbadv.com/artigo/a-justica-multiportas-e-os-meios-adequados-de-solucao-de-controversias-alem-do-obvio acesso em: 01/04/2020

HADDAD, Juliana Raineri. Artigo: MÉTODOS ALTERNATIVOS DE SOLUÇÃO DE CONFLITOS (ADR): A RETÓRICA DA IDEOLOGIA DA HARMONIA VERSUS PROCESSOS DE CONTROLE. Revista de Formas Consensuais de Solução De Conflitos. Aprovado em: 20.08.2019. Acesso em:10.04.2020.https://www.indexlaw.org/index.php/revistasolucoesconflitos/article/view/5446/pdf .

GRECO, Leonardo. REVISTA ELETRÔNICA DE DIREITO PROCESSUAL – REDP. A REFORMA DO DIREITO PROBATÓRIO NO PROCESSO CIVIL BRASILEIRO- ANTEPROJETO DO GRUPO DE PESQUISA "OBSERVATÓRIO DAS REFORMAS PROCESSUAIS" DA FACULDADE DE DIREITO DA UNIVERSIDADE DO ESTADO DO RIO DE JANEIRO. Publicado em 2014. Acesso em: 12.03.2020. https://www.e-publicacoes.uerj.br/index.php/redp/article/view/11923.

Brasil. Lei 9.307, de 23.09.1996. Dispõe sobre a arbitragem. Brasília, 1996. Disponível em: www.planalto.gov.br/ccivil_03/leis/L9307.htm . Acesso em: 10.03.2020.

Brasil. Lei 13.105, de 16.03.2015. Código de Processo Civil. Brasília, 2015. Disponível em: www.planalto.gov.br/ccivil_03/_Ato2015-018/2015/Lei/L13105.htm Acesso em: 10.03.2020.

A CONCILIAÇÃO NO CÓDIGO DE PROCESSO CIVIL BRASILEIRO

Autor:

Josias Gadelha da Silva

INTRODUÇÃO

O atual código de processo civil inovou ao destacar os métodos alternativos de resolução de conflitos, dando total abertura a uma cultura de ênfase e estímulo à autocomposição, em que o processo enraizado no litígio não se apresenta como regra e definindo explicitamente a conciliação como norma fundamental, devendo, portanto, ser promovida pelas partes e pelo Estado. Dessa forma, tal instituto se apresenta como política pública de acesso à justiça, firmando-se, notadamente, como ferramenta indispensável para a pacificação social e a solução das diversas formas de litígio.

Apresentada tal relevância na conjuntura atual do processo civil brasileiro, o objetivo geral da pesquisa é analisar a conciliação como forma de solução adequada de conflitos no Código de Processo Civil brasileiro, destacando a sua ressignificação como método de solução de controvérsias. Para tanto, os objetivos específicos deste artigo são: apresentar a evolução histórica e identificar o marco legal da conciliação no processo civil brasileiro e sua repercussão no CPC, além de examinar a conciliação em seus aspectos processuais e práticos no código de processo civil de 2015.

O Código de Processo Civil de 2015, dentre importantes inovações processuais, incentiva a aplicação dos métodos alternativos de resolução de conflitos, notadamente a conciliação, contribuindo para a redução do tempo das ações na medida em que põe fim ao conflito por meio do acordo entre as partes. Daí a relevância que a pesquisa apresenta sobre o tema, cuja abordagens acerca do histórico, dispositivos legais e como se apresenta no CPC serão apontados na temática dos tópicos que seguirão.

BREVE HISTÓRICO DA CONCILIAÇÃO NO PROCESSO CIVIL BRASILEIRO

A normatização da conciliação em destaque nos últimos anos no Brasil, como destaca Dayse Braga Martins em tese de doutorado na Universidade de Fortaleza, é uma modalidade que vem acompanhando o processo judicial em nosso país[1]. O que atualmente é chamado de meios alternativos de solução de controvérsias não são comportamentos tão modernos e estão presentes há algum tempo no ordenamento jurídico brasileiro.

Observa-se que em nosso país, já nos séculos XVI e XVII, a conciliação se apresentava como método de composição entre as partes antes do prosseguimento da demanda, a exemplo das Ordenações Filipinas[2].

---

1   Martins, D. B. (2017). A jurisdição no contexto da constitucionalização do direito e a instituição do novel princípio da consensualidade: análise da indispensável requalificação de mediadores e conciliadores judiciais dentre as profissões jurídicas. (Tese de doutorado). UNIFOR, Fortaleza. Consultado em: https://uol.unifor.br/oul/ObraBdtdSiteTrazer.do?method=trazer&ns=true&obraCodigo=103369. Acesso em: 18.março.2020.

2   "E no começo das demandas dirá o Juiz a ambas as partes, que antes que façam despesas, e se entre ele os ódios e dissensões, se devem de concordar, e não curar

Já em 1824, a Constituição Imperial condicionava o processo judicial, conforme o artigo 161[3], à audiência prévia de conciliação, inferindo-se que o processo não seguiria adiante sem que antes as partes não tivessem empreendidos esforços para uma tentativa de autocomposição. No artigo 162[4] destaca-se, ainda, a figura do Juiz de Paz, competente, dentre outras atribuições, para realizar a conciliação prévia – tem-se, portanto, uma estrutura que obrigava a tentativa de autocomposição preliminar à entrada no sistema jurisdicional. Deste modo, a conciliação prevista constitucionalmente dissociava-se absolutamente do processo, mas era procedimento prévio necessário para iniciar qualquer ação, apresentando-se como um elemento de condição essencial para a lide.

---

de gastar suas fazendas por seguirem suas vontades, porque o vencimento da causa sempre é muito duvidoso: e isto, que dizemos de induzirem as partes à concórdia, não é de necessidade, mas somente de honestidade nos casos em que o bem poderem fazer; porém isto não terá lugar nos feitos crimes, quando os casos forem tais, que segundo as Ordenações a Justiça haja lugar.". Brasil. Código Philippino, ou, Ordenações e leis do Reino de Portugal: recopiladas por mandado d'El-Rey D.Philippe I. Livro III, Título XX, §1º. Consultado em: http://www2.senado.leg.br/bdsf/handle/id/242733. Acesso em 18.março.2020.

3   Art. 161. "Sem se fazer constar, que se tem intentado o meio da reconciliação, não se começará Processo algum.". Brasil, Constituição Política do Império do Brasil. Consultado em: http://www.planalto.gov.br/ccivil_03/constituicao/constituicao24.htm. Acesso em 18.março.2020.

4   Art. 162. "Para este fim haverá juizes de Paz, os quaes serão electivos pelo mesmo tempo, e maneira, por que se elegem os Vereadores das Camaras. Suas attribuições, e Districtos serão regulados por Lei.". Brasil. Constituição Política do Império do Brasil. Consultado em: http://www.planalto.gov.br/ccivil_03/constituicao/constituicao24.htm. Acesso em 18.março.2020.

No final do século XIX, especificamente na década de 1870, a conciliação como instrumento normativo se destaca na Consolidação de Ribas[5] – Consolidação das Leis do Processo Civil que Antônio Joaquim Ribas compilou por incumbência do Governo Imperial, e que destinava um capítulo completo dedicado à conciliação, a partir do artigo 185. Ainda, no artigo 195, a consolidação comprova a relevância jurídica dada à conciliação, por meio do qual dá força de sentença aos termos circunstanciados, bem como, no artigo 199 Ribas reforçava a ideia de que o juiz leigo deveria empregar todos os meios pacíficos para conciliar, revelando uma detida preocupação jurídica para atuação das partes rumo à pacificação consensuada[6]. Tais normativos que exigiam tentativa de conciliação preliminar foram revogados pelo Decreto nº 359, de 26 de abril de 1890[7].

---

5   Brasil. Decreto nº 2.827, de 15 de março de 1879. Consolidação das Leis do Processo Civil de Antonio Joaquim Ribas. Consultado em: http://www2.senado.leg.br/bdsf/handle/id/220533. Acesso em 18.março.2020.

6   Chagas, B. S. R. (2017). O tratamento adequado de conflitos no processo civil brasileiro. (Dissertação de mestrado). UFES, Vitória. Consultado em: http://repositorio.ufes.br/handle/10/8829. Acesso em: 18.março.2020.

7   Art. 1º "E' abolida a conciliação como formalidade preliminar ou essencial para serem intentadas ou proseguirem as acções, civeis e commerciaes, salva ás partes que estiverem na livre administração dos seus bens, e aos seus procuradores legalmente autorizados, a faculdade de porem termo á causa, em qualquer estado e instancia, por desistencia, confissão ou transacção, nos casos em que for admissivel e mediante escriptura publica, ternos nos autos, ou compromisso que sujeite os pontos controvertidos a juizo arbitral.". Brasil, Decreto nº 359, de 26 de abril de 1890. Revoga as leis que exigem a tentativa da conciliação preliminar ou posterior como formalidade essencial nas causas cíveis e comerciais. Consultado em: http://www2.camara.leg.br/legin/fed/decret/1824-1899/decreto-359-26-abril-1890-506287-publicacaooriginal-1-pe.html. Acesso em 18.março.2020.

No ano seguinte, a Constituição de 1891 também não apresentou qualquer menção à conciliação ou à Justiça de Paz, mas, em seus dispositivos, permitira a elaboração dos códigos de processo civil em nível estadual, em leitura conjugadas dos artigos 34, 63 e 65[8] e, nestes diplomas, alguns entes da federação optaram por manter a tentativa conciliatória a cargo dos juízes leigos, porém, estes códigos estaduais foram suprimidos pela Constituição de 1934.

O Código de Processo Civil de 1939 não estipulou qualquer normativa específica sobre conciliação, o que decorreu principalmente, conforme explica Francisco Campos[9], pelo fato de que às leis anteriores faltavam técnica e eram confusas, além de que era preciso colocar sob a guarda do Estado a administração da justiça, subtraindo-a à vontade dos interessados.

A retomada da conciliação no ordenamento jurídico como elemento importante no processo ocorreu com a promulgação da Consolidação das Leis do Trabalho (CLT), que tem sua relevância experimentada no processo trabalhista em dois atos processuais distintos: após a defesa do reclamado e outra após a instrução probatória[10]. A conciliação trabalhista é um ato processual obrigatório após a abertura da audiência de instrução e julgamento e depois que as partes apresentam as razões finais, podendo, ainda, ser

---

8   Brasil. Constituição da República dos Estados Unidos do Brasil de 1891. Consultado em: http://www.planalto.gov.br/ccivil_03/constituicao/constituicao91.htm. Acesso em 18.março.2020.

9   Campos, F. (1939). Exposição de motivos: ao código de processo civil. Rio de Janeiro, 1939. Consultado em: http://www2.camara.leg.br/legin/fed/declei/1930-1939/decreto-lei-1608-18-setembro-1939-411638-norma-pe.html. Acesso em 18.março.2020.

10   Campos, A. P., & Franco, J. V. S. A conciliação no Brasil e a sua importância como tratamento adequado de conflitos. Consultado em: https://www.academia.edu/35666528/A_concilia%C3%A7%C3%A3o_no_Brasil_e_a_sua_import%C3%A2ncia_como_tratamento_adequado_de_conflitos. Acesso em 18.março.2020.

realizada em qualquer momento antes de proferida a sentença[11]. A instituição da Junta de Conciliação e Julgamento também se apresenta como importante instrumento de promoção da conciliação nas demandas trabalhistas.

Após um longo período, a conciliação ganhou novamente destaque na década de 70, com manifestações expressas no Código de Processo Civil de 1973, podendo-se afirmar que sob a sistemática desse código, a conciliação era instrumento endoprocessual[12], incluindo-a como etapa necessária do processo sumário após trinta dias depois de proposta a ação, nos termos do artigo 277,[13] já no procedimento ordinatório era designada audiência de conciliação apenas se a causa admitisse transação. Na década de 90 é promulgado importante marco legislativo com a criação do Juizados Especiais Cíveis[14], criados para propor um processo menos formal e com ênfase na conciliação, com sessão de audiência preliminar ou, a pedido das partes, em qualquer fase do processo e por vias alternativas. Atualmente, a ideia de conciliação e sua presença marcante como meio de pacificação social é bem mais expressiva, tal importância certamente são estruturadas com legislações específicas e o Código de Processo civil de 2015 que serão tratados nos tópicos a seguir.

11   Brasil. Decreto-Lei nº 5.452, de 1º de maio de 1943. Consolidação das Leis do Trabalho. Consultado em: http://www.planalto.gov.br/ccivil_03/decreto-lei/del5452. htm. Acesso em 18.março.2020.

12   Campos, A. P., & Franco, J. V. S. op. cit.

13   Brasil. Lei nº 5.869, de 11 de Janeiro de 1973. Código de Processo Civil. Consultado em: http://www.planalto.gov.br/ccivil_03/leis/l5869impressao.htm. Acesso em 18.março.2020.

14   Brasil. Lei nº 9.099, de 26 de Janeiro de 1995. Juizados Especiais Cíveis e Criminais. Consultado em: http://www.planalto.gov.br/ccivil_03/leis/l9099.htm. Acesso em 18.março.2020.

A POLÍTICA JUDICIÁRIA NACIONAL DE TRATAMENTO ADEQUADO DOS CONFLITOS DE INTERESSES NO ÂMBITO DO PODER JUDICIÁRIO (RESOLUÇÃO Nº 125 – CONSELHO NACIONAL DE JUSTIÇA) E SEUS DESDOBRAMENTOS NO CÓDIGO DE PROCESSO CIVIL DE 2015

Desde 2010, mediante o crescente estímulo à adoção dos métodos alternativos de resolução de conflitos, o Poder Judiciário, através do Conselho Nacional de Justiça (CNJ), instituiu a Resolução nº 125, que dispõe sobre a Política Judiciária Nacional de Tratamento Adequado dos conflitos de interesse no âmbito do Poder Judiciário– importante instrumento regulamentador que organiza e normatiza os procedimentos de conciliação e mediação adotados pelos tribunais do país. O regulamento adotado pelo CNJ teve desdobramentos marcantes no Código de Processo Civil de 2015 – Lei nº 13.105/15, em que o estímulo à conciliação foi elevada para norma fundamental do processo, devendo o Estado, sempre que possível, promovê-la.

A normativa do CNJ contribuiu para importantes avanços na institucionalização da conciliação no Brasil, fomentando e sistematizando as práticas já existentes no Judiciário, visto que não havia, até então, um marco referencial[15], exigindo a criação de estrutura própria para assegurar o direito à solução dos conflitos por meios adequados à sua natureza e peculiaridade, o que

---

15   Takahashi, B., Almeida, M. S., Gabbay, D. M., & Asperti M. C. A. Manual de Mediação e Conciliação da Justiça Federal. Brasília: Conselho da Justiça Federal, 2019. Consultado em: https://www.cjf.jus.br/cjf/corregedoria-da-justica-federal/centro-de-estudos-judiciarios-1/publicacoes-1/outras-publicacoes/manual-de-mediacao-e-conciliacao-na-jf-versao-online.pdf. Acesso em 22.março.2020.

inclui, nos termos do artigo 2º da resolução, a necessidade de regulamentações internas no âmbito dos Tribunais – compreendendo a necessidade de espaço físico adequado, pessoal capacitado para atuação na solução de controvérsias e acompanhamento estatístico[16], todos esses pontos devidamente elencados em dispositivos correlatos no CPC de 2015.

Acerca dos conciliadores judiciais, a resolução reivindica que estes só sejam admitidos nos quadros dos tribunais quando devidamente capacitados – essa qualificação mínima é importante na medida em que a esses agentes o CPC de 2015 dispensou especial atenção porquanto o código, em sua Seção V, dedicou um capítulo que faz referência minuciosa a eles – forma de cadastro, requisitos de capacitação mínima, causas de impedimentos, entre outros. O Código explicita, ainda, que as audiências de conciliação serão necessariamente dirigidas por conciliadores judiciais[17], além do que os alocou como auxiliares da justiça[18]. Humberto Theodoro Júnior preleciona que a relevância dada aos conciliadores judiciais deriva da importância que o Código conferiu à autocomposição como meio de solucionar os conflitos e que o diploma

---

16   Brasil. Conselho Nacional de Justiça. Resolução nº 125 de 29/11/2010. Consultado em: https://atos.cnj.jus.br/atos/detalhar/atos-normativos?documento=156. Acesso em 18.março.2020.

17   Art. 344. §1º "O conciliador ou mediador, onde houver, atuará necessariamente na audiência de conciliação ou de mediação, observando o disposto neste Código, bem como as disposições da lei de organização judiciária.". Brasil. Lei nº 3.105 de 16 de maio de 2015. Código de Processo Civil. Consultado em: http://www.planalto.gov.br/ccivil_03/_ato2015-2018/2015/lei/l13105.htm. Acesso em: 14.março.2020.

18   Art. 149. "São auxiliares da Justiça, além de outros cujas atribuições sejam determinadas pelas normas de organização judiciária, o escrivão, o chefe de secretaria, o oficial de justiça, o perito, o depositário, o administrador, o intérprete, o tradutor, o mediador, o conciliador judicial, o partidor, o distribuidor, o contabilista e o regulador de avarias.". Ibid. Lei nº 3.105 de 16 de maio de 2015. Op. cit.

processual regula minuciosamente suas atividades e competências[19], daí a importância da efetivação dos parâmetros de capacitação dos conciliadores disposto na Resolução nº 125 do CNJ.

Merece atenção o estímulo à capacitação dos conciliadores que dispõe o anexo I da Resolução 125 do CNJ, apresentando as diretrizes curriculares e as linhas da formação básica direcionada àqueles que atuarão na prestação jurisdicional de resolução de controvérsias, especialmente a conciliação. O CPC reforça a adoção desses critérios dispondo como requisito para a inscrição no cadastro nacional e dos tribunais a capacitação mínima estabelecida conforme os critérios do CNJ, devendo realizar a devida formação através de curso promovido por entidade credenciada[20].

É justamente a ideia de profissionalização do conciliador que também a eles é direcionado um código de ética específico, que foi incluído no anexo III da Resolução nº 125 em 2016. O instrumento apresenta os princípios que devem reger a atuação profissional e a conduta dos conciliadores, as garantias inerentes às conciliações judiciais, as regras que devem ser observadas no procedimento, bem como suas responsabilidades e as previsões de sanções a eles impostas. Destaca-se que o código de ética impõe que se aplicam ao conciliador os motivos de impedimentos e suspeições dos juízes, dispositivo também elencado no CPC de 2015.

---

19   Júnior (2015), H. T. Curso de Direito Processual Civil – Teoria Geral do Direito Processual Civil, processo de conhecimento e processo comum (67-99), (56ª. ed). Rio de Janeiro, RJ: Forense.

20   Art. 167, § 1º "Preenchendo o requisito da capacitação mínima, por meio de curso realizado por entidade credenciada, conforme parâmetro curricular definido pelo Conselho Nacional de Justiça em conjunto com o Ministério da Justiça, o conciliador ou o mediador, com o respectivo certificado, poderá requerer sua inscrição no cadastro nacional e no cadastro de tribunal de justiça ou de tribunal regional federal.". Brasil. Lei nº 3.105 de 16 de maio de 2015. Op. cit.

É objeto também da Política Judiciária Nacional de Tratamento Adequado dos conflitos a criação e incentivo dos Núcleos Permanentes de Métodos Consensuais de Solução de Conflitos (Núcleos), com atribuições de planejar e implementar as ações voltadas ao cumprimento da política, propor realização de convênios com entes públicos e privados, entre outros. A resolução prevê ainda que os tribunais devem criar os Centros Judiciários de Solução de Conflitos e Cidadania (Cejuscs), responsáveis pela realização de seções e audiências de conciliação e pelo desenvolvimento de programas destinados a auxiliar, orientar e estimular a autocomposição – tal previsão é elencada no artigo 165 do CPC. A fim de garantir a efetividade do acesso a todos a esses centros, é importante mencionar que estes devem existir na Capital e nas grandes comarcas, com centros regionais para atender o interior[21], além de possuir setores de solução pré-processual e de solução processual.

Necessário mencionar que o CNJ, também como forma de promoção e estímulo à conciliação, promove em todo o país a Semana Nacional de Conciliação, com foco totalmente voltado para realização de sessões de conciliação em todos os tribunais para a obtenção de composições amigáveis, atingindo uma significativa parcela dos processos em andamento. Assim, a Resolução nº 125 do CNJ, conjugada com os dispositivos do CPC vigente, oferece a normatização necessária para a efetiva implementação de forma adequada e qualificada da conciliação como meio de resolução de conflitos no âmbito do Poder Judiciário, prestigiando-a como mecanismo de política pública permanente organizada em nível nacional.

---

21   Júnior (2015), H. T. (447). Op. cit.

A CONCILIAÇÃO NO CÓDIGO DE PROCESSO CIVIL DE 2015 (LEI Nº 13.105/2015)

O legislador, ao elaborar o Código de Processo Civil vigente, dispensou especial atenção à constitucionalização do processo, aliás, o Constituinte deixou claro, já no preâmbulo da Carta Magna, a opção preferencial pela solução pacífica das controvérsias[22].

As mudanças advindas do CPC de 2015, primeiro código processual elaborado e promulgado em contexto democrático, deixam claras a opção marcante pela busca da solução adequada dos conflitos, em especial através da conciliação, para que, pela participação ativa das partes envolvidas, chegue-se à solução do conflito e a pacificação mais completa, estabelecendo como dever do Estado, promover, desde que possível, a solução consensual dos conflitos. Sobre essa predileção, Humberto Theodoro Junior assegura que a Parte Geral do CPC de 2015 é dedicada principalmente à apresentação das Normas Fundamentais do Processo Civil, dentre estas a que estimula a prática da justiça coexistencial, como a conciliação[23]. É o que se extrai já no artigo 3ª do Diploma Processual, que expressamente dispõe como dever de todos os partícipes do processo a estimulação da conciliação e de outros métodos de solução consensual de conflitos, atribuindo ao Estado o encargo de promover essa prática pacificadora[24], prevendo, ainda, a criação de centros judiciários

---

22   Brasil. Constituição da República Federativa do Brasil de 1988. Consultado em: http://www.planalto.gov.br/ccivil_03/constituicao/constituicao.htm. Acesso em 21.março.2020.

23   Júnior, H. T (2015). (277). Op. cit.

24   Art. 3º "Não se excluirá da apreciação jurisdicional ameaça ou lesão a direito. § 1º É permitida a arbitragem, na forma da lei. § 2º O Estado promoverá, sempre que

de solução consensual de conflitos pelos tribunais, como já demonstrado em tópico anterior. Na mesma esteira, Marinoni destaca que o Código vigente no Brasil incentiva bastante os meios autocompositivos, que entram no gênero de Alternative Dispute Resolution e se apresentam como tendência geral já há algum tempo em voga no direito comparado[25].

No que diz respeito às atividades especificas dos conciliadores, até o advento do CPC de 2015 a doutrina se debatia para definir a conciliação e diferenciá-la da mediação, por conseguinte, existia a dificuldade em determinar em que situações e tipos de ações atuaria o conciliador ou mediador, principalmente por não existir tal dissociação, o que, na legislação processual restou diferenciado o campo de atuação desses auxiliares da justiça, sendo a conciliação o meio mais adequado para os tratamentos dos conflitos circunstanciais[26].

A conciliação, como ato processual, integra o procedimento comum já em seu início, especialmente por que a citação do réu é realizada não mais para que este se defenda em Juízo, mas para seu comparecimento em audiência de conciliação[27] designada pelo juiz no despacho inicial, sempre que esta

---

possível, a solução consensual dos conflitos. § 3º A conciliação, a mediação e outros métodos de solução consensual de conflitos deverão ser estimulados por juízes, advogados, defensores públicos e membros do Ministério Público, inclusive no curso do processo judicial.". Brasil. Lei nº 13.105 de 16 de maio de 2015. Op. cit.

25   Marinoni, L. G., Arenhart, S.C., & Mitidiero, D. (2015). Curso de Processo Civil – Teoria do Processo Civil, (180), (v. 1). São Paulo, SP: Editora Revista dos Tribunais.

26   Art. 165 § 2º "O conciliador, que atuará preferencialmente nos casos em que não houver vínculo anterior entre as partes, poderá sugerir soluções para o litígio, sendo vedada a utilização de qualquer tipo de constrangimento ou intimidação para que as partes conciliem.". Brasil. Lei nº 3.105 de 16 de maio de 2015.". Op. cit.

27   Marinoni (2015), L. G., Arenhart, S.C., & Mitidiero, D. (180), op. cit.

preencher os requisitos iniciais[28], e, necessariamente, com a participação de conciliador, devendo ser designada com prazo mínimo de trinta dias e o réu ser citado com pelo menos vinte dias de antecedência. Daniel Neves destaca, quanto à realização da audiência de conciliação por conciliadores do quatro dos Centros Judiciários, um lado positivo no sentido de que esses sujeitos são qualificados e preparados para praticar tal ato, o que, em princípio, não se pode dizer o mesmo dos juízes. De outra lado, o autor salienta que as partes terão menor receio de expor seus motivos diante de um sujeito que não vai julgar sua causa, quando não se chegar à solução consensual[29]. Tal indagação pode ser dirimida mediante o uso adequado das técnicas de conciliação para que se alcance a solução da controvérsia, sendo necessário, para tanto, além da qualificação do conciliador, a devida atenção às causas apresentadas, sua forma, seu desenvolvimento e os fatores que, conjugados, podem ser instrumentos efetivos para as partes conciliarem, garantido maior eficácia a tão importante ato processual.

Esta audiência inaugural só não será observada nas causas em que a autocomposição não for admissível nos termos da lei[30] e, para a sua não realização, é necessário anuência do autor e do réu[31]. Salienta-se que o não

---

28   Art. 334 "Se a petição inicial preencher os requisitos essenciais e não for o caso de improcedência liminar do pedido, o juiz designará audiência de conciliação ou de mediação com antecedência mínima de 30 (trinta) dias, devendo ser citado o réu com pelo menos 20 (vinte) dias de antecedência.". Brasil. Lei nº 3.105 de 16 de maio de 2015. Op. cit.

29   Neves (2016), D. A. A. Manual de Direito Processual Civil – Volume único, (8ª. ed). Salvador: Editora Juspvdium.

30   Júnior (2015), H. T. (779). Op. cit.

31   "Esse ato conciliatório somente não será realizado se o réu aderir ao desinteresse do autor em petição posterior à citação e anterior à audiência. O autor, portanto, não tem o poder de, isoladamente impedir ou evitar a audiência. Da mesma

comparecimento injustificado do autor ou do réu à referida audiência é considerado ato atentatório à dignidade da Justiça, com sanção de multa[32] - o rigor com que se trata a matéria decorre do fato do dever submetido a juízes e advogados de estimular a conciliação ser tratado como normal fundamental[33]. Obtida a autocomposição, o ato será reduzido a termo e homologado pelo juiz por sentença de extinção do processo com julgamento do mérito[34]. O chamamento do Réu para participação em audiência conciliatória já no início do processo, certamente tem o objetivo de tentar, em se alcançando o maior número de consenso entre as partes, pôr fim à demanda, evitando as delongas próprias da maioria dos processos judiciais, com a possibilidade de desafogar a grande quantidade de processos que seguem em curso.

Além de designar a realização da audiência de conciliação quando a lei assim o determinar, é parte dos poderes e deveres procedimentais do juiz designar audiência para tal finalidade a qualquer tempo, nos termos do art. 139, inciso V, do CPC de 2015. Este dever do juiz decorre de seu ofício, não caracterizando motivo de suspeição de parcialidade do juiz, nem de prejulgamento da causa,

---

forma, o demandado também não tem poder de impedi-la pela só manifestação individual de desinteresse. Nem uma nem outra parte têm possibilidade de, sozinha, escapar da audiência preliminar.". Júnior (2015), H. T. (779). Op. cit.

32   Art. 334, § 8º "O não comparecimento injustificado do autor ou do réu à audiência de conciliação é considerado ato atentatório à dignidade da justiça e será sancionado com multa de até dois por cento da vantagem econômica pretendida ou do valor da causa, revertida em favor da União ou do Estado.". Brasil, Lei nº 13.105 de 16 de maio de 2015. Op. cit.

33   Júnior (2015), H. T. (842). Op. cit.

34   Art. 334, § 11. "A autocomposição obtida será reduzida a termo e homologada por sentença. Art. 487. Haverá resolução de mérito quando o juiz: III - homologar: b) a transação;". Brasil. Lei nº 13.105 de 16 de maio de 2015. Op. cit.

conforme ensinam Nelson Nery Júnior e Rosa Maria de Andrade Nery, ao comentarem o inciso V do art. 139 do CPC[35].

Outro momento importante para se fazer alcançar a composição do litígio é na audiência de instrução e julgamento, em que cabe ao juiz, antes de iniciar a instrução oral do processo e independentemente da provocação das partes, tentar conciliar os litigantes, conforme o Código determina no art. 359, ainda que já tenha feito isso antes[36]. Conforme expõe Daniel Neves, não há óbice para que o Juiz faculte às partes solucionar o conflito de forma consensual durante a audiência instrutória, mesmo que frustrada a tentativa de acordo na audiência inaugural, ato que é promovido pelo profissional conciliador, sem a presença do magistrado[37]. Não há maiores delongas nesse procedimento inicial da audiência instrutória quanto a tentativa de conciliação, consistindo em, ao abrir a audiência o juiz, verbalmente, instar as partes acerca da possibilidade de uma composição amigável para as suas divergências[38].

Faz-se necessário destacar que a conciliação entre as partes também pode ser realizada extrajudicialmente, ainda que o processo já esteja em curso, nesse caso, o acordo deve ser homologado pelo juiz, o que leva à extinção do processo por perda do objeto, passando a existir título executivo extrajudicial[39].

---

35   Junior, N. N., & Nery, R.M.A. (2015). Comentários ao Código de Processo Civil: novo CPC. (584), São Paulo, SP: Revista dos Tribunais.

36   Art. 359. "Instalada a audiência, o juiz tentará conciliar as partes, independentemente do emprego anterior de outros métodos de solução consensual de conflitos, como a mediação e a arbitragem.". Brasil. Lei nº 13.105 de 16 de maio de 2015. Op. cit.

37   Neves (2016), D. A. A. (923). Op, cit.

38   Júnior (2015), H. T. (843). Op. cit.

39   Art. 515. "São títulos executivos judiciais, cujo cumprimento dar-se-á de acordo com os artigos previstos neste Título: (...) III - a decisão homologatória de

É evidente que no Brasil, a formação do profissional na área jurídica está focada no litígio, porém, o movimento em curso, chamado de "movimento pela conciliação", clama para que o aprofundamento das formas de solução de conflitos, como a conciliação, também esteja presente na formação dos operadores do direito, dada a importante noção de política pública destacada pelo Código processual vigente.

CONCLUSÃO

Evidencia-se que o ordenamento jurídico brasileiro, precisamente a legislação processual, avançou quanto ao estímulo e prestígio da conciliação não somente como meio para a solução de conflitos, mas também como mecanismo eficaz de garantia de acesso à justiça, passando de um instrumento de pouca ou nenhuma abordagem nos códigos processuais anteriores para se apresentar como norma fundamental do processo.

A normatização efetivada ao longo dos últimos anos, principalmente por meio da Política Judiciária Nacional de tratamento adequado dos conflitos de interesses no âmbito do Poder Judiciário – que introduziu um sistema de incentivo a utilização dos métodos consensuais de administração judicial de conflitos e do CPC de 2015, reforça a garantia do cumprimento constitucional da opção preferencial pela solução pacífica das controvérsias. Ademais, tais dispositivos oferecem a normatização necessária que impulsiona o fortalecimento de uma cultura de solução de conflitos que efetive o acesso à justiça, bem como apresenta ferramentas para diminuir a grande quantidade processos em curso nos tribunais de todo o país, o que ainda não se mostra concretamente alcançado.

Apura-se, por fim, que as disposições relacionadas à conciliação na legislação processual vigente, têm a capacidade de, observados os preceitos

---

autocomposição extrajudicial de qualquer natureza.". Brasil. Lei nº 13.105 de 16 de maio de 2015. Op. cit.

e técnicas do instituto, bem como a formação e qualificação adequada dos conciliadores, instruir a cultura do consenso no processo civil e desencorajar a litigiosidade, na busca por se construir uma cultura de solução pacífica das controvérsias e superar a mentalidade conflituosa enraizada em nosso sistema jurídico.

REFERÊNCIAS BIBLIOGRÁFICAS

Brasil. Código Philippino, ou, Ordenações e leis do Reino de Portugal: recopiladas por mandado d'El-Rey D.Philippe I. Consultado em: http://www2.senado.leg.br/bdsf/handle/id/242733. Acesso em 18.março.2020.

Brasil. Conselho Nacional de Justiça. Resolução nº 125 de 29/11/2010. Consultado em: https://atos.cnj.jus.br/atos/detalhar/atos-normativos?documento=156. Acesso em 18.março.2020.

Brasil. Constituição da República Federativa do Brasil de 1988. Consultado em: http://www.planalto.gov.br/ccivil_03/constituicao/constituicao.htm. Acesso em 21.março.2020.

Brasil. Constituição da República dos Estados Unidos do Brasil de 1891. Consultado em: http://www.planalto.gov.br/ccivil_03/constituicao/constituicao91.htm. Acesso em 18.março.2020.

Brasil. Constituição Política do Império do Brasil. Consultado em: http://www.planalto.gov.br/ccivil_03/constituicao/constituicao24.htm. Acesso em: 18.março.2020.

Brasil. Decreto-Lei nº 5.452, de 1º de maio de 1943. Consolidação das Leis do Trabalho. Consultado em http://www.planalto.gov.br/ccivil_03/decreto-lei/del5452.htm. Acesso em 18.março.2020.

Brasil. Decreto nº 359, de 26 de abril de 1890. Revoga as leis que exigem a tentativa da conciliação preliminar ou posterior como formalidade essencial nas causas cíveis e comerciais. Consultado em: http://www2.camara.leg.br/legin/

fed/decret/1824-1899/decreto-359-26-abril-1890-506287-publicacaooriginal-1-pe.html. Acesso em 18.março.2020.

Brasil. Decreto nº 2.827, de 15 de março de 1879. Consolidação das Leis do Processo Civil de Antonio Joaquim Ribas. Consultado em: http://www2.senado.leg.br/bdsf/handle/id/220533. Acesso em 18.março.2020.

Brasil. Lei nº 5.869, de 11 de Janeiro de 973. Código de Processo Civil. Consultado em: http://www.planalto.gov.br/ccivil_03/leis/l5869impressao.htm. Acesso em 18.março.2020.

Brasil. Lei nº 9.099, de 26 de Janeiro de 1995. Juizados Especiais Cíveis e Criminais. Consultado em: http://www.planalto.gov.br/ccivil_03/leis/l9099.htm. Acesso em 18.março.2020.

Brasil. Lei nº 13.105, de 16 de maio de 2015. Consultado em: http://www.planalto.gov.br/ccivil_03/_ato2015-2018/2015/lei/l13105.htm. Acesso em: 14.março.2020.

Campos, A. P., & Franco, J. V. S. A conciliação no Brasil e a sua importância como tratamento adequado de conflitos. Consultado em: https://www.academia.edu/35666528/A_concilia%C3%A7%C3%A3o_no_Brasil_e_a_sua_import%C3%A2ncia_como_tratamento_adequado_de_conflitos. Acesso em 18.março.2020.

Campos, F. Exposição de motivos: ao código de processo civil. Rio de Janeiro, 1939. Consultado em: http://www2.camara.leg.br/legin/fed/declei/1930-1939/decreto-lei-1608-18-setembro-1939-411638-norma-pe.html. Acesso em 18.março.2020.

Chagas, B. S. R. (2017). O tratamento adequado de conflitos no processo civil brasileiro. (Dissertação de mestrado). UFES, Vitória. Consultado em: http://repositorio.ufes.br/handle/10/8829. Acesso em: 18.março.2020.

Júnior, H. T (2015). Curso de Direito Processual Civil – Teoria Geral do Direito Processual Civil, processo de conhecimento e processo comum, (56ª. ed). Rio de Janeiro, RJ: Forense.

Junior, N. N., & Nery, R.M.A. (2015). Comentários ao Código de Processo Civil: novo CPC. São Paulo, SP: Revista dos Tribunais.

Marinoni, L. G., Arenhart, S.C., & Mitidiero, D. (2015). Curso de Processo Civil – Teoria do Processo Civil, (v. 1). São Paulo, SP: Editora Revista dos Tribunais.

Martins, D. B. (2017). A jurisdição no contexto da constitucionalização do direito e a instituição do novel princípio da consensualidade: análise da indispensável requalificação de mediadores e conciliadores judiciais dentre as profissões jurídicas. (Tese de doutorado). UNIFOR, Fortaleza. Consultado em: https://uol.unifor.br/oul/ObraBdtdSiteTrazer.do?method=trazer&ns=true&obraCodigo=103369. Acesso em: 18.março.2020.

Neves (2016), D. A. A. Manual de Direito Processual Civil – Volume único (811), (8ª. ed). Salvador: Editora Juspvdium.

Takahashi, B., Almeida, M. S., Gabbay, D. M., & Asperti M. C. A. Manual de Mediação e Conciliação da Justiça Federal. Brasília: Conselho da Justiça Federal, 2019. Consultado em: https://www.cjf.jus.br/cjf/corregedoria-da-justica-federal/centro-de-estudos-judiciarios-1/publicacoes-1/outras-publicacoes/manual-de-mediacao-e-conciliacao-na-jf-versao-online.pdf. Acesso em 22.março.2020.

PECULIARIDADES DA CONCILIAÇÃO EM AÇÕES COLETIVAS

Autor:

Eduardo Alves Walker

INTRODUÇÃO

O mundo contemporâneo é marcado por acentuado crescimento dos centros urbanos e pelo aumento sem precedentes das relações de consumo, fatores que estimulam e impulsionam a industrialização do mercado.

Diante deste cenário, exsurge necessário envidar esforços para que o sistema de tutela dos direitos coletivos seja efetivo, pois uma única demanda pode solucionar diversos impasses e prevenir o surgimento de imensuráveis problemas futuros.

Não se afigura exagerado, portanto, reputar vital a importância do instituto da conciliação no âmbito dos processos coletivos, mormente por se tratar de verdadeiro instrumento de pacificação social, capaz de trazer celeridade e eficiência na resolução de conflitos marcados por inúmeros interesses violados e que assoberbam o Poder Judiciário quando demandados individualmente, trazendo consequências nefastas ao sistema.

Desta feita, considerando a essencialidade do tema, busca-se com este trabalho apresentar as principais peculiaridades que regem a sistemática da conciliação junto ao complexo de normas aplicáveis às ações coletivas, especialmente no que diz respeito à tônica da legitimação extraordinária dos sujeitos processuais e indisponibilidade do interesse público frente aos benefícios da autocomposição.

CONCEITO DE CONCILIAÇÃO

A fim de melhor desenvolver o tema, faz-se imprescindível tecer alguns comentários acerca do conceito de conciliação, que pode ser entendida sob dois principais prismas:

a) conciliação lato sensu, ou em sentido amplo, é compreendida como conduta em busca da paz. Pouco importa o conteúdo, constituindo-se em um gênero que se subdivide em espécies: negociação, transação e mediação;

b) conciliação stricto sensu, ou em sentido estrito, atualmente compreendida dentro de uma nova perspectiva cultural (a cultura da paz): os envolvidos empreendem esforços para a solução de litígios, se valendo do auxílio de um terceiro conciliador, que gerencia as partes para uma solução de modo imparcial, e também oferecendo alternativas. O conciliador deve respeitar a vontade das partes, o que não necessariamente reflete sua opinião. Nesse caso, não se pode entender a mediação como espécie de conciliação.

A conciliação em sentido estrito possui algumas características principais, tais como: a necessidade de se respeitar a vontade das partes, a atuação proativa do conciliador e a aplicação pontual a situações em que as partes se envolveram em um conflito, sendo que, provavelmente, nunca mais terão novo contato (v.g. relações consumeristas). Pode, ainda, ser utilizada em diferentes momentos, de maneira preventiva (antes do ajuizamento da ação) e de maneira repressiva (após o ajuizamento da demanda). Ademais, nada impede que seja realizada em âmbito extrajudicial, mesmo que já tenha sido ajuizada a respectiva ação.

Feita esta subdivisão necessária à melhor compreensão do assunto, esclareça-se que esta segunda espécie de conciliação, denominada conciliação em sentido estrito, é a utilizada como referência para este trabalho, por possuir maior relevância para os profissionais e operadores do Direito.

NASCIMENTO DOS DIREITOS COLETIVOS

Desde o advento da revolução industrial, o mundo vem experimentando mudanças radicais decorrentes da crescente urbanização, do aumento da expectativa de vida da população e, ultimamente, de um acentuado consumo influenciado pela sociedade capitalista, o que torna a produção em escala industrial a única forma de se saciar os anseios da sociedade.

Some-se a todos estes fatores a evolução impetuosa dos meios de comunicação e o surgimento do fenômeno da globalização, que permite um amplo fluxo de informações em nível dificilmente imaginado há poucos anos.

Diante deste cenário, pode-se dizer que houve o irrompimento de um novo modelo de sociedade, a chamada "sociedade de massa", caracterizada, principalmente, por sua alta complexidade e pelo seu campo fértil para os denominados "conflitos de massa". Multiplicaram-se as relações jurídicas formadas por grande número de pessoas, ou até mesmo por pessoas indeterminadas, como ocorre nas hipóteses de tutela de direitos ambientais.

E, por óbvio, o direito precisou se adaptar à realidade desta nova sociedade, fazendo-se emergir mecanismos de tutela judicial dos atualmente denominados direitos/interesses coletivos. Na legislação brasileira, pode-se citar, como principais exemplos do esforço legislativo para tutela dos direitos coletivos, a Lei da Ação Civil Pública (Lei nº 7.347/85) e o Código de Defesa do Consumidor (Lei nº 8.078/90), que, juntos, formam o microssistema de processo coletivo.

AÇÕES COLETIVAS: CONCEITO, ESPÉCIES E PREVISÕES NO ORDENAMENTO BRASILEIRO

Para discorrer acerca das ações coletivas de maneira apropriada, mostram-se necessários alguns comentários prévios a respeito da classificação doutrinária dos direitos coletivos, que costumam ser divididos em três principais espécies.

A primeira delas, a saber, denominada de direitos difusos, é espécie de direito coletivo transindividual, indivisível, cujos titulares são indefinidos e ligados por circunstância de fato, conforme definição legal do CDC[1].

Como se observa, os interesses difusos possuem como característica a indeterminação dos sujeitos titulares e a indivisibilidade do objeto. Ainda, segundo Rodolfo de Camargo Mancuso, são interesses metaindividuais em estado fluido, disperso pela sociedade como um todo[2].

---

1   BRASIL. Artigo 81, parágrafo único, inciso I, da Lei nº 8.078/90: "interesses ou direitos difusos, assim entendidos, para efeitos deste código, os transindividuais, de natureza indivisível, de que sejam titulares pessoas indeterminadas e ligadas por circunstâncias de fato."

2   MANCUSO, R. d. (2011). Interesses Difusos: Conceito e Legitimação para agir. 7ª Edição. São Paulo: Revistas dos Tribunais, págs. 145/146: "(...) são interesses metaindividuais, que, não tendo atingido o grau de agregação e organização necessários à sua afetação institucional junto a certas entidades ou órgãos representativos dos interesses já socialmente definidos, restam em estado fluido, disperso pela sociedade civil como um todo (v.g. o interesse à pureza do ar atmosférico), podendo, por vezes, concernir a certas coletividades de conteúdo numérico indefinido (v.g. os consumidores). Caracterizam-se: pela indeterminação dos sujeitos, pela indivisibilidade do objeto, por sua intensa litigiosidade interna e por sua tendência à transição ou mutação no tempo e no espaço".

Tem-se, como principal exemplo de direito difuso, o direito ao meio ambiente sadio e equilibrado.

A segunda das espécies é denominada de direitos coletivos stricto sensu, que podem ser entendidos como direitos transindividuais e indivisíveis, cuja titularidade pertence a grupo, categoria, ou classe de pessoas ligadas entre si ou com a parte contrária por uma relação jurídica base[3].

Veja-se, portanto, a nítida distinção em relação aos direitos difusos, pois existe titularidade definida do interesse (grupo, categoria, ou classe de pessoas), mormente em virtude da ligação entre sujeitos por um vínculo jurídico base, conforme ensinam Adriano Andrade, Cléber Masson e Landolfo Andrade[4].

Ademais, além destas características trazidas pela própria legislação, pode-se destacar algumas outras, como a disponibilidade coletiva e indisponibilidade individual, além da irrelevância da unanimidade social e a reparabilidade indireta.

Como exemplos, cite-se o aumento ilegal das prestações de um consórcio, ou o direito de alunos de uma determinada escola terem a mesma qualidade de ensino ou, ainda, o aumento abusivo da mensalidade do plano de saúde para aqueles que já firmaram o contrato.

---

3   BRASIL. Artigo 81, parágrafo único, inciso II, da Lei nº 8.078/90: "interesses ou direitos coletivos, assim entendidos, para efeitos deste código, os transindividuais, de natureza indivisível de que seja titular grupo, categoria ou classe de pessoas ligadas entre si ou com a parte contrária por uma relação jurídica base"

4   ANDRADE, A., MASSON, C., & ANDRADE, L. (2014). Interesses Difusos e Coletivos Esquematizado. 4ª edição. São Paulo: Método, pág. 27: "entendem-se como interesses ou direitos coletivos stricto sensu os interesses ou direitos objetivamente indivisíveis, de que seja titular grupo, classe ou categoria de pessoas, ligadas entre si ou com a parte contrária por um vínculo jurídico base e, por tal razão, determináveis".

Por último, os direitos individuais homogêneos são definidos singelamente pelo CDC como "os decorrentes de origem comum" (art. 81, parágrafo único, III, do CDC).

Segundo os doutrinadores retro mencionados, possuem como características principais o fato de serem individuais e divisíveis, contudo, passíveis de serem defendidos judicialmente de forma coletiva, em razão de sua origem comum[5].

Ainda, segundo Kazuo Watanabe, essa origem comum não implica que os direitos tenham se originado de um único fato, ocorrido no mesmo tempo e no mesmo lugar[6].

Assim, diante das classificações acima, observa-se um ponto em comum entre as três espécies citadas: todas atingem múltiplos indivíduos e interesses, o que reforça a ideia de que a tutela destes direitos será realizada com mais eficiência se utilizado o instrumento processual adequado: as ações coletivas.

As ações coletivas são, portanto, verdadeiro instrumento processual de pacificação social destinado à tutela dos direitos coletivos lato sensu, cujo exercício é realizado através de modelo representativo, e que possuem como

---

5   ANDRADE, A., MASSON, C., & ANDRADE, L. (2014). Interesses Difusos e Coletivos Esquematizado. 4ª edição. São Paulo: Método, pág. 31: "(...) direitos subjetivos individuais, objetivamente divisíveis, cuja defesa judicial é passível de ser feita coletivamente, cujos titulares são determináveis e têm em comum a origem desses direitos, e cuja defesa judicial convém seja feita coletivamente".

6   WATANABE, K. (2005). Código Brasileiro de Defesa do Consumidor Comentado pelos Autores do Anteprojeto. Rio de Janeiro: Forense Universitária, pág. 806: "A origem comum pode ser de fato ou de direito, e a expressão não significa, necessariamente, uma unidade factual e temporal. As vítimas de uma publicidade enganosa veiculada por vários órgãos de imprensa e em repetidos dias de produto nocivo à saúde adquirido por vários consumidores em um largo espaço de tempo e em várias regiões têm, como causa de seus danos, fatos com homogeneidade tal que os toram a origem comum de todos eles".

principais objetivos o acesso à justiça, a efetividade, a isonomia entre as partes litigantes, a economia de recursos processuais e judiciais e o impedimento de decisões conflitantes.

Conforme bem lembrado por Antônio Gidi, outra característica conceitual das ações coletivas diz respeito ao comando da sentença, que necessariamente atingirá uma comunidade ou uma coletividade.[7]

Ultrapassado este ponto conceitual, ao contrário do que ocorre com os direitos/interesses coletivos, registre-se não haver consenso doutrinário acerca das espécies de ações coletivas.

Segundo ensinamento de Márcio Flávio Mafra Leal, existem duas espécies distintas de ações coletivas: a primeira delas destinada a tutela de direitos difusos e a segunda para defesa dos direitos coletivos stricto sensu e individuais homogêneos.[8]

A razão para o agrupamento dos direitos coletivos stricto sensu e direitos individuais homogêneos, bem como para respectiva vinculação a uma única espécie de ação coletiva, deve-se, segundo o autor, ao fato de que os direitos coletivos stricto sensu também possuem essência individual, assim como ocorre com os direitos individuais homogêneos, pois podem ser demandados individualmente.

Assim, leciona o autor que os direitos coletivos stricto sensu são apenas processualmente coletivos, mantendo, entretanto, seu núcleo substantivo de direito individual.

---

7   GIDI, A. (1995). Coisa julgada e litispendência em ações coletivas. São Paulo: Saraiva, pág. 16: "Ação coletiva é a ação proposta por um legitimado autônomo (legitimidade), em defesa de um direito coletivamente considerado (objeto), cuja imutabilidade do comando da sentença atingirá uma comunidade ou uma coletividade (coisa julgada)".

8   LEAL, M. F. M. (1998). Ações coletivas: história, teoria e prática. Porto Alegre: Fabris, página 43.

De outro turno, Luiz Guilherme Marinoni e Sérgio Cruz Arenhart sustentam não existir uma espécie de ação coletiva, mas, sim, um conjunto aberto de ações, de que se podem lançar mão sempre que se revelem adequadas para a tutela dos respectivos direitos coletivos[9].

Feitas estas considerações, cumpre esclarecer que o ordenamento jurídico brasileiro vem se adaptando às necessidades processuais atuais. No âmbito constitucional, o legislador constituinte se referiu expressamente à representação judicial e extrajudicial das entidades associativas (art. 5º, XXI), ao mandado de segurança coletivo (art. 5º, LXX), à ação popular (art. 5º, LXIII), à defesa dos direitos individuais e coletivos das categorias representadas pelas entidades sindicais (rt. 8º, III), bem como à ação civil pública de titularidade do Ministério Público (art. 129, III).

A legislação infraconstitucional também demonstra avanços iniciados antes mesmo da promulgação da Carta Magna, como a Lei da Ação Popular (lei nº 4.717/65) e a Lei de Ação Civil Pública (lei nº 7347/85), verdadeiro marco que ampliou consideravelmente o rol de legitimados e o âmbito de proteção dos direitos tutelados.

A Lei nº 7.853/89, por outro lado, assegurou a promoção de ação civil pública para resguardo dos interesses coletivos das pessoas portadoras

---

9   MARINONI, L. G.; ARENHART, S. C. (2007). Processo de conhecimento. 6ª edição, São Paulo: Revista dos Tribunais, pág. 748: "A ação coletiva para a tutela de direitos difusos e coletivos é basicamente regida pelo conjunto formado pela Lei da Ação Civil Pública e pelo Código de Defesa do Consumidor. Em verdade, não se trata de uma única ação, mas sim de um conjunto aberto de ações, de que se pode lançar mão sempre que se apresentem adequadas para a tutela desses direitos. Nesse sentido, claramente estabelece o art. 83 do CDC que, para a defesa dos direitos difusos e coletivos, são admissíveis todas as espécies de ações capazes de propiciar sua adequada e efetiva tutela. Portanto, não se pode dizer, realmente, que exista uma ação coletiva. Existe, isto sim, uma categoria de ações, que recebem o rótulo de "ação coletiva", mas que se mostram distintas entre si com as peculiaridades de cada direito carente de tutela".

de necessidades especiais. Ato contínuo, surgiu o Código de Defesa do Consumidor (Lei nº 8.078/90), outro marco regulatório que complementou o hodiernamente denominado "microssistema de processo coletivo", seguido posteriormente pelo Estatuto da Criança e Adolescente (Lei nº 8.069/90), pela Lei de Improbidade Administrativa (Lei nº 8.429/92), e pelo Estatuto do Idoso (Lei nº 10.741/03).

PECULIARIDADES DA CONCILIAÇÃO EM AÇÕES COLETIVAS

Os métodos alternativos de solução das controvérsias vêm ganhando prestígio em meio a cultura da litigiosidade enfrentada em nosso ordenamento. O espírito da pacificação está se instalando em nosso sistema, instigado pelo advento do CPC 2015, criando um ambiente propício para se avançar na aplicação destas técnicas. As partes envolvidas em um conflito, por outro lado, vêm percebendo os benefícios trazidos pela conciliação e outros institutos similares, como a menor onerosidade, o menor desgaste emocional, a celeridade e a maior eficiência da solução construída com autonomia, o que aumenta as chances de adimplemento das obrigações.

O processo coletivo precisa seguir essa tendência e se adaptar às necessidades contemporâneas. Atualmente, pode-se falar em um consenso doutrinário e jurisprudencial acerca da possibilidade de haver transação em ações coletivas, desde que, obviamente, sejam observadas determinadas peculiaridades.

Algumas medidas legislativas já foram levadas a efeito para disciplinar o tema, como a Resolução Conjunta CNJ/CNMP nº 2 de 21.06.2011, que institui os cadastros nacionais de informações de ações coletivas, inquéritos e termo de ajustamento de conduta, e dá outras providências, e as Resoluções 125/2010 CNJ e 118/2014 CNMP, que tratam de mediação, conciliação, negociação e outras formas de conciliação, todas aplicáveis ao processo coletivo.

Um ponto que merece ser ressaltado é o fato de que o titular do direito defendido em juízo não é o legitimado extraordinário coletivo, mas, sim, o grupo. Estes atores processuais não possuem legitimação extraordinária material, apenas processual.

Por este motivo, não se mostra admissível a renúncia ao direito, o que, por sua vez, não se confunde com a possibilidade de reconhecimento da procedência do pedido, nas hipóteses em que este ato for benéfico ao grupo.

Ora, certo de que assiste razão à parte oposta, nada impede que o legitimado extraordinário reconheça o dever do substituído, podendo assim angariar benefícios à coletividade, como, por exemplo, o pagamento parcelado do débito, a negociação de descontos, o não pagamento de honorários advocatícios sucumbenciais, dentre outros. Veja-se que, nestes casos, a indisponibilidade do direito não será afetada. Pelo contrário, será melhor efetivada com a conciliação.

Quanto ao ponto, ressalte-se que a Administração tem o dever de se submeter aos parâmetros da legalidade. Assim, constatado ab initio que o particular faz jus a determinado direito em face da Administração, compete a esta efetivá-lo, como decorrência direta do princípio da legalidade. Para tanto, sequer se mostra necessária a instauração de um processo judicial, mormente diante do atributo da autoexecutoriedade dos atos administrativos.

Merece destaque, também, o fato de que a Administração deve pautar sua atuação pela boa-fé, consectário lógico do princípio da moralidade administrativa, previsto no artigo 37 da Constituição Federal. Assim, a postura desleal da Administração, embaraçando a efetivação de um direito através de subterfúgios processuais, mostra-se altamente reprovável e contrária à Carta Magna.

Nestas hipóteses, portanto, parece evidente que não haverá qualquer ofensa ao princípio da indisponibilidade do interesse público, pelo simples fato de que a Administração estará dando cumprimento a direito alheio que não pertence à coletividade. Esta conduta norteada pela boa-fé é considerada de interesse público, pois a coletividade tem anseio para que a Administração cumpra com suas obrigações de maneira idônea, até por questão de segurança jurídica.

A propósito, veja-se que a Lei de Ação Civil Pública (Lei nº 7.347/85) instituiu o chamado compromisso de ajustamento de conduta - TAC, destinado à celebração de acordo escrito entre os legitimados extraordinários e os réus ou futuros réus das respectivas ações judiciais coletivas – TAC judicial ou extrajudicial, respectivamente. A despeito da divergência doutrinária existente sobre a sua natureza jurídica (transação ou negócio jurídico), trata-se de modalidade de acordo com nítida finalidade conciliatória, conforme ensina Fredie Didier Júnior e Hermes Zaneti Júnior[10]. Ainda, segundo os professores Bianca Oliveira de Farias e Humberto Dalla Bernardina de Pinho, o citado instrumento processual busca o acesso à justiça e a aplicação negociada da norma jurídica.[11]

Ressalte-se, outrossim, o amplo espectro de negociação existente nos termos de ajustamento de conduta, não se limitando o espaço transacional a aspectos meramente formais, segundo lições de Ana Luíza de Andrade Nery[12]. Quanto ao ponto, importante destacar que o ordenamento jurídico brasileiro

---

10   ZANETI JR., H., CABRAL, T. N. X.(2016). Justiça Multiportas: Mediação, Conciliação, Arbitragem e outros meios de solução adequada para conflitos. Salvador: Jus Podivm, págs. 39/49: "Trata-se de modalidade específica de transação, para uns, ou de verdadeiro negócio jurídico, para outros. Quer se adote esta ou aquela concepção, o certo é que se trata de modalidade de acordo, com nítida finalidade conciliatória".

11   PINHO, H. D. B. de, FARIAS, B. O. de, (2009) O compromisso de ajustamento de conduta no direito brasileiro e no projeto de lei da ação civil pública. Revista Eletrônica de Direito Processual, volume IV. Disponível em https://www.e-publicacoes. uerj.br/index.php/redp/article/view/21606/15633 - Acesso em 9 de abril de 2020, pág. 42.

12   NERY, ANA LUÍZA DE ANDRADE (2012). Compromisso de ajustamento de conduta. 2ª Edição. São Paulo: Revistas dos Tribunais, pág 198: "o espaço transacional possível no compromisso de ajustamento de conduta não se refere a aspectos meramente formais do negócio (...) As partes poderão entabular, no compromisso, direitos e obrigações para ambas as partes, que lhe confiram caráter de máxima eficiência para

possui em sua composição diversas normas jurídicas abertas, tais como os princípios, as cláusulas gerais e os conceitos jurídicos indeterminados, sendo natural que existam graus de interesse público e uma disponibilidade motivada daí decorrente na determinação dos deveres descritos nas normas jurídicas[13].

A Lei de Improbidade Administrativa (Lei nº 8.429/92) também precisou se adaptar aos avanços do tema, superando a redação do famigerado artigo 17, § 1º, que vedava, de maneira extremamente genérica, a transação, o acordo ou conciliação nas ações de que trata o caput.

A referida norma era demasiadamente criticada pela doutrina e jurisprudência, que buscava encontrar soluções para adaptá-la ao conteúdo que a matéria exige. À época, o posicionamento majoritário se fundamentava na denominada interpretação autêntica (mens legis), que abraçou a ideia de que a intenção do legislador foi afastar a possibilidade de se conciliar/transacionar as penalidades previstas no artigo 12 da citada Lei, o que não impediria o acordo quanto às condições, o prazo e o modo de reparação do dano[14].

Atualmente, esta discussão encontra-se superada pela nova redação dada ao citado parágrafo pela Lei nº 13.964/19, indicando expressamente a possibilidade de celebração de acordo de não persecução cível nas ações de improbidade administrativa.

---

os fins pretendidos pelos celebrantes. Assim, poderão ser previstas obrigações a serem cumpridas tanto pelo particular como pela entidade pública que celebra o ajustamento."

13   ZANETI JR., H., CABRAL, T. N. X. (2016). Justiça Multiportas: Mediação, Conciliação, Arbitragem e outros meios de solução adequada para conflitos. Salvador: Jus Podivm, pág. 44.

14   PINHO, H. D. B. de, CABRAL, T.N.X., (2011). Compromisso de Ajustamento de Conduta. Atualidades e Perspectivas de Acordo com o Projeto do Novo CPC. Revista Eletrônica de Direito Processual - Volume VII. Disponível em: https:// www.e-publicacoes.uerj.br/index.php/redp/article/viewFile/21117/15208 - Acesso em 9 de abril de 2020 – pág. 10.

Outro importante instrumento a ser utilizado para o êxito da conciliação nas ações coletivas é a produção antecipada de provas, conforme previsão expressa do artigo 381, II e III, do CPC. Referidas disposições legais demonstram que a nova sistemática introduzida pelo Código de Processo Civil encontra-se direcionada à autocomposição dos conflitos, e podem ser utilizadas pelos colegitimados para requererem provas em juízo com o fim de analisarem o cabimento da respectiva ação coletiva.

De fato, conforme bem asseveram os ilustres processualistas Fredie Didier Júnior e Hermes Zaneti Júnior, a antecipação da produção da prova é útil para se assegurar a tutela tempestiva efetiva e adequada dos direitos. É muito mais viável para as partes chegarem a um acordo qualificado se estiverem munidas de prévias informações a respeito da causa, o que atende ao princípio da decisão informada (artigo 166, caput, do CPC) e afasta eventual crítica à avença no sentido de que há desproporcionalidade nas informações adquiridas pelas partes envolvidas.[15]

Portanto, as estratégias a serem utilizadas processualmente dependem do prévio conhecimento dos fatos, e as partes se sentirão aptas ao acordo se estiverem devidamente informadas, premissa esta totalmente aplicável no âmbito das ações coletivas.

Saliente-se, ainda, a importância do controle judicial sobre os acordos formulados, bem como a intervenção obrigatória do Ministério Público em todos os processos que tratam de direitos coletivos em sentido lato (nas hipóteses em que não for o próprio autor), em decorrência da presença do interesse público. Quanto ao ponto, ressalte-se que a atividade do magistrado não se resumirá à análise da conformação legal de aspectos formais do acordo. Pelo contrário, deverá proceder a verdadeiro exame de mérito sobre o compromisso, podendo inclusive deixar de homologá-lo em caso de

---

15   ZANETI JR., H., CABRAL, T. N. X.(2016). Justiça Multiportas: Mediação, Conciliação, Arbitragem e outros meios de solução adequada para conflitos. Salvador: Jus Podivm, pág. 46

discordância, hipótese em que sua decisão poderá ser desafiada pelo recurso de agravo de instrumento, por aplicação analógica do artigo 1.015, III, do CPC.

Ressalte-se, outrossim, que este controle exercido pelo magistrado não afasta a possibilidade de resolução extrajudicial dos conflitos, conforme sinalizado anteriormente, ante o princípio da não-necessariedade da intervenção jurisdicional nas relações de direito público.

CONCLUSÃO

À luz de todo exposto, inegável se mostra a adequação dos meios alternativos de resolução da controvérsia aos conflitos erigidos no bojo das ações coletivas, em especial o instituto da conciliação. Mais do que adequada, sua aplicação se impõe necessária e consentânea com a nova perspectiva de cultura da paz vivenciada pelo ordenamento jurídico contemporâneo.

Naturalmente, a legitimidade processual extraordinária e a natureza indisponível dos direitos tutelados nesse tipo de ação devem ser respeitadas, fato este que de maneira alguma pode induzir à conclusão de que a conciliação deve ser rechaçada. Pelo contrário, trata-se de técnica extremamente desejada, capaz de trazer inúmeros benefícios às partes envolvidas e à coletividade, conforme visto exaustivamente neste trabalho.

O ato de conciliar no âmbito das ações coletivas jamais deve assumir leitura de submissão ao interesse particular, mas, sim, uma feição de estratégia e de respeito ao princípio da legalidade. Dessa forma, todos os postulados adotados no direito público estarão amplamente preservados, e a conciliação desempenhará postura trivial na resolução dos impasses surgidos no âmbito das ações coletivas, aplicável com prioridade na maior parte dos conflitos existentes.

Não por outro motivo a conciliação poderá ocorrer em qualquer espécie de ação coletiva, incluindo mandado de segurança coletivo, ações civis públicas, ações de improbidade administrativa e ações populares, sem ofensa ao princípio da supremacia do interesse público.

Portanto, há muito se mostra rechaçada a ideia de que a conciliação seria incompatível com os feitos de natureza coletiva. A legislação vem demonstrando inúmeros exemplos de adequação a este entendimento, amplamente acompanhada por doutrina e jurisprudência. Conciliar é o reflexo do futuro e uma grande medida que se renova em bom tempo para auxiliar na resolução da crise da morosidade e eficiência judicial.

BIBLIOGRAFIA

ANDRADE, A., MASSON, C., & ANDRADE, L. (2014). Interesses Difusos e Coletivos Esquematizado. 4ª edição. São Paulo: Método;

BRASIL. Lei nº 8.078/90. Consultado em: http://www.planalto.gov.br/ccivil_03/leis/l8078.htm Acesso em: 14 de março de 2020;

BRASIL. Lei nº 8.429/92. Consultado em: http://www.planalto.gov.br/ccivil_03/leis/l8429.htm Acesso em: 11 de abril de 2020;

GIDI, A. (1995). Coisa julgada e litispendência em ações coletivas. São Paulo: Saraiva;

LEAL, M. F. M. (1998). Ações coletivas: história, teoria e prática. Porto Alegre: Fabris;

MANCUSO, R. d. (2011). Interesses Difusos: Conceito e Legitimação para agir. 7ª Edição. São Paulo: Revista dos Tribunais.

MARINONI, L. G.; ARENHART, S. C. (2007). Processo de conhecimento. 6ª edição, São Paulo: Revista dos Tribunais.

NERY, ANA LUÍZA DE ANDRADE (2012). Compromisso de ajustamento de conduta. 2ª Edição. São Paulo: Revistas dos Tribunais.

PEREIRA, M. A. M. (1995). A transação no curso da Ação Civil Pública. Artigo publicado na Revista de Direito do Consumidor, nº 16, outubro-dezembro, 1995, p.123.

PINHO, H. D. B. de, FARIAS, B. O. de, (2009) O compromisso de ajustamento de conduta no direito brasileiro e no projeto de lei da ação civil pública. Revista Eletrônica de Direito Processual, volume IV. Disponível em https://www.e-publicacoes.uerj.br/index.php/redp/article/view/21606/15633 - Acesso em 9 de abril de 2020;

PINHO, H. D. B. de, CABRAL, T.N.X., (2011). Compromisso de Ajustamento de Conduta. Atualidades e Perspectivas de Acordo com o Projeto do Novo CPC. Revista Eletrônica de Direito Processual - Volume VII. Disponível em: https:// www.e-publicacoes.uerj.br/index.php/redp/article/ viewFile/21117/15208 - Acesso em 9 de abril de 2020;

WATANABE, K. (2005). Código Brasileiro de Defesa do Consumidor Comentado pelos Autores do Anteprojeto. Rio de Janeiro: Forense Universitária;

ZANETI JR., H., CABRAL, T. N. X.(2016). Justiça Multiportas: Mediação, Conciliação, Arbitragem e outros meios de solução adequada para conflitos. Salvador: Jus Podivm.

A RELEVÂNCIA DOS CEJUSC: A ATUAÇÃO DOS NÚCLEOS PERMANENTES DE MÉTODOS CONSENSUAIS DE SOLUÇÃO DE CONFLITO E CIDADANIA

Autora:

Alessandra de Lima Oliveira

INTRODUÇÃO

O presente trabalho tem como espoco abordar a relevância dos CEJUSC - as atuações dos Núcleos de Métodos Consensuais de Solução de Conflitos e Cidadania, com sabemos o mesmo foi inserido em nosso ordenamento através da resolução n. 125/2010 CNJ e art. 165 do NCPC. Os CEJUSCs de uma maneira geral são órgãos do Poder Judiciário, encarregados pela realização de audiências de conciliação e mediação objetivando a resolução de conflitos existentes na sociedade.

Faz-se necessário abordar ainda, a questão da evolução das soluções dos conflitos, relatando sobre as sociedades primitivas, quando a predominância era a autotutela e a autocomposição, chegando aos dias atuais, ou seja, implementada pela jurisdição. O Estado, possui a função de pacificação social, contudo, em razão das inúmeras demandas, e em via de consequência, o excesso de prazo, culminando com a morosidade processual, essa função precípua não está sendo realizada.

O modo de conciliação se mostra um método eficaz, para tentar desafogar o judiciário, pois na conciliação é uma oportunidade de se abordar os verdadeiros interesses dos envolvidos, sem que haja um terceiro julgador decidindo pelas partes, existe a ajuda do terceiro já na figura de um mediador ou conciliador que trabalha junto com as partes para atingir a satisfação para ambas, trazendo o diálogo que muitas vezes não existia. A figura da conciliação não é novidade, portanto, a efetividade da mesma cresce a cada dia, com a criação dos Núcleos Permanentes de Métodos Consensuais de Solução de Conflitos e Cidadania no ordenamento Brasileiro.

ORIGEM HISTÓRICA DOS CEJUSCS

Antes de adentrarmos no tema propriamente dito, cabe abordar alguns princípios basilares do Direito, pelos quais percorremos ao chegar ao tema atual, que são eles: o principio do acesso à justiça está presente na Constituição Federal de 1988, em seu inciso XXXV do art. 5º, entretanto não basta apenas o ingresso ao judiciário, para ser efetivado o direito à justiça, o jurisdicionado deve obter uma resposta efetiva a resolução do seu conflito, observando ainda, todas as garantias constitucionais que são necessárias para uma ordem jurídica.

A primeira proposta de regulamentar a mediação no Brasil, surgiu com o Projeto de Lei 4.827/1998, com o fito de institucionalizar como método de prevenção e solução de conflito, após o projeto foi enviado ao Senado, sofrendo emendas classificando mediação em

a) judicial;

b)extrajudicial;

c)previa;

d) incidental[1].

O CEJUSC's tiveram origem de experiências anteriores advindas principalmente da Lei 7.244/1984 conhecida como Lei de Pequenas Causas, aprimorada posteriormente pela Lei 9.099/1995, renomeada de Lei dos Juizados Especiais. Por meio destas leis, tivemos a experiência de mediação para o processo, sendo utilizado também no nosso processo o método de conciliação, usando em métodos extra judiciais e judiciais.

Vale ressaltar ainda, que os parâmetros utilizados para a criação dos Núcleos foram o gerenciamento do sistema de processos e o Fórum de Múltiplas formas ou como a maioria da Doutrina chama: Tribunal Multiporta (Multidoor Courthouse) do Direito norte-americano.

Os CEJUSC's são unidades do Poder Judiciário, às quais são competentes, sempre que possível para a realização de audiências de conciliação e mediação a cargo de conciliadores ou mediadores, urge salientar, também que cabe aos referidos Núcleos a orientação aos cidadãos que possuem dúvida jurídica, conforme art. 8º da Res. 125/2010 do Conselho Nacional de Justiça.

O que se pretende de fato é a implementação no ordenamento jurídico brasileiro, de um mecanismo que efetivamente complete o sistema instrumental o qual possuímos, os centros apoiarão o poder judiciário ao passo que teremos o acesso à Justiça.

1	Artigo disponível em: <https://www.emerj.tjrj.jus.br/revistas/fonamec/volumes/volumeI/revistafonamec_numero1volume1_354.pdf>	acessado	em: 09.04.2020.

PRINCIPAIS CARACTERÍSTICAS DA CONCILIAÇÃO E MEDIAÇÃO

Não é difícil de confundir ambos os institutos, pois bem, o próprio legislador as vezes usou de forma sinônimas, o Código de Processo Civil de 2015, em seu art. 166[2] aborda sobre conciliação e mediação e elenca os princípios. Tais institutos são bases do CEJUSC.

A conciliação já é bastante comum em nosso ordenamento atual, vem apresentando um papel significativo em soluções de conflito de forma amigável, sem intervenção do estado-juiz, ainda não é o ideal, pois hoje vivemos o assoberbamento de casos no judiciário, e estamos longe do modelo ideal. A figura do conciliador não precisa ser neutra, mas precisa ser imparcial, a conciliação é gênero que possui várias espécies uma delas é a mediação.

A mediação é o meio consensual de solução de controvérsias, na qual um terceiro devidamente capacitado, treinado, atua para restaurar a comunicação entre as partes, aqui o mediador não indica a melhor solução, cria um clima propicio diferente do papel do conciliador.

Vale ressaltar, que a mediação tem como objetivos direitos disponíveis e os direitos indisponíveis que admitam a transação, estamos diante do novo modelo jurídico, ou seja, aqui ninguém perde, ambos ganham, a mediação busca, a quebra dos paradigmas de litigiosidade que existe na nossa sociedade, de que tudo deve se resolver perante o Judiciário, ou de que um terceiro sabe melhor que os próprios envolvidos da demanda.

A mediação vem tomando seu espaço no Brasil, apesar de ainda ser bastante confundida com o instituto da conciliação, pois se trata de um instituto

---

2   CPC. "Art. 166 . A conciliação e a mediação são informadas pelos princípios da independência, da imparcialidade, da autonomia da vontade, da confidencialidade, da oralidade, da informalidade e da decisão informada".

completo na solução de conflitos e envolve as relações continuadas, diferente da conciliação.

Pois na conciliação, o conflito é superficial, e o objetivo maior é a autocomposição, com o encerramento da disputa na primeira audiência. Já no instituto da mediação o objetivo é a restauração as relações sociais entre os envolvidos, face isso é necessário a intervenção do terceiro capacitado para o deslinde.

A PREVISÃO DA CRIAÇÃO DO CEJUSC'S NO CPC

O art. 165[3] do CPC, veio incumbir que os Tribunais irão criar centros judiciais de solução consensual de conflitos, responsável pelas audiências de conciliação e mediação o novo código destinou a seção V, do Capítulo III, para regulamentar as atividade dos conciliadores e mediadores, além disso o mesmo códex trata-os como auxiliares da justiça, em seu art. 149[4], estado sujeitos ainda, a impedimentos e suspeições art. 148[5], II todos do mesmo diploma.

---

3   CPC. "Art. 165. Os tribunais criarão centros judiciários de solução consensual de conflitos, responsável pela realização de sessões e audiências de conciliação e mediação e pelo desenvolvimento de programas destinados a auxiliar, orientar e estimular a autocomposição".

4   CPC. "Art. 149. São auxiliares da justiça, além de outros cujas atribuições sejam determinadas pelas normas de organização judiciária, o escrivão, o chefe de secretaria, o oficial de justiça, o perito, o depositário, o administrador, o interprete, o tradutor, o mediador, o conciliador judicial, o distribuidor, o contabilista e o regulador de avarias".

5   CPC. "Art. 148. Aplicam-se os motivos de impedimento e de suspeição: II- aos auxiliares da justiça";

Insta frisar, que conforme o art. 318 e seguintes do CPC haverá designação de audiência de conciliação em todos os processos, exceto se o autor dispensar na inicial e em seguida o réu dispensar pelo menos 10 dias antes da audiência[6].

O CPC de 2015, contempla   regras sobre a mediação judicial em diversos dispositivos, contudo, imperioso citar a Lei 13.140   /2015, a lei de mediação foi promulgada em 29.05.2015, entrando em vigor em dezembro de 2015, já o CPC que também possui dispositivos acerca da mediação e conciliação foi promulgado em 16.03.2015, entrando em vigor em março de 2016.

Uma lei especial e especifica que quando em conflito com a norma geral, imperioso utilizar a LINDB (Lei de Introdução as Normas do Direito Brasileiro), para melhor compreensão ou aplicação da mesma.

O cadastro dos conciliadores e mediadores que atuam junto ao CEJUSC's , é tema do art. 167[7] do CPC, dependerá de prova de capacitação em curso promovido por entidade credenciada. A mesma regra decorre no art. 12[8] da Lei 13.140/2015 que deverá ser interpretada em consonância com o art. 167 supracitado para os mediadores judiciais.

---

6   SCAVONE, J.L.A. (2018). Manual de arbitragem: mediação e conciliação, Rio de Janeiro, RJ: Forense.

7   CPC. "Art. 167. Os conciliadores, os mediadores e as câmaras privadas de conciliação e mediação serão inscritos em cadastro nacional e em cadastro de tribunal de justiça ou de tribunal regional federal, que manterá registro de profissionais habilitados, com indicação de sua área profissional".

8   Lei 13.140/2015 – "Art.12. Os tribunais criarão e manterão cadastros atualizados dos mediadores habilitados e autorizados a atuar em mediação judicial".

A IMPLEMENTAÇÃO ATRAVÉS DA RES. 125/10 DO CNJ

No contexto, o Conselho Nacional de Justiça instituiu o por meio da resolução 125/2010, em seu art. 1º a Política Judiciária Nacional de tratamento de conflitos de interesses, com o fito de assegurar a todos o direito à solução de conflitos por meios adequados a cada sua peculiaridade, posteriormente alterada pela emenda n. 2º de 2016.

Os CEJUSC's são unidades do Poder Judiciário às quais compete à realização de audiências e mediação com a intervenção de um terceiro, chamados: conciliadores e mediadores, bem como atendimento e orientação a população sobre questões jurídicas, art. 8 da Res. 125/2010 do Conselho Nacional de Justiça.

Em suma, os CEJUSC's devem abranger três setores: setor pré-processual, setor processual, e setor de cidadania, art. 10 da Resolução 125/2010, para seu funcionamento é preciso em sua estrutura um juiz coordenador e, eventualmente um adjunto ou substituto, devidamente capacitados, aos quais cabe a administração dos três setores acima citados e a fiscalização do serviço dos conciliadores e mediadores, cabe ressaltar ainda, a necessidade de um servidor, conforme preconiza art. 9º da Re. 125/2010.

Urge salientar, que o tema da mediação e conciliação vem sendo amplamente discutido em meio acadêmico, e sua prática já vinha sendo implementada dentro dos órgãos do Poder Judiciário, importante ressaltar que após a edição da resolução juntamente com a o novo código civil, os Tribunais ganharam este órgão como ajuda em busca da paz social.

A CONTRIBUIÇÃO DESSES NÚCLEOS PARA A PROMOÇÃO DA CULTURA DA PAZ

A importância da inclusão da comunidade na administração da justiça é vantajosa para os Tribunais, por somarem de sobremaneira com relação a diminuição de processos aguardando julgamento, estimulando assim o senso de colaboração entre os cidadãos. Em suma, a mediação e a conciliação buscam contribuir para um resgate da figura do Poder Judiciário, não muito difícil em dias atuais, os cidadãos estão cada vez menos crédulos no poder estatal em face da excessiva demora na prestação judiciaria efetiva.

E salutar a participação do cidadão para alcançar a verdade real da democracia, que tanto almejamos como bem pondera Rodolfo de Camargo Mancuso[9], ou seja, para que a justiça seja alcançada e efetiva é necessária à participação de todos da sociedade. A busca pela pacificação social é o objetivo das controvérsias, contudo, depende não apenas de aspectos jurídicos, mas de aspectos sociológicos e psicológicos do ser humano.

A criação dos núcleos para implementação dos institutos da mediação e conciliação, busca além da redução dos números dos processos, paz social, com menor intervenção do estado-juiz, que muitas das vezes trata as causa com distanciamento e frieza. Seja pela falta de servidores, seja pelo acumulo de processos, o que acontece é a demora excessiva e muitas decisões que não satisfazem as partes por completo.

---

9   TARTUCE, F. (2018). Mediação nos Conflitos Civis. São Paulo, SP: Método. "O estado-administrador pode (e mesmo deve) desempenhar sua tarefa de boa gestão da coisa pública em colaboração com os administrados, no contexto global da chamada democracia participativa. estimulada em vários dispositivos da Constituição Federal de 1988 [...] mesmo na legislação infraconstitucional nota-se o incentivo à participação da comunidade [...]"

Sendo assim, o uso de ambos os institutos quando aplicados por operadores do direito ou por cidadãos treinados para atuação nos Núcleos, os resultados são de extrema satisfação para os envolvidos, muitas vezes são casais divorciando, que já não se falavam, que existia uma resistência pré-existente, e com o ambiente e o mediador buscam a melhor saída para o lide, sem a necessidade de um terceiro para decidir a vida dos envolvidos.

Pois caso haja uma solução imposta por um terceiro, o sentimento de derrota abate um dos envolvidos e marca a litigiosidade, distanciando cada vez mais a efetiva pacificação social, ou seja, ao final havendo um vencedor e um vencido, existem grandes chances do vencido interpor recurso, como bem pondera Maria Berenice Dias e Giselle Groeninga[10].

Sem maiores ponderações o cumprimento de um acordo entabulado entre as partes tem muito mais chances de ser efetivado e gerar a paz social, tanto almejada por todos nós do que uma sentença proferida por um magistrado, pois o animo em cumprir algo acordado entre os envolvidos é muito maior do que cumprir algo imposto por outra pessoa.

CONCLUSÃO

O presente assunto insurge com grande relevância, nos dias atuais, dessa forma, é imperioso a capacitação constante dos servidores dos Centros, a ideia primordial, para que haja aumento dos acordos e a possibilidade de que

---

10   DIAS, M.B. & GROENINGA, G. "A mediação no confronto entre direitos e deveres, pág. 62[...] faltam instrumentos ao Judiciário para lidar com a esfera afetiva e psíquica dos afetos e desejos e com a esfera psicossocial (papéis e funções) dos vínculos desfeitos. Nesta sede é que a mediação pode dar sua melhor contribuição, pois vem resgatar o individuo e suas responsabilidades. Ajuda a entender o sentido dos direitos e deveres em nível legal e sua tradução para a esfera das relações familiares. À medida que estas ficam mais claras as partes, também se clarificam para o Estado, assim como as responsabilidades deste para com os indivíduos".

a pacificação social, seja atingida de forma mais célere e garanta a satisfação entre as partes.

Nos dias atuais, um acordo bem feito, onde as partes possam sair em paz, e em tempo hábil é mais útil do que uma sentença de inúmeras laudas, após 10 (dez) anos, de ajuizada a demanda, como é comumente visto no País. Uma triste realidade na qual o Brasil, enfrenta inúmeras ações ajuizadas, ao longo dos anos, as partes muitas das vezes falecem ser obter o provimento jurisdicional.

A possibilidade de haver uma demanda, analisada por auxiliares treinados, em tempo hábil, construir um acordo, no qual as partes irão conseguir uma satisfação, gerando paz entre elas, sem a intervenção estatal e com o auxílio do Conciliador, treinado, preparado para o caso, é salutar aos olhos.

Sendo assim, a implementação dos Núcleos através da Res. Nº 125/10 e posteriormente regulamentado no NCPC, trouxe aos Jurisdicionados uma gama de oportunidade de solução dos conflitos que antes não havia. Que a cada dia ganha mais importância na sociedade.

Através das várias espécies de conciliação e de todos os princípios ali insculpidos, ou no caso de mediação, dependendo de cada caso é algo que os cidadãos veem de forma salutar, já que existe uma possibilidade de resolver o litigio logo na chegado ao Judiciário.

O CPC/15 incentiva o desenvolvimento e a propagação de meios alternativos ou até mesmo adequados para a solução do conflito, que foge da ideia precípua que detínhamos de antigamente, tais institutos são as técnicas debatidas neste artigo de mediação e conciliação, seja na via judicial ou na extra judicial, a negociação ou a arbitragem, meios utilizados nos Núcleos Judiciários do país afora.

Portanto, o mecanismo utilizado seja na audiência de conciliação ou mediação, consiste em estimular a solução rápida e eficaz dos litígios, buscando com pano de fundo a paz social entre os envolvidos, além de representar uma corrente mundial para a utilização de mios alternativos como meio de solução de disputas.

REFERÊNCIAS BIBLIOGRÁFICAS

BRASIL. Constituição (1988). Constituição da República Federativa do Brasil: promulgada em 5 de outubro de 1988. Organização do texto: Juarez de Oliveira. 4. ed. São Paulo: Saraiva, 1990. 168 p. (Série Legislação Brasileira). Disponível em: <http://www. planalto.gov.br/ccivil_03/constituição/constituicaocompilado.htm>. Acesso em: 05 marc. 2020.

BRASIL. Lei nº 13.105, de 16 de março de 2015. Código de Processo Civil. Brasília: Senado Federal, 2015. Disponível em: <http://www.planalto.gov.br/ccivil_03/_ato2015-2018/2015/ lei/l13105.htm>. Acesso em: 05 marc. 2020.

CABRAL, Trícia Navarro Xavier (2017). Aevolução da Conciliação e da Mediação no Brasil, Rio de Janeiro, RJ: Revista FONMEC pág.354-369.

DIAS, Maria Berenice; GROENINGA, Giselle. A mediação no confronto entre direitos e deveres, cit. p.62. TARTUCE, Fernanda (2018). Mediação nos Conflitos Civis. São Paulo, SP: Método.

FULLIN, Carmen Silvia. Acesso à justiça. A construção de um problema em mutação. Manual de sociologia. Coordenadores Felipe Silva; Jose Rodrigo Rodrigues. 2. ed. São Paulo: Saraiva. 2017. P.230

MACEDO, Elaine Harzheim & DAMASCENO Marina (2018) – Organizadoras. Sistema Multiportas e Métodos Integrados de Resolução de Conflitos, Porto Alegre, RS: EDIPUCRS.

NOGUEIRA, Mariella Ferraz de Arruda Pollice. Dos núcleos permanentes de métodos consensuais de solução de conflitos. In: PELUSO, Antonio Cezar; RICHA, Morgana de Almeida (Org.). Conciliação e mediação: estruturação da política judiciária nacional. 1. ed. Rio de Janeiro: Forense, 2011. (Coleção ADRs). p. 251-260.

RESOLUÇÃO nº 125, de 29 novembro de 2010. Dispõe sobre a Política Judiciária Nacional de tratamento adequado dos conflitos de interesses no âmbito do Poder Judiciário e dá outras providências. DeJT – CNJ de 01/12/2010.

Disponível em: <http://www.cnj.jus.br///images/atos_normativos/resolucao/ resolucao_125_29112010_11032016162839. Pdf>. Acesso em: 14 marc. 2020.

PROGRAMAS E AÇÕES. CONCILIAÇÃO E MEDIAÇÃO- CNJ https:// www.cnj.jus.br/programas-e-acoes/conciliacao-e-mediacao/perguntas-frequentes-7/politica-judiciaria-nacional-nupemecs-e-cejuscs/ acesso em:11 Abril 20.

SILVA, F. A. & ROCHA, M.A. As novas perspectivas trazidas com a criação do Cejusc na Comarca de Virginópolis - MG e sua relevância para o Acesso à justiça. Acesso em 10 abril 2020.

TARTUCE, Fernanda (2018). Mediação nos Conflitos Civis. São Paulo, SP: Método.

ZAPPAROLLI, Célia Regina & KRAHENBUHL, Mônica Coelho (2012). Negociação, Mediação, Conciliação, Facilitação Assistida, Prevenção, Gestão de Crises nos Sistemas e suas Técnicas, São Paulo, SP: LTR.

A INFLUÊNCIA DA ÉTICA NA ATUAÇÃO DO CONCILIADOR E AS SUAS RESPONSABILIDADES

Autora:

Sandra Cristina dos Santos Bahia[1]

INTRODUÇÃO – TEMA E PROBLEMATIZAÇÃO

O Conselho Nacional de Justiça-CNJ com objetivo de assegurar o desenvolvimento da Política Pública quanto ao tratamento adequado dos conflitos, e ainda primando pela qualidade dos serviços de conciliação e mediação, como instrumentos de pacificação social e de prevenção de litígios instituiu um Código de Ética que guiará a atuação desses profissionais pela Resolução nº 125/2010.

---

[1] Advogada, Graduada pela Universidade Federal de Rondônia – UNIR; Pós-Graduada em Direito Civil e Processo Civil pela Fundação Getúlio Vargas –FGV; Pós-Graduada em Direito do Trabalho e Processo do Trabalho pela Universidade Estácio de Sá; Pós-Graduanda em Direito Previdenciário pelo Instituto Infoc e Mestranda pela AMBRA. E-mail: sbgadvogados@outlook.com.

A referida Resolução apresenta um rol de princípios que devem ser respeitados na atuação dos conciliadores dentre os quais destacamos: confidencialidade, competência, imparcialidade, neutralidade, independência e autonomia, respeito à ordem pública e às leis vigentes.

O foco da Resolução é a uniformização da atuação do conciliador. Os valores éticos apresentados pelo CNJ não são negociáveis. Logo, devem ser respeitados na íntegra como forma de colaborar para a efetividade da conciliação como uma forma alternativa de resoluções de conflitos.

O que se espera do conciliador é que ele tenha preparo psicológico e técnico para que sua atuação conduza os envolvidos para o resultado positivo, em que pese, por certo, não ter a obrigação de resultado.

A presente pesquisa delineia os seguintes objetivos: traçar pontos de encontro e de distinção entre a aplicação do instituto da conciliação e a conduta ética do conciliador e suas responsabilidades legais a partir de uma análise da doutrina e principalmente da legislação vigente.

Como objetivo específico busca-se elucidar: a atuação do conciliador for pautada na ética, e se ele cumprir as responsabilidades imposta por lei ele poderá ser um facilitador na resolução dos conflitos?

Foi utilizada metodologia descritiva-prescritiva, ou seja, descrevemos a utilização da ética e das responsabilidades do conciliador e discorremos sobre conceitos de ética suas previsões legais e a responsabilidade do conciliador sobre o tema, a partir daí, fossem estabelecidas conclusões.

O recorte metodológico, por sua vez, é temático (a influência da conduta ética do conciliador e suas responsabilidades), cronológico (o foco é no momento legiferante e atual) e, por obviedade, geográfico (Brasil).

Tivemos como marco teórico as legislações e resoluções vigentes no País com foco na Lei de Mediação nº 13.140/2015; no Código de Processo Civil Lei nº 13.105/2015 e na Resolução nº 125/2010 do Conselho Nacional de Justiça.

Por fim, cabe a menção de que foram utilizadas apenas fontes de consultas primárias.

JUSTIFICATIVA

A referia pesquisa é pautada em um importante meio de solução de conflitos, a saber, a conciliação. Por certo que a peça fundamental para esse meio de resolução de conflitos tenha êxito é necessária a atual ética do conciliador.

A partir disso, há no Brasil previsões legais sobre quais os parâmetros e significados de uma conduta ética, ao passo em que também foi delimitado por lei quais são as responsabilidades desse conciliador como forma de proteger as partes com a atuação desse facilitador na prática.

Contudo, apesar das previsões legais na atuação desses profissionais é possível constatar que ainda há falta de preparo.

Logo, busca-se analisar se esse profissional; respeitando as condutas éticas e suas responsabilidades poderá contribuir de forma favorável para ter êxito na conciliação. Ressaltamos que o tema possui total importância no contexto atual o que reflete a viabilidade da pesquisa em questão.

PRINCÍPIOS E CÓDIGO DE ÉTICA QUE ORIENTAM A ATUAÇÃO DO CONCILIADOR

Inicialmente, antes de analisarmos o código de ética propriamente dito, que orientam a atuação do conciliador, necessário se faz entendermos o significado de princípio.

CONCEITO DE PRINCÍPIO

A Constituição Federal de 1988, abre seu texto, com título I, dispondo dos Princípios Fundamentais, por meio dos quais fixou a estrutura do Estado, condensando as escolhas políticas fundamentais de conformação da vida estatal.

Na respeitada visão de José Joaquim Gomes Canotilho os princípios fundamentais são:[2]

Oportuno apresentar, em complemento ao conceito dos princípios constitucionais, os ensinamentos de Miguel Reale, segundo o qual:[3]

Por fim, apresentamos o conceito de princípios na visão de Roque Antônio Carraza:[4]

Nesse contexto, é possível observarmos que não se mostra fácil diferenciarmos as regras dos princípios. Por isso, se torna necessário uma breve e superficial análise sobre a Teoria apresentada por Robert Alexy.

Trata-se de um jurista alemão que elaborou sua Teoria dos Direitos Fundamentais, tendo por base a tipologia de normas jurídicas, cujas espécies são regras e princípios.

Na visão de Alexy regras e princípios são subespécies de normas. Ambos são normas porque dizem o que deve ser, mas a distinção entre regras e princípios é na verdade uma distinção entre dois tipos de normas.

---

2   "princípios constitucionais politicamente conformadores do Estado, que explicam as valorações políticas fundamentais do legislador constituinte". CANOTILHO, José Joaquim Gomes. Direito Constitucional e a Teoria da Constituição, São Paulo: Gradiva, 1999, p 1091.

3   "...verdades fundantes de um sistema de conhecimento, como tais admitidas, por serem evidentes ou por terem sido comprovadas, mas também por motivos de ordem prática de caráter operacional, isto é, como pressupostos exigidos pelas necessidades da pesquisa e da práxis". REALE, Miguel. Lições Preliminares de Direito. São Paulo: Saraiva, 1990, p. 220.

4   "...princípio jurídico é um enunciado lógico, implícito ou explícito, que, por sua grande generalidade, ocupa posição de preeminência nos vastos quadrantes do Direito e, por isso mesmo, vincula, de modo inexorável, o entendimento e a aplicação das normas jurídicas que com eles se conectam". CARRAZA, Roque Antônio. Curso de Direito Constitucional Tributário. 7ª Ed., São Paulo: Malheiros Editores, 1995, p. 24.

Mas, como saberemos se estamos diante de uma regra ou diante de um princípio?

Utilizamos e pactuamos da visão de Alexy de que "princípios são normas que ordenam que algo seja realizado na maior medida possível, dentro das possibilidades jurídicas e reais existentes. Por isso, os princípios são mandados de otimização, que estão caracterizados pelo fato de que podem ser cumpridos em diferentes graus e que a medida devida de seu cumprimento não só depende das possibilidades reais como também das jurídicas". (Citado por Amorim, 2005).

Desse modo, é possível concluirmos que os princípios, na visão de Alexy são normas de fato que devem ser cumpridas na maior medida possível.

OS PRINCÍPIOS POSITIVADOS: RESOLUÇÃO Nº 125/2010 CNJ E LEI DE MEDIAÇÃO

Contextualizados quanto ao conceito de princípios passamos a analisar de forma individualizada os princípios positivados na Resolução nº 125/2010 do Conselho Nacional de Justiça e os de igual forma na Lei de Mediação.

Sobre essa Resolução pontuamos que foi criada com intuito de fortalecer e/ou reforçar o implemento das soluções alternativas de conflito. Em que pese apresentar um contrassenso quanto a isso, visto que parte da premissa de um conflito já instaurado, quando o que se busca no vértice do assunto é a solução alternativa desses conflitos.

Pontuamos que há necessidade de mudança e renovação na forma de pensar o direito por seus operadores, considerando que de formação todos recebem gatilhos mentais que versam somente sobre processo judicial, mas nada auferem quanto as formas alternativas de resolução de conflitos.

Esse cenário educacional enraizado pode ser contemplado na Resolução do CNJ nº 125/2010, uma vez que trata a questão, como já mencionado acima, de litígios já judicializados.

Contudo, é apresentado pelo Conselho Nacional de Justiça um programa que versa sobre resolução alternativa de conflitos como um guia para ser aplicado no cotidiano do Poder Judiciário na atuação dos mediadores e conciliadores. E não apenas como um guia é considerado o código de ética para conciliadores e mediadores com objetivo de uniformizar suas atuações.

A razão de se ter um código ético para atuação desses profissionais é porque o conciliador precisa se apto a lidar com; resistências pessoais e obstáculos que decorrem das partes diante de seus objetivos antagônicos para conseguir estabelecer a comunicação entre os envolvidos.

Os princípios positivados pela Resolução 125 do CNJ estão descritos no art. 1º como sendo:[5]

Dito isso, passamos analisar de forma individualizada os princípios que está Resolução contemplou de maneira positivada.

CONFIDENCIALIDADE

A própria Resolução 125/2010 do CNJ no art. 1º, § 1º explica a confidencialidade imputada ao conciliador, vejam:[6]

---

5   "Artigo 1º - São princípios fundamentais que regem a atuação de conciliadores e mediadores judiciais: confidencialidade, competência, imparcialidade, neutralidade, independência e autonomia, respeito à ordem pública e às leis vigentes". Brasil, 2010.

6   "§1º. Confidencialidade – Dever de manter sigilo sobre todas as informações obtidas na sessão, salvo autorização expressa das partes, violação à ordem pública ou às leis vigentes, não podendo ser testemunha do caso, nem atuar como advogado dos envolvidos, em qualquer hipótese". Brasil, 2010.

O princípio da confidencialidade traz ao conciliador um dever para com os envolvidos e sua atuação. Em outras palavras confidencialidade é a qualidade de discrição e sigilo que incide sobre uma informação, documentos e propostas apresentados dentro do procedimento conciliatório sobre todo o material que foi produzido no curso desse procedimento.

Esse princípio também foi contemplado no Código de Processo Civil, art. 166, § 1º:[7], e a Lei nº 13.140 de 2015 em seus artigos 2º e 30 que assim apregoam:[8]

---

7   "Art. 166. A conciliação e a mediação são informadas pelos princípios da independência, da imparcialidade, da autonomia da vontade, da confidencialidade, da oralidade, da informalidade e da decisão informada". Brasil, 2015.

"§ 1º A confidencialidade estende-se a todas as informações produzidas no curso do procedimento, cujo teor não poderá ser utilizado para fim diverso daquele previsto por expressa deliberação das partes". Brasil, 2015.

8   "Art. 2º A mediação será orientada pelos seguintes princípios:

I - imparcialidade do mediador;

II - isonomia entre as partes;

III - oralidade;

IV - informalidade;

V - autonomia da vontade das partes;

VI - busca do consenso;

VII - confidencialidade;

VIII - boa-fé.

Art. 30. Toda e qualquer informação relativa ao procedimento de mediação será confidencial em relação a terceiros, não podendo ser revelada sequer em processo arbitral ou judicial salvo se as partes expressamente decidirem de forma diversa ou quando sua divulgação for exigida por lei ou necessária para cumprimento de acordo obtido pela mediação.

Dos dispositivos mencionados infere-se que tudo que for recebido no exercício da atividade conciliatória são de conteúdo restrito, e isso é tão relevante que o conciliador pode se recursar a depor como testemunha sobre os fatos e atividades que presenciou. (Art. 166, § 2º, do CPC).

Por ser oportuno, apresentamos trecho do conteúdo obtido no Manual de Mediação Judicial do Conselho Nacional de Justiça, pág. 252, que assim registrou:[9]

---

§ 1º O dever de confidencialidade aplica-se ao mediador, às partes, a seus prepostos, advogados, assessores técnicos e a outras pessoas de sua confiança que tenham, direta ou indiretamente, participado do procedimento de mediação, alcançando:

I - declaração, opinião, sugestão, promessa ou proposta formulada por uma parte à outra na busca de entendimento para o conflito;

II - reconhecimento de fato por qualquer das partes no curso do procedimento de mediação;

III - manifestação de aceitação de proposta de acordo apresentada pelo mediador;

IV - documento preparado unicamente para os fins do procedimento de mediação". Brasil, 2015.

9   "...Como já registrado neste manual, a despeito de inexistir dispositivo legal específico destinado a assegurar a confidencialidade das comunicações realizadas em mediações, há dispositivos legais genéricos visando garantir tal confidencialidade. Nesse sentido, o art. 154 do Código Penal dispõe acerca do tipo penal de violação de segredo profissional ao apenar a conduta de revelar, sem justa causa, segredo, de que tem ciência em razão de função, ministério, ofício ou profissão, e cuja revelação possa produzir dano a outrem. De forma semelhante o art. 229, I, do Código Civil, estabelece que ninguém pode ser obrigado a depor sobre fato a cujo respeito, por estado ou profissão, deva guardar segredo. Ademais, merece destaque que a exceção criada pelo art. 30 § 3º da Lei de Mediação à confidencialidade resume-se aos crimes de ação penal pública todavia, câmaras de mediação, CEJUSCs, NUPEMECs ou mesmo os próprios mediadores podem criar outros fundamentos de excepcionalidade quanto a confidencialidade, desde que comuniquem previamente às partes". CNJ, 2016.

Sobre esse prisma vê-se que a confidencialidade é um elemento central da conciliação, considerando que sua base está relacionada com a confiança que deve existir entre as partes.

Finalizamos com as palavras de Antônio Carlos Ozório Nunes, que muito embora se refira ao mediador, de igual modo se aplica ao conciliador:[10]

COMPETÊNCIA

O princípio da Competência repousa na capacidade técnica do conciliador em conduzir a conciliação. Assim, o profissional em questão deve percorrer por todos os cursos de formação e aperfeiçoamento determinados por lei.

Uma competência representa a combinação dinâmica de conhecimento, compreensão, habilidades, atitudes e aptidões, que ao serem utilizados de forma estratégica conduzem ao sucesso que se busca na conciliação.

Utilizamos parte do quadro apresentado por Fleury, 2009, no trabalho intitulado - Construindo o Conceito de Competência, em que pese ser desenvolvido para um conceito administrativo, pode ser aplicado analogicamente ao conciliador para demonstrar a abrangência do conceito de competência profissional do indivíduo:

Saber agir	Saber o que e por que faz. Saber conduzir, escolher, auxiliar a decidir;
Saber mobilizar recursos	Criar sinergia e mobilizar recursos e competências;
Saber comunicar	Compreender, trabalhar, transmitir informações e conhecimentos
Saber apreender	Trabalhar o conhecimento e a experiência, rever modelos mentais; saber desenvolver-se.

---

10   "Sem um alto grau de confiança da parte no mediador, a mediação não avança, e o sigilo é aspecto central no estabelecimento desta relação de confiança". NUNES, 2016, p. 225.

Desse modo, o desenvolvimento progressivo e constante das competências é o que se espera de um conciliador.

IMPARCIALIDADE

O conciliador é uma pessoa selecionada para exercer o múnus público de auxiliar as partes na solução de uma disputa. Logo, o que se espera minimante no exercício dessa função é que o conciliador não defenderá nenhuma das partes em detrimento da outra – pois não está alia para julgá-las, mas para auxiliá-las a melhor entender suas perspectivas, interesses e necessidades.[11]

O princípio da imparcialidade está positivado ainda no Código de Processo Civil, art. 166.[12] Desse modo, constata-se que o conciliador deve atuar como terceiro isento, sujeitando-se as mesmas causas de suspeição imposto ao juiz pelo art. 144-145 do CPC[13].

---

11   BRASIL. 2016, pag. 141.

12   "Art. 166. A conciliação e a mediação são informadas pelos princípios da independência, da imparcialidade, da autonomia da vontade, da confidencialidade, da oralidade, da informalidade e da decisão informada". Brasil, 2015.

13   "Art. 144. Há impedimento do juiz, sendo-lhe vedado exercer suas funções no processo:

I - em que interveio como mandatário da parte, oficiou como perito, funcionou como membro do Ministério Público ou prestou depoimento como testemunha;

II - de que conheceu em outro grau de jurisdição, tendo proferido decisão;

III - quando nele estiver postulando, como defensor público, advogado ou membro do Ministério Público, seu cônjuge ou companheiro, ou qualquer parente, consanguíneo ou afim, em linha reta ou colateral, até o terceiro grau, inclusive;

IV - quando for parte no processo ele próprio, seu cônjuge ou companheiro, ou parente, consanguíneo ou afim, em linha reta ou colateral, até o terceiro grau, inclusive;

V - quando for sócio ou membro de direção ou de administração de pessoa jurídica parte no processo;

VI - quando for herdeiro presuntivo, donatário ou empregador de qualquer das partes;

VII - em que figure como parte instituição de ensino com a qual tenha relação de emprego ou decorrente de contrato de prestação de serviços;

VIII - em que figure como parte cliente do escritório de advocacia de seu cônjuge, companheiro ou parente, consanguíneo ou afim, em linha reta ou colateral, até o terceiro grau, inclusive, mesmo que patrocinado por advogado de outro escritório;

IX - quando promover ação contra a parte ou seu advogado.

§ 1º Na hipótese do inciso III, o impedimento só se verifica quando o defensor público, o advogado ou o membro do Ministério Público já integrava o processo antes do início da atividade judicante do juiz.

§ 2º É vedada a criação de fato superveniente a fim de caracterizar impedimento do juiz.

§ 3º O impedimento previsto no inciso III também se verifica no caso de mandato conferido a membro de escritório de advocacia que tenha em seus quadros advogado que individualmente ostente a condição nele prevista, mesmo que não intervenha diretamente no processo". Brasil, 2015.

"Art. 145. Há suspeição do juiz:

I - amigo íntimo ou inimigo de qualquer das partes ou de seus advogados;

II - que receber presentes de pessoas que tiverem interesse na causa antes ou depois de iniciado o processo, que aconselhar alguma das partes acerca do objeto da causa ou que subministrar meios para atender às despesas do litígio;

III - quando qualquer das partes for sua credora ou devedora, de seu cônjuge ou companheiro ou de parentes destes, em linha reta até o terceiro grau, inclusive;

IV - interessado no julgamento do processo em favor de qualquer das partes.

§ 1º Poderá o juiz declarar-se suspeito por motivo de foro íntimo, sem necessidade de declarar suas razões.

§ 2º Será ilegítima a alegação de suspeição quando:

I - houver sido provocada por quem a alega;

NEUTRALIDADE

A ideia do constituinte quanto a esse princípio se pauta no fato de se esperar do conciliador uma atuação livre de predileções, opiniões e percepções pessoais acerca do conflito, das pessoas envolvidas e dos seus conceitos e sentimentos. Mas, será que o conciliador consegue ser neutro em uma tentativa de conciliação?

Para responder tal questionamento é importante diferenciar imparcialidade de neutralidade. A imparcialidade pode ser definida como a ausência de tendenciosidade ou predileção em favor de uma ou mais partes envolvidas no conflito.

Por sua vez, a neutralidade refere-se ao relacionamento ou comportamento entre o interventor e os disputantes.

Assim, concluindo, vê-se que o intuito do constituinte na criação do princípio da neutralidade foi para exigir do conciliador uma atuação isenta de vinculações éticas ou sociais com qualquer das partes.

INDEPENDÊNCIA E AUTONOMIA

A própria Resolução nº 125/2010 do CNJ traz em seu bojo, art. 1º, inciso V, o que seria a atuação do conciliador pautada no princípio da independência e autonomia como sendo:[14]

II - a parte que a alega houver praticado ato que signifique manifesta aceitação do arguido". Brasil, 2015.

14   "Art. 1º (...) V - Independência e autonomia - dever de atuar com liberdade, sem sofrer qualquer pressão interna ou externa, sendo permitido recusar, suspender ou interromper a sessão se ausentes as condições necessárias para seu bom

Desse texto se extrai que o terceiro facilitador – conciliador deve atuar sem sofrer pressões indevidas, quer sejam externas ou internas.

A crítica que registramos quanto ao tema não diz respeito a previsão legal, mas como ela é aplicada na prática do dia-a-dia do Poder Judiciário, visto que as condutas externadas pelos conciliadores não demonstram essas liberdades de atuação, mormente porque, por exemplo, as audiências com esse objetivo são designadas, por ordens dos magistrados, com intervalos de 15 minutos.

Tal conduta, não se encaixa nos ditames mínimos para se estabelecer uma relação e confiança entre as partes, o que se vê no cotidiano é apenas o cumprimento e metas estatísticas e não o resultado útil dessa ferramenta alternativa de solução dos conflitos.

Assim, em que pese a auto explicação do texto legal, concluímos que o conciliador não está obrigado a redigir acordos ilegais e nem se sujeitar a ordens indevidas dos envolvidos ou mesmo do juiz a que se reporta. Objetiva-se com isso, a atuação independente e autônoma do conciliador que como registrado ainda segue como alvo a ser conquistado.

Respeito a ordem pública e as leis

Este princípio aponta para o dever de se cuidar que eventual pacto realizado entre as partes não viole a ordem pública e nem contrarie as leis em vigência no País.

Importante registrar os ensinamentos de Ellen Waldman que nos auxilia o entendimento sobre o tema ao sugerir que devemos adequar os tipos de conflitos aos conceitos de "lei vigente" e "ordem pública". Para a referida autora o conciliador e/ou terceiro facilitador deve dividir o tema sobre três aspectos:

---

desenvolvimento, tampouco havendo dever de redigir acordo ilegal ou inexequível". CNJ, 2016.

como gerador de normas, como educador de normas e como defensor de normas. (Takahashi, 2019).

Assim, vejamos!

Enquanto gerador de normas o conciliador leva em consideração que as únicas normas relevantes são aquelas que as partes identificam e adotam. Para exemplificarmos a aplicação desse modelo, registramos os casos que normalmente existem nos contextos comunitários em que há normas informativas de convivência: barulho, animais, trânsito de pessoas e veículos, como no caso dos condomínios.

Na condição de educador de normas o conciliador esclarece as partes os riscos e benefícios do acordo proposto. Nesse modelo o conciliador não instiga os envolvidos para adotarem regras sociais ou legais, ele apenas as apresenta como forma de enriquecer o acordo e a mantença de seu cumprimento no futuro.

E enquanto defensor de normas o conciliador não apenas informa as partes, como no modelo anterior, mas os auxiliam a darem aplicação ao conceito abstrato da lei, ou seja, fazem a subsunção dos fatos trazidos pelas partes a norma legal em abstrato.

Dito isso, finalizamos nossa proposta em percorrer por todos os princípios positivados na Resolução nº 125/2010 do CNJ reforçando que para atuação eficaz do conciliador no cotidiano é exigido dele preparação não apenas material e processual, mais de cunho psicológico para saber lidar com os infortúnios que possam surgir na tentativa de conciliar as partes.

Essa preparação exige no mínimo a conduta ética do conciliador em respeitos aos princípios positivados na referida resolução, a saber, CCIINR ou:

Desse modo, finalizamos esse capítulo ressaltando que temos a necessidade e o compromisso de perpetuamente cumprir o Código de Ética do conciliador cujos princípios não são negociados ou flexibilizados.

Por outro lado, o respeito aos referidos princípios irá gradativamente obter constantes melhoramentos, aprimoramentos de habilidades técnicas, psicológicas em busca da paz social.

DAS RESPONSABILIDADES DO CONCILIADOR.

O Código de Ética do Conciliador – Resolução nº 125/2010 do CNJ trouxe de forma expressa as responsabilidades de conduta para esses terceiros facilitadores.[15]

---

15 "Art. 3º. Apenas poderão exercer suas funções perante o Poder Judiciário conciliadores e mediadores devidamente capacitados e cadastrados pelos tribunais, aos quais competirá regulamentar o processo de inclusão e exclusão no respectivo cadastro". CNJ, 2010.

"Art. 4º. O conciliador/mediador deve exercer sua função com lisura, respeitando os princípios e regras deste Código, assinando, para tanto, no início do exercício, termo

Não obstante tal previsão ainda é importante destacar o que elenca o Código de Processo Civil sobre o tema no art. 170, parágrafo único, que trouxe as situações de impedimentos, aplicáveis aos conciliadores nos mesmos moldes que se aplicam aos magistrados (art. 144-145 do CPC).[16]

---

de compromisso e submetendo-se às orientações do juiz coordenador da unidade a que vinculado"; CNJ, 2010.

"Art. 5º. Aplicam-se aos conciliadores/mediadores os mesmos motivos de impedimento e suspeição dos juízes, devendo, quando constatados, serem informados aos envolvidos, com a interrupção da sessão e sua substituição". CNJ, 2010.

"Art. 6º. No caso de impossibilidade temporária do exercício da função, o conciliador/mediador deverá informar com antecedência ao responsável para que seja providenciada sua substituição na condução das sessões". CNJ, 2010.

"Art. 7º. O conciliador/mediador fica absolutamente impedido de prestar serviços profissionais, de qualquer natureza, pelo prazo de dois anos, aos envolvidos em processo de conciliação/mediação sob sua condução". CNJ, 2010.

"Art. 8º. O descumprimento dos princípios e regras estabelecidos neste Código, bem como a condenação definitiva em processo criminal, resultará na exclusão do conciliador/mediador do respectivo cadastro e no impedimento para atuar nesta função em qualquer outro órgão do Poder Judiciário nacional". Brasil, 2015.

"Parágrafo único – Qualquer pessoa que venha a ter conhecimento de conduta inadequada por parte do conciliador/mediador poderá representar ao Juiz Coordenador a fim de que sejam adotadas as providências cabíveis". Brasil, 2015.

16   " Art. 170. No caso de impedimento, o conciliador ou mediador o comunicará imediatamente, de preferência por meio eletrônico, e devolverá os autos ao juiz do processo ou ao coordenador do centro judiciário de solução de conflitos, devendo este realizar nova distribuição.

Parágrafo único. Se a causa de impedimento for apurada quando já iniciado o procedimento, a atividade será interrompida, lavrando-se ata com relatório do ocorrido e solicitação de distribuição para novo conciliador ou mediador". Brasil, 2015.

As limitações de condutas impostas ao conciliador se estendem para além de sua atuação, visto que o art. 172 do CPC[17] determinada que o impedimento do conciliador se perpetuará no tempo por um ano de inação contados desde o término da última audiência em que atuaram.

A matéria também foi abordada pelo Código de ética – Resolução nº 125/2010, art. 7º, do CNJ, contudo a resolução foi ainda mais rígida quanto ao período de inação do conciliador, já que registra tal impedimento por dois anos.

Em outras palavras, não pode o conciliador; assessorar, representar ou patrocinar qualquer das partes pelo tempo de um ano, conforme CPC e dois anos como apregoa a Resolução em questão.

Nesse caso qual conduta deve ter o conciliador: um ano de inação, CPC, ou dois anos conforme Resolução nº 125/2010?

Estamos diante de um conflito de normas. Um conflito como o apresentado existe quando um fato é regulado por mais de uma norma, mas na realidade apenas uma delas deve ser aplicada eliminando as demais. Vejam que as duas normas são válidas, e, portanto, ambas, em tese, seriam aplicáveis.

No caso em tela, com o fundamento do art. 59, da Constituição Federal, "todas as espécies normativas que integram o nosso processo legislativo, com exceção das emendas constitucionais, situam-se no mesmo nível hierárquico. Leis complementares, leis ordinárias, leis delegadas, medidas provisórias, decretos legislativos e resoluções são todas espécies normativas primárias que retiram seu fundamento de validade diretamente da Constituição, e, como tais, situam-se em um mesmo nível hierárquico". (Brasil, 1988).

Por essa razão para solução do caso em tela resolvemos o conflito aparente de normas aplicando o Princípio da Especialidade. Nesse caso prevalecerá

---

17   "Art. 172. O conciliador e o mediador ficam impedidos, pelo prazo de 1 (um) ano, contado do término da última audiência em que atuaram, de assessorar, representar ou patrocinar qualquer das partes". Brasil, 2015.

a Resolução, devendo, pois, o conciliador permanecer inativo por 02 anos contados da data da última audiência realizada sem prestar qualquer tipo de assessoria ou representação para qualquer das partes.

Assim, resumidamente as responsabilidades do conciliador repousam no fato de: terem que agir com lisura; respeito aos princípios ditados pelo Código de ética; atuarem observando os impedimentos e suspeição da mesma maneira que se aplica aos magistrados. Ressaltando que, quanto aos impedimentos devem os conciliadores ficarem, dois anos, após o termino do exercício do cargo impedido de prestar serviços profissionais de qualquer natureza para qualquer das partes envolvidas na conciliação.

E por fim, quanto as sanções que podem sofrer por descumprimento de quaisquer dos princípios e regras aqui mencionados, está o fato de diante disso responderem por processo criminal, e havendo condenação, serem excluídos do quadro e impedidos de atuarem em qualquer órgão do Poder Judiciário Nacional.

CONCLUSÃO

Diante de todos os princípios, responsabilidades e sanções que apresentamos, podemos concluir que estamos diante de uma estrutura objetiva do agir ético do conciliador.

A conduta que se espera de um conciliador não repousa no conceito ético subjetivo, que envolve a moral e os costumes que possuem conceitos diversificados em várias regiões e culturas. Na verdade, estamos diante de uma estrutura objetiva de conduta.

O que pode se extrair dessa estrutura, Código de Ética – Resolução nº 125/2010 do CNJ é que se o conciliador:

a) agir com confidencialidade frente ao impasse que lhe é apresentado;

b) for competente na sua forma técnica de atuação;

c) for imparcial ao agir sem predileção de qualquer das partes;

d) agir com neutralidade, ou seja, que ele aja isento de qualquer vinculação ética e social de qualquer das partes;

e) conseguir ser independente e ter autonomia para gerir sua pauta de audiência e poder remarca-las, se necessários novos encontros;

f) respeitar a ordem pública e as leis, por certo interferirá diretamente com sua conduta no resultado positivo da conciliação.

Vejam que a junção desses princípios passa para os envolvidos que é possível estabelecer uma relação de confiança, o que por sua vez gera nos envolvidos a liberdade de trazer à tona seus medos e receios que ao ser apreciados, sem julgamento, pode conduzir a uma negociação pautada em princípios.

Assim, tendo o conciliador uma conduta ética, conforme o Código apresentado pela Resolução nº 125/2010 do CNJ, terá mais facilidade para conduzir uma transação aplicando uma forma negocial baseada em princípios.

Roger Fischer e Willian Ury apresentam em sua obra – Como chegar ao Sim que a negociação baseada em princípios consegue: separar os problemas das pessoas; manter a concentração nos interesses; o negociador/conciliador intervir com soluções criativas para obter ganhos mútuos pautados em critérios objetivos para a conciliação. (Fischer, 2014).

Entendemos que esse modelo de negociação aliados a conduta ética do conciliador é possível chegar ao sim das partes pela conciliação.

Assim, se o conciliador respeitar todos os princípios que lhes são impostos obterá a confiança das partes.

Uma vez sendo a confiança conquistada poderá o conciliador ser ouvida ao sugerir as partes:

a) a se colocarem no lugar do outro;

b) os ajudará a não deduzir as intenções do outros sobre a perspectiva de seus próprio temores;

c) facilitará entre os envolvidos a discussão sobre a posição de cada um na conciliação;

d) permitirá e instigará a participação dos envolvidos na elaboração do resultado;

e) poderá intervir de forma positiva no respeito a emoção de cada parte permitindo que cada um desabafe sobre sua visão quanto ao problema;

f) terá o conciliador, após ter obtido a confiança das partes, mais facilidade em desenvolver a comunicação, e consequentemente conduzirá a conciliação de modo que todos entendam o problema.

REFERÊNCIAS BIBLIOGRÁFICAS

AMORIM, Letícia Balsamão. A distinção entre regras e princípios segundo Robert Alexy. Consultado em: https://www.udc.edu.br/libwww/udc/uploads/uploadsMateriais/05102018155602alexy%20(artigo).pdf Acessado em: 30/03/2020.

BRASIL. 2010. Resolução nº 125 de 29/11 do Conselho Nacional de Justiça.

BRASIL. 2015. Lei nº 13.105 de 16 de março. Código de Processo Civil. Publicao no Diário Oficial da União em 17/03/2015.

BRASIL. 2015. Lei nº 13.140 de 26 de junho. Publicada no Diário Oficial da União em 29/06/2015.

BRASIL. 2016. Conselho Nacional de Justiça. Manual de Mediação Judicial. Disponível em: https://www.cnj.jus.br/wp-content/uploads/2015/06/f247f5ce60df2774c59d6e2dddbfec54.pdf Acessado: em 03/04/2020.

BRASIL. 2016. Conselho Nacional de Justiça. Quais os deveres do conciliados e do mediador judicial. Consultado em: https://www.cnj.jus.br/quais-sao-os-deveres-do-conciliador-e-do-mediador-judicial/ Acessado em 14/03/2020.

BRASIL. 2020. Justiça Federal. Tribunal Regional Federal da 3ª Região. O código de ética dos conciliadores-confidencialidade e seus limites. 2015. Consultado em: https://www.youtube.com/watch?v=7Y8zL2RJ5jY Acessado em: 14/03/2020.

BRASIL. 2020. Conselho Nacional de Justiça. Movimento pela conciliação – ética e responsabilidade. Treinamento de conciliadores capítulo 07. Conciliar é legal. Acessado em. Disponível em: https://www.youtube.com/watch?v=HIg1fe6ZayQ Acessado em: 14/03/2020.

CANOTILHO, José Joaquim Gomes. 1999. Direito Constitucional e a Teoria da Constituição, São Paulo: Gradiva.

CARRAZA, Roque Antônio. 1995. Curso de Direito Constitucional Tributário. 7ª Ed., São Paulo: Malheiros Editores.

FISCHER, Roger. 2014. Como chegar ao sim: como negociar acordos sem fazer concessões/Roger Fischer, William Ury & Bruce Patton; tradução Ricardo Vasques Vieira – 1ª ed. – Rio de Janeiro: Solomon.

FLEURY, Maria Tereza Leme. 2009. Construindo o Conceito de Competência. Consultado em: http://www.scielo.br/scielo.php?script=sci_arttext&pid=S1415-65552001000500010&lng=pt&tlng=pt Acessado em: 03/04/2020.

NUNES, Antônio Carlos Ozório. 2016. Manual de Mediação: Guia prático de autocomposição. São Paulo, Editora dos Tribunais.

REALE, Miguel. 1990. Lições Preliminares de Direito. São Paulo: Saraiva.

TAKAHASHI, Bruno et al. 2019. Manual de mediação e conciliação da justiça federal. Brasília-DF. Consultado em: https://www.cjf.jus.br/cjf/corregedoria-da-justica-federal/centro-de-estudos-judiciarios-1/publicacoes-1/outras-publicacoes/manual-de-mediacao-e-conciliacao-na-jf-versao-online.pdf Acesso em: 14/03/2020.

O PLANEJAMENTO DE UMA SESSÃO DE CONCILIAÇÃO: IMPORTÂNCIA PRÁTICA DE CADA ETAPA.

Autor:

Jardel Ulisses Alves de Sousa

INTRODUÇÃO

A sessão de conciliação precisa ter algum balizamento para que, senão alcance seus propósitos originários, tenha êxito na criação de uma atmosfera acolhedora e de confiança mútua entre a figura do conciliador e as partes em conflito. É natural que se criem expectativas, receios e ansiedades durante o "processo", seja em virtude do espaço formal em que ocorrerá, pelo fato do agente conciliador não ser conhecido dos sujeitos, por fatores relacionados aos interesses subjacentes que nem sempre se mostram facilmente entre uma parte e outra etc. Dessa forma, delineando-se pelos "princípios da independência, da imparcialidade, da autonomia da vontade, da confidencialidade, da oralidade, da informalidade e da decisão informada", insertos no artigo 166 do Código de Processo Civil Brasileiro – Lei nº 13.105/15 -, a doutrina organizou as sessões de conciliação nas seguintes etapas: "Abertura, Investigação Inicial do Conflito,

Desenvolvimento e Encerramento, com a elaboração do Termo." Sobre as fases, ponderam Lia Regina Castaldi Sampaio e Adolfo Braga Neto, tal fluxograma não deve ser interpretado como uma "receita culinária"[1].

Partindo disso, o objetivo principal do estudo é analisar a importância prática das etapas de uma sessão de conciliação, tendo como objetivos específicos apresentar a diferença conceitual dos termos "audiência" e "sessão"; conhecer as etapas práticas de uma sessão de conciliação e comparar os procedimentos da conciliação, mediação e negociação.

Nesse sentido, no segundo capítulo, serão apresentadas as distinções conceituais dos termos "audiência" e "sessão", uma reflexão sobre o planejamento prévio das etapas da sessão de conciliação, pois são muitas as variáveis e sentimentos envolvidos. Ademais, há que se ter um tempo para a organização do lay out (espaço físico), da disposição das cadeiras das partes com relação entre si e o terceiro conciliador, além de aspectos do lado externo ao recinto em que se dará a sessão, minimizando a chance de ruídos e/ou outras distrações que possam ocorrer.

No terceiro capítulo, serão debatidas as etapas práticas de uma sessão de conciliação: a abertura, momento em que o conciliador se apresenta e pede as partes e aos seus respectivos representantes que também o façam, identifica os papéis de cada um dos envolvidos, verifica a representação das partes, diferencia o encargo do conciliador com o de juiz e explica, em linhas gerais, como se dará o procedimento; a investigação inicial do conflito, instante em que o conciliador solicita que as partes relatem o caso dentro de suas perspectivas, com suas próprias palavras; o desenvolvimento da sessão em si, onde as trocas de informações, discussão sobre os "interesses", a criatividade em criar caminhos alternativos de solução, dentre outros, de fato ocorrem. Ainda, as distinções de posturas do conciliador em "informar", "sugerir"

____

1	"...em que são usados determinados ingredientes e marcas que resultarão, na maioria das vezes, se bem seguidas pelo usuário, em um alimento a ser consumido" (SAMPAIO; BRAGA NETO, 2007, p. 46-47).

e "avaliar" as falas das partes e os comentários de Bruno Takahashi sobre o tema no livro "Desequilíbrio de poder e conciliação: o papel do conciliador em conflitos previdenciários" (2016), no qual discorre, entre outros aspectos, sobre as gradações de intervenção dessas figuras e o que se deve evitar em uma sessão de conciliação; Por fim, a última etapa consignada na redação do termo e encerramento que, independentemente do resultado da sessão, deverá será lavrado.

No último capítulo, serão comparadas as etapas práticas das sessões de mediação, conciliação e negociação, pois, em verdade, apesar das diferenças conceituais entre um instituto e outro, não poucas vezes se tangenciam. Para tanto, serão utilizadas as nomenclaturas de Carlos Eduardo de Vasconcelos, na obra "Mediação de conflitos e práticas restaurativas" (2018), Dirceu Fiorentino, em "Mediação, conciliação e arbitragem para solução de conflitos sem intervenção do poder judiciário" (2020), dentre outros.

O trabalho assume grande relevância, pois o mundo passa por uma reformulação na maneira como lida com seus dilemas sociais, apresentando meios alternativos de resolução de conflitos – conciliação, negociação e arbitragem -, dentro de uma cultura de paz. Sendo a conciliação o método voltado para casos em que não há um relacionamento prévio ou subjacente entre as partes, em outras palavras, em situações cujos atores envolvidos não objetivam (necessariamente) manter um relacionamento futuro, assume caraterísticas próprias em suas etapas práticas e o modus operandi da figura do terceiro. Assim, para aumentar as chances de sucesso, é essencial que as sessões de conciliação sigam etapas didática e racionalmente organizadas, pois, se não representam "ingredientes de uma receita culinária", certamente servem para facilitar a condução dos trabalhos. É sob essa perspectiva que enfrentaremos o tema proposto nos tópicos que se seguem.

A IMPORTÂNCIA DO PLANEJAMENTO DE UMA SESSÃO (OU AUDIÊNCIA) DE CONCILIAÇÃO

Antes de explanarmos sobre o planejamento em si, trago a questão de qual o tratamento correto ao nos referirmos a uma conciliação: sessão ou audiência? Por audiência, remonta-se aos tempos da Idade Antiga, em que aqueles envolvidos em alguma disputa, ou para fins de sanção penal, eram submetidos ao pretório, a fim de lhes dar audiência (ouvir), em seguida, julgava o mérito da questão. Com o aperfeiçoamento das instituições, ao longo do tempo, a corroborar o atual Código de Processo Civil – lei nº 13.105/15[2], o termo "audiência" é facilmente relacionado, não somente às atividades jurisdicionais, mas afeita a todo o sistema judicial, marcadamente, espaço para a resolução contenciosa de conflitos, em que uma autoridade, o juiz, ouve os interlocutores, faz o acolhimento de provas e diz o direito.

Para a professora Fernanda Tartuce (2018), ao se referir a um encontro em que o método usado para resolver o conflito é autocompositivo (mediação ou negociação, por exemplo), o mais adequado é o uso da expressão "sessão". "É mais apropriado e recorrente o uso da expressão "sessão" para designar os encontros pautados pela consensualidade"[3] (p.300). A autora justifica que o uso da palavra "audiência" em ambientes extrajudiciais (câmaras privadas, por exemplo), poderia resultar em "confusão" entre se está diante de uma instituição estatal ou de natureza privada. Nesse sentido, menciona a escritora, questão semelhante já foi feita pelo Ministério Público junto à justiça, em que demandou contra instituição arbitral que fazia o uso da expressão "tribunal",

---

2   Brasil. Lei n. 13.105/15. Consultado em http://www.planalto.gov.br/ccivil_03/_ato2015-2018/2015/lei/I1305.htm Acesso em 10.Mar.2020.

3   Tartuce, F. (2018). Mediação nos conflitos civis (4ª ed.V. 01). Rio de Janeiro, RJ: MÉTODO. pág.300.

além de usar logotipos próprios da República. Citamos, na mesma linha, o enunciado 72[4] do Centro de Estudos Judiciários do Conselho da Justiça Federal, I Jornada "Prevenção e Solução Extrajudicial de Litígios", ocorrida nos dias 22 e 23 de agosto de 2016, na cidade de Brasília/DF, em que ficou consignada tal proibitiva, e art.12-F[5], caput, da Resolução nº 125/2010 do Conselho Nacional de Justiça.

No tocante ao planejamento de uma sessão de conciliação, não diferente como quaisquer outras atividades que nos propomos realizar, planejar é fundamental. Com isso, não significa garantir o "sucesso" de um determinando empreendido ou projeto, por exemplo, porém, certamente maximiza as chances de êxito.

Sem adentrar no mérito se a conciliação é um instituto de resolução consensual de conflito autônomo, ou espécie de mediação (modalidade avaliativa), é inegável que tal instrumento possui particularidades que o distingue, em maior ou em menor medida, dos demais métodos autocompositivos, devendo essas singularidades serem levadas em conta na execução das etapas de uma sessão de conciliação, mais adiante analisadas.

Antes de se iniciar as fases de uma sessão de conciliação, há que se ter em mente uma série de medidas prévias, que vão da organização do espaço (escolha e disposição da mesa e cadeiras confortáveis, luminosidade do ambiente, cores das paredes, ruídos etc..) à coleta e divulgação de informações (local, dia e horário, anotação de dados cadastrais, existência de terceiros,

---

4   "As instituições privadas que lidarem com mediação, conciliação e arbitragem, bem como com demais métodos adequados de solução de conflitos, não deverão conter, tanto no título de estabelecimento, marca ou nome, dentre outros, nomenclaturas e figuras que se assimilem à ideia de Poder Judiciário".

5   "Art. 12-F. Fica vedado o uso de brasão e demais signos da República Federativa do Brasil pelos órgãos referidos nesta Seção, bem como a denominação de "tribunal" ou expressão semelhante para a entidade e a de "Juiz" ou equivalente para seus membros".

definição de honorários etc.). Como se trata de um método colaborativo, de boa fé e consensual, é elementar criar um ambiente amistoso e uma atmosfera acolhedora, que na presteza do primeiro atendimento, as partes sintam-se confiantes em dar andamento ao procedimento conciliatório propriamente dito[6]. (Takahashi, B., & et al., 2019, p.63).

Carlos Eduardo de Vasconcelos, em sua obra Mediação de conflitos e práticas restaurativas[7], explica que a separação da sessão de conciliação da fase do planejamento prévio não é uma imposição, todavia, de acordo com que tem constatado em sua experiência enquanto "conciliador", é que nesse momento há um empoderamento dos "mediandos", quanto ao seu protagonismo no processo. Além do mais, pode-se constatar questões ilegais e contrárias à ordem pública, requerendo, assim, encaminhamentos mais adequados por parte do terceiro facilitador. Procede-se ainda, com as anotações dos nomes das partes, endereços e contatos telefônicos dos solicitantes e solicitados, informações quanto às custas do procedimento e honorários, bem como, acrescenta o autor, ser uma das oportunidades de desconstrução de narrativas pessoais, fazendo referência a casos realizados por meio de dinâmicas transdisciplinares, organizadas em Grupos de Pré-Mediação (GPMs).

---

6   Takahashi, B., & et al. (2019). Manual de mediação e conciliação na Justiça Federal. Brasília, DF: Conselho da Justiça Federal. Pág. 63.

7   Vasconcelos, C. E. (2018). Mediação de conflitos e práticas restaurativas (6ª ed.). Rio de Janeiro, RJ: Forense. Pág. 198 – 199.

ETAPAS DE UMA SESSÃO DE CONCILIAÇÃO

PRIMEIRA E SEGUNDA ETAPAS DA SESSÃO DE CONCILIAÇÃO:
ABERTURA E INVESTIGAÇÃO INICIAL DO CONFLITO

Definida a Câmara Privada ou o Conciliador autônomo, dar-se-á início a sessão conciliatória. De acordo com Lia Regina Castaldi e Adolfo Braga Neto (2007, p.32) são etapas de uma sessão de conciliação: pré-mediação, abertura, investigação, agenda, criação de opções, avaliação de opções, escolha de opções e solução[8]. Para Daniela Monteiro Gabbay, Diego Falek e Fernanda Tartuce (2013, p.63), o processo conciliatório divide-se em abertura; relato do conflito; agenda, opções e negociação; finalização.[9] Adotaremos, dado o caráter holístico, a divisão proposta por Bruno T., Daldice M. S. A., Daniela M. G. e Maria C. A. A. no Manual de mediação e conciliação da justiça federal (2019, p.64-77), a saber: abertura, investigação inicial do conflito, desenvolvimento, redação do termo e encerramento.[10]

Vale ressalvar que o objetivo precípuo é criar uma ambiência que inspire acolhimento e confiança, devendo as etapas serem compreendidas como um caminho/roteiro, sem deixar de lado a sensibilidade do conciliador frente às

---

8 Sampaio, L. R. C., & Neto, B. A. (2007). O que é mediação de conflitos. São Paulo, SP: Brasiliense. Pág. 32.

9 Gabbay, D., Falek, D., & Tartuce, F. (2013). Meios alternativos de solução de conflitos. Rio de Janeiro. RJ: FGV. Pág. 63.

10 TAKAHASHI, B., & et al., 2019, p. 64-77.

relações intersubjetivas presentes nos interlocutores, que não, necessariamente, seguirão a programação, ante o princípio da autonomia da vontade.[11]

No dia da sessão de conciliação, o facilitador do diálogo deverá chegar antes das partes, procedendo com a memorização dos nomes e a organização dos conteúdos. Todos presentes, o facilitar procederá a abertura de forma a inspirar cordialidade, confirmando os nomes e como cada um gostaria de ser chamado. Sempre atento ao protagonismo das partes, o conciliador, sentando-se equidistante delas, explica como se desenvolverá a sessão, esclarecendo-lhes não ser juiz, não lhe cabendo, portanto, identificar a culpa ou decidir o conflito, mas facilitar o diálogo e fornecer alternativas/ideias.

Leciona Carlos Eduardo de Vasconcelos (2018) ser esse o momento em que o conciliador acolhe, de forma respeitosa e informal os conciliandos e advogados, com certo nível de senso de humor; enaltece a postura das partes e advogados, dirigindo-lhes, individualmente, a palavra; esclarece o instituto da conciliação, deixando claro que sua função é colaborar para o diálogo; combina o tempo de duração da sessão; declara sua independência e imparcialidade funcional; esclarece sobre o aspecto sigiloso das falas e provas argumentadas na sessão; destaca que todos terão, em igualdade de condições, tempo para as suas falas, chamando atenção para o respeito mútuo e a proibitiva de se interromper quando o outro estiver com a palavra; e finalmente, expor a possibilidade de caucus[12], a depender das circunstâncias e prévia condescendência dos conciliandos.[13] (p. 200-201).

---

11   Cf. inciso V, art. 1º da Res. 125/2010 do CNJ. "Independência e autonomia - dever de atuar com liberdade, sem sofrer qualquer pressão interna ou externa, sendo permitido recusar, suspender ou interromper a sessão se ausentes as condições necessárias para seu bom desenvolvimento, tampouco havendo dever de redigir acordo ilegal ou inexequível".

12   Reunião privada, e individual, do conciliador com as partes.

13   VASCONCELOS, 2018, p. 200-201.

Em sequência a abertura, feitos os esclarecimentos, passa-se a investigação inicial da controversa. É nesse momento que o conciliador solicita que cada um dos conciliandos, expresse, sob perspectiva própria, o conflito. A ordem, via de regra, é de o solicitante iniciar a fala, mas que pode ser questionado a ambos quem gostaria de começar. Por "investigar", significa um papel ativo do conciliador em fazer perguntas. Entretanto, durante as narrativas, a postura é ouvir ativamente, não interrompendo, e sim observar as falas e seus significados nas verbalizações, nos sinais corporais e nas emoções à baila através do tom da voz. De acordo com Antonio Donizete Souza (2015), pode ocorrer que em determinando momento um dos interlocutores deixe dúvidas em suas falas, o que autoriza, segundo o autor, o conciliador a fazer perguntas no sentido de facilitar a comunicação, além de favorecer uma atmosfera amistosa e de recíproca cooperação. Exemplos de perguntas: "Deixe-me ver se entendi", ou "o que você quer dizer é...".[14] (p.106).

As perguntas devem ser do tipo fechada, fazendo sempre referência às narrativas anteriores, objetivando a normalização dos discursos agressivos e/ou vexatórios. Afinal, a "posição" nem sempre espelha o "conflito". A investigação inicial do conflito é a oportunidade para humanizar as interações intersubjetivas das partes, pois nem sempre o que se diz, é o que de fato se quis dizer. O feedback é importante para evitar ou eliminar ambiguidades, e assim poderem identificar as necessidades reais que, em geral, afirmam Roger Fischer, William Ury e Bruce Patton (1994), estão ligadas à segurança, bem-estar econômico, sensação de pertencimento, reconhecimento e controle sobre a própria vida.[15] (p.40).

---

14   Souza, A. D. E., & SOUZA, T. (2015). Manual de mediação e conciliação –
eficaz   para soluções e acordos (1ª ed. V. 01). São Paulo, SP: Clube dos autores. p. 106.

15   Fisher, R., Ury, W., & Patton, B. (1994). Como Chegar ao Sim. Rio de Janeiro: IMAGO. p. 40.

Nessa etapa, os conciliandos, empoderados de sua autonomia e conscientes de seu protagonismo, estão preparados para apresentar propostas e aprofundar o diálogo através de uma comunicação prospectiva. Antes de se passar ao momento de apresentação de ideias e alternativas, Carlos Eduardo de Vasconcelos (2018) chama a atenção para a realização e compartilhamento de um resumo. Caberá ao conciliador, em "linguagem apreciativa"[16], dar o início, através de colocações como "pelo que entendi, as questões que precisamos cuidar são as seguintes...", ou seja, haverá a justaposição (e não aglutinação) das narrativas em uma.[17] (p.204).

Resguardadas a ordem pública e a legalidade das propostas, é nesse momento que as partes terão espaço para a criatividade. Um convite ao "camarote"[18]: mudança da forma de enxergar a situação, exercício da empatia e validação de sentimentos são concretizados em alternativas para a resolução do conflito. Nessa quadra, o conciliador atuará informando, sugerindo e, quando previamente autorizado pelos conciliandos, avaliando as opções. Bruno Takahashi em sua obra "Desequilíbrio de poder e conciliação: o papel do conciliador em conflitos previdenciários (2016)" apresenta as diferenças

---

16   Caspersen, D. (2016). Mudando o tom da conversa 17 princípios para resolver conflitos. Rio de Janeiro, RJ: Sextante. p. 210.

17   VASCONCELOS, 2018, p. 204.

18   Cf. a obra Como chegar ao sim com você mesmo, de William Ury. "O camarote é uma metáfora de um espaço racional e emocional em que você assume uma perspectiva abrangente e mantém a calma e o autocontrole. Se a vida é um palco e todos somos atores, o camarote de um teatro é um posto de observação privilegiado, de onde assistimos a todo o espetáculo com mais clareza". Definição de William Ury no livro Como chegar ao sim com você mesmo.

em cada uma dessas condutas, concluindo que o trabalho do terceiro deve restringir-se a informar e sugerir, pois ao proceder a avaliação das alternativas, de certa forma sairá da posição horizontal (igualdade) em relação as partes, assumindo uma posição vertical, de modo que, ao externalizar sua opinião, estará ultrapassando o limite da neutralidade, contaminando sua atuação com parcialidade[19], posto que influenciará, quer queira, ou não, as partes a aceitar determinada alternativa, em detrimento de outras.[20]

E nessa etapa da sessão de conciliação que deverá haver o agendamento dos temas, partindo da consensualidade. Por consenso, entenda-se a concordância das partes quanto a prioridade de se discutir esse ou aquele tema inicialmente. Para Gabbay, Falek e Tartuce (2013), a agenda serve para "...ordenar os assuntos para ficar claro o objeto..."[21]. (p.65). Em outra abordagem, a simplificação dos diálogos, partindo dos mais "simples" aos mais "complexos".

Formatada a agenda de resolução ou transformação dos conflitos, o conciliador passará a estimular as partes a criarem opções de respostas, de forma que quanto maior o número de alternativas (brainstorming), melhores as chances de se chegar ao acordo. Em seguida, faz-se a avaliação de cada uma das ideias, instante em que se efetua uma projeção, analisando-se, pormenorizadamente, cada uma das possibilidades levantadas. Encerradas as análises, passa-se ao momento da escolha das sugestões que melhor se

---

19   Imparcialidade é uma exigência ética e legal da conduta de qualquer "conciliador" (sentido lato), diferentemente da neutralidade, pois faz parte do ser humano.

20   Takahashi, B. (2016). Desequilíbrio de poder e conciliação: o papel do conciliador em conflitos previdenciários. Brasília, DF: Gazeta. Pág. 127.

21   GABBAY, FALEK, TARTUCE, 2013, p. 65.

adequem às especificidades do conflito e das motivações dos conciliados. (SAMPAIO, NETO, 2007, p.33).[22]

Em verdade, a etapa do desenvolvimento é onde de fato a negociação, etimologicamente considerada, ocorre. Até aqui, as falas foram intercaladas, mantidos pelo conciliador a ordem, o respeito e o espírito colaborativo das partes. Ao se verbalizar as posições, o terreno tende a se tornar fértil para o afloramento das emoções, dificultando a comunicação, enfim, a compreensão e apropriação dos reais interesses de uma e outra parte – diálogo. Destarte, é necessário que o conciliador trabalhe as emoções a fim de que estas sejam percebidas e acolhidas, não significando, porém, ponderam Sampaio e Neto, que o facilitador deverá "...concordar ou apreciar, mas trata-se de reconhecer o direito de cada um de ter sentimentos específicos". (2007, p.29).

Para finalizar o tópico, é importante que as partes costurem uma Melhor Alternativa em Caso de Não Acordo – MACNA, recurso utilizado considerando a não convergência de propostas, ou seja, ausência de acordo sobre o conflito, levando-se em conta a seguinte pergunta: "...qual seria o melhor ou o pior cenário caso não se chegue a um acordo?".[23] (2019). Apenas para efeito de se visualizar o uso desse recurso, imaginemos um empregado que se sente desprestigiado, financeiramente, por seu empregador. O pior cenário possível seria, como resposta a um pedido de aumento salarial, o empregador simplesmente demitir esse empregado. Nesse exemplo, como MACNA desse empregado, poderiam ser o prévio acerto de ser contratado em outra empresa, ou mesmo proceder a abertura do próprio negócio.

-----

22   CASTALDI SAMPAIO, BRAGA NETO, 2007, p. 33.

23   TAKAHASHI, B., & et al., 2019, p. 73.

Quarta etapa da sessão de conciliação: redação do termo e encerramento

Narrados os fatos, discutidas as propostas e obtido (ou não) o consenso, a etapa seguinte será a redação do termo final de conciliação, devendo ocorrer neste momento a validação da alternativa de resolução do conflito acordada, a consignação de assinaturas, encerramento da sessão e congratulações.

Essa fase é tão importante quanto todas as demais, demandando grande esforço ao conciliador, a fim de transcrever de forma coerente, e clara, os termos do acordo, em observância ao princípio da decisão informada[24]. É um dever do conciliador manter as partes sempre informadas (princípio da informação[25]), e, em relação simétrica, fazer com que os conciliandos compreendam suas posições quanto aos compromissos firmados, se exequíveis ou não.

Ressalva-se que nem tudo o que foi colocado na sessão de conciliação deve ser transcrito no termo, em atenção ao princípio da confidencialidade[26], dados relativos às falas e provas são sigilosos, não podendo, dessa forma, serem utilizados em processos judiciais e/ou administrativo, ressalvados os casos de crime ou afrontamento à ordem pública. Destarte, o conteúdo deve restringir-se a responder às qualificações das partes, advogados e prepostos, exposição suscinta do conflito, resumo da proposta, obrigações assumidas pelas respectivas partes, local e data, assinaturas. De acordo com Vasconcelos (2018), sendo o acordo um contrato, com força de título extrajudicial, devem constar nele também as consequências do inadimplemento contratual, o foro

---

24 Cf. Inciso II, art. 1º da Resolução 125/2010 do CNJ.

25 Cf. Inciso I, art. 2º da Resolução 125/2010 do CNJ.

26 Cf. Inciso I, art. 1º da Resolução 125/2010 do CNJ.

competente para a execução judicial de suas cláusulas e o modo como será feito o seu cumprimento.[27] (p.208).

O encerramento da sessão de conciliação dever ocorrer, independentemente do resultado, exatamente da mesma forma que iniciou: com gentileza, dentro de uma atmosfera cordial. Nem sempre um bom procedimento autocompositivo é aquele que terminou com consenso, com um acordo, mas, sobretudo, quando o diálogo respeitoso, a validação mútua de sentimentos e a empatia se fizeram presentes.

A postura consensual que as partes tiveram de submeter seus conflitos a um terceiro deve ser ressaltada, parabenizando-se não apenas aos conciliandos, mais também aos advogados, aos representantes legais, aos prepostos, enfim, todos os atores da sessão de conciliação.

MEDIAÇÃO, CONCILIAÇÃO E NEGOCIAÇÃO: COMPARAÇÃO DAS ETAPAS PRÁTICAS DE UMA SESSÃO

Neste tópico, serão comparadas as etapas práticas de uma sessão de mediação, conciliação e negociação, estas (etapas) arquitetadas pela doutrina, através do empirismo, pois, sabe-se, ainda inexiste instrumento legal tecendo todas as fases dos procedimentos de resolução consensual de conflitos.

Nesse sentido, na obra Negociação, mediação, conciliação e arbitragem: curso de métodos adequados de solução de controvérsias(2020, p.62), coordenado por Carlos Alberto de Salles, Marco Antônio Garcia Lopes Lorencini e Paulo Eduardo Alves da Silva, os autores esclarecem, a título de exemplo, que a Lei de Mediação não elencou as etapas do procedimento, abordando apenas regras gerais e sobre determinados pontos, como o convite, a possibilidade da inserção de cláusula de mediação extrajudicial nos contratos,

---

27   VASCONCELOS, 2018, p. 208.

homologação de acordos – em procedimentos judicializados -, e orientações sobre prazos totais para a finalização da mediação.[28]

Em rápida síntese, a palavra Mediação deriva, etimologicamente, do latim Mediatio, ato de "intervir, colocar-se entre duas partes", de Medius, "meio".[29] Por sua vez, o vocábulo Negociação, derivado do termo "negócio" – do latim "Negotium" (Nec = advérbio de negação + Otium = folga, ócio), significa não ser dado ao ócio, mas dedicar-se em algo.[30] Já por Conciliação, do latim conciliatio, quer dizer, dentre outras denotações, o ato de "harmonizar pessoas divergentes; reconciliação. Acordo entre demandantes para encerrar uma demanda legal.[31]

Como se observa, tanto na conciliação, quanto na mediação, há a presença de um terceiro estranho à demanda, ao conflito. A esse caberá o papel de fazer o elo entre as partes no cumprimento das etapas da sessão respectiva. Por seu turno, na negociação, a dedicação no processo de busca pela "paz" dar-se-á a cargo exclusivo de seus interlocutores, em diálogo direto entre si. Para isso, a doutrina também roteirizou um caminho de fases e técnicas voltadas a uma sessão de negociação.

Tendo em vista o tema deste artigo versar sobre as etapas de um procedimento conciliatório (abertura, investigação inicial do conflito, desenvolvimento,

---

28   Salles, C. A., Lorencini, M. A. G. L., & Silva, P. E. A. (2020). Negociação, mediação, conciliação e arbitragem: curso de métodos adequados de solução de controvérsias (3ª ed). Rio de Janeiro/RJ: Forense. P.62.

29   Consultado em https://origemdapalavra.com.br/palavras/mediacao/ Acesso em 30.mar.2020.

30   Consultado   em   https://www.gramatica.net.br/origem-das-palavras/ etimologia-de-negocio/ Acesso em 30.mar.2020.

31   Consultado   em   http://michaelis.uol.com.br/busca?id=ab0L   Acesso   em 30.mar.2020.

redação do termo e encerramento – já discorridas), passemos as etapas, de forma detida, das sessões de mediação e negociação, em seguida, comparando suas especificidades.

Dirceu Fiorentino (2020, p.53), em mediação envolvendo relações familiares, divide as etapas de uma sessão de mediação em 9 (noves): "preparação, abertura, narrativas, levantamento de dados, reuniões privadas, criação de opções, teste de realidade, acordo e fechamento."[32] No tocante a uma sessão de negociação de conflitos, Vasconcelos organiza o procedimento em "planejamento, execução e controle" (2018, p.173-174). No planejamento, conhecer o outro interlocutor (sua origem cultural, formação acadêmica, situação financeira, simular seus interesses, estilos, necessidades etc.,) é tão importante quanto o autoconhecimento sobre esses mesmos pontos. Na fase de execução, ocorrem os encontros, sempre pautados em princípios de colaboração mútua, dentro de uma abordagem "ganha-ganha" (negociação principiológica), em detrimento da "perde-ganha" (negociação posicional). No encerramento, última fase, há o monitoramento, avaliação dos resultados, ajustes e/ou retomadas do diálogo e implantações.[33]

Como se verificou, tanto a conciliação, quanto a mediação e negociação, são métodos de resolução de conflito, dentro de uma cultura de paz. Todos têm em comum o diálogo e o protagonismo das partes na procura de uma resposta construída consensualmente.

A diferença entre um método e outro reside na presença, ou não, de um terceiro; no grau de abordagem desse agente; nas técnicas utilizadas e no grau de apaziguamento que se pretende. Em todos os métodos, a execução seguirá o rito do pré-atendimento, seguida pela abertura, desenvolvimento e encerramento. Entretanto, a depender do caso em concreto, eles poderão se

---

32   Fiorentino, D. (2020). Mediação, Conciliação e Arbitragem. Leme, SP: Rumo Jurídico Editora de   Livros. Pág. 53.

33   VASCONCELOS, 2018, p.173-174.

comunicar, tangenciando as técnicas de um e outro, pois o comportamento humano é cheio de imprevisões, dado os aspectos intersubjetivos da pessoa humana e abrangência interdisciplinar desses instrumentos alternativos de resolução de conflitos.

CONCLUSÃO

O planejamento de uma sessão de conciliação carrega em si grande importância na prática de suas etapas, pois é nesse momento que as partes se sentam para dialogar, razão por que não deve ser relegado ao improviso do conciliador, mas organizado técnica e didaticamente.

A conciliação é uma realidade contemporânea, sendo vivenciada no ordenamento jurídico pátrio, através da aprovação do Código de Processo Civil vigente e da lei de mediação (nº 13.140/15), por exemplo, em que os métodos alternativos de resolução de conflitos assumem um papel importante, como instrumentos de resposta a, de uma lado, um judiciário assoberbado de demandas, culminando em uma demora desmedida para julgar; de outro, o constante retorno a esse método de resolução contencioso, pois não se resolve, efetivamente, o "conflito".

Desde a segunda década do século passado, o mundo passa por uma importante reformulação na maneira como tem lhe dado com seus conflitos. O desafio agora é, para além das incorporações jurídicas, transmudar do plano positivado, para o comportamento humano. A ideia é, diante de uma disputa, em vez de recorrer primeiramente ao estado-juiz, optar pela promoção do diálogo, direta (negociação), ou indiretamente (com a presença de um terceiro facilitador).

Destarte, reconhecer que a conciliação é um valioso método de solução de controvérsia, sendo o mais largamente utilizado, inclusive, em disputas já judicializadas, é um passo importante. Entretanto, iniciar e terminar perguntando se as partes têm ou não um acordo (como tem ocorrido na praxe forense) não é, certamente, dar a merecida importância prática de cada uma das etapas de uma sessão conciliatória.

REFERÊNCIAS BIBLIOGRÁFICAS

Brasil. Conselho Nacional de Justiça. 2010. Resolução nº 125/10. "Dispõe sobre a Política Judiciária Nacional de tratamento adequado dos conflitos de interesses no âmbito do Poder Judiciário e dá outras providências". Consultado em https://atos.cnj.jus.br/files/resolucao_comp_125_29112010_19082019150021.pdf Acesso em: 09.mar.2020.

Brasil. Lei n. 13.105/15. Consultado em http://www.planalto.gov.br/ccivil_03/_ato2015-2018/2015/lei/I1305.htm Acesso em 10.Mar.2020.

Caspersen, D. (2016). Mudando o tom da conversa 17 princípios para resolver conflitos. Rio de Janeiro, RJ: Sextante.

Fiorentino, D. (2020). Mediação, Conciliação e Arbitragem. Leme, SP: Rumo Jurídico Editora de Livros.

Fischer, R., Ury, W., & Patton, B. (1994). Como Chegar ao Sim. Rio de Janeiro, RJ: IMAGO.

Gabbay, D., Falek, D., & Tartuce, F. (2013). Meios alternativos de solução de conflitos. Rio de Janeiro. RJ: FGV.

Salles, C. A., Lorencini, M. A. G. L., & Silva, P. E. A. (2020). Negociação, mediação, conciliação e arbitragem: curso de métodos adequados de solução de controvérsias (3ª ed). Rio de Janeiro/RJ: Forense.

Sampaio, L. R. C., & Neto, B. A. (2007). O que é mediação de conflitos. São Paulo, SP: Brasiliense.

Souza, A. D. E., & SOUZA, T. (2015). Manual de mediação e conciliação – eficaz   para soluções e acordos (1ª ed. V. 01). São Paulo, SP: Clube dos autores.

Takahashi, B., & et al. (2019). Manual de mediação e conciliação na Justiça Federal. Brasília, DF: Conselho da Justiça Federal.

Takahashi, B. (2016). Desequilíbrio de poder e conciliação: o papel do conciliador em   conflitos previdenciários. Brasília, DF: Gazeta.

Tartuce, F. (2018). Mediação nos conflitos civis (4ª ed., rev., atual. e ampl.). Rio de Janeiro/RJ: Forense; São Paulo/SP: MÉTODO.

Vasconcelos, C. E. (2018). Mediação de conflitos e práticas restaurativas (6ª ed.). Rio de Janeiro, RJ: Forense.

Sites Consultados:

https://origemdapalavra.com.br/palavras/mediacao/   Acesso   em 30.mar.2020.

https://www.gramatica.net.br/origem-das-palavras/etimologia-de-negocio/ Acesso em 30.mar.2020.

http://michaelis.uol.com.br/busca?id=ab0L Acesso em 30.mar.2020.

O QUE NÃO É CONCILIAR: ANÁLISE DA PRAXE FORENSE

Autora:

Larissa Padilha Roriz Penna

INTRODUÇÃO

Visa o presente trabalho demonstrar de que forma as conciliações são aplicadas na praxe forense e como são concretizados os princípios e garantias relacionados aos conciliadores. Por outro lado, busca-se evidenciar os prejuízos causados aos jurisdicionados e ao próprio sistema judiciário, quando não são utilizados os métodos recomendáveis de conciliação, eis que atrasam o andamento processual, não se entabula acordo e ainda se inflamam os ânimos dos envolvidos, dando munição a uma maior fase de instrução processual e base para recursos processuais intermináveis.

O presente trabalho tem por finalidade a análise do instituto da conciliação, mas a partir do que se experimenta na linha jurisdicional de frente, nas varas, na análise das filas e na realização das atas. Esmiuçar, portanto, o que é o instituto da conciliação e também abordar práticas negativas que não trazem efetivo e justo resultado.

O trabalho será composto de duas partes: Inicialmente, será o leitor situado sobre conceitos, objetivos, previsão legal e finalidades da conciliação. Como ato seguinte, abordar-se-á o porquê da importância prevista pelo legislador sobre a necessidade de se tentar a conciliação, assim como dos métodos que deveriam ser evitados, pois consistiriam, em verdade, em formas de "não conciliar"

Se é certo que a conciliação, se realizada a contento, pode dar fim ao processo ainda em seu início, sem que seja realizada demorada instrução processual e grande possibilidade de seu cumprimento - já que foi a solução acordada pelos ex-litigantes - , é certo dizer, por outro lado, que não pode ser conduzida de qualquer forma. Possui, pois, regras que – como regras que são – exigem observância.

Como sabido, pode a conciliação ser realizada em qualquer fase processual, inclusive em Segunda Instância, basta que o Magistrado assim entenda e a designe. Ao advogado, também se impõe o ônus de cogitar sobre a possibilidade de transação (já em petição inicial), em obediência ao Princípio da Cooperação das partes, nos termos do artigo 6º, Código de Processo Civil, afinal, todos os sujeitos do processo (partes, conciliadores, advogados e juiz) devem cooperar entre si para que se obtenha, em tempo razoável, decisão de mérito justa e efetiva ao problema experimentado.

É cediço que, se não for a conciliação de fato bem conduzida, haverá recurso desta sentença homologatória e, mais tarde, dar-se-á cumprimento forçoso de sentença pelo descumprimento dos termos entabulados por uma das partes. Por isso, é de extrema relevância promover reflexões sobre práticas que não induzem conciliações exitosas e que apenas geram uma falsa ideia de restabelecimento da paz social.

A autocomposição não pode ser vista apenas como um meio alternativo do qual o Judiciário pode dispor para se livrar de uma análise mais profunda e complexa do processo, aumentar suas metas junto ao CNJ e convocar a imprensa às vésperas de uma semana nacional de conciliação. Com efeito, não é apenas isso que se espera do Poder Judiciário, caracterizado pelo dever de inafastabilidade de quem por ele procura.

Pontuada a relevância do tema, trataremos do seu desenvolvimento, de maneira detalhada, nos tópicos seguintes.

CONCEITO DE CONCILIAÇÃO

"A conciliação, por sua vez, também representa a intervenção de um terceiro. Todavia, o conciliador está voltado para a solução jurídica do conflito, com o estabelecimento de um acordo, que o próprio conciliador tentará propiciar, sugerindo ou interferindo nas suas bases" (Mendes, 2009, p. 285).

A conciliação é um meio pelo qual os litigantes valem-se de um um terceiro neutro que, por sua vez, encurta a tortuosidade dos caminhos e versões e propõe alternativas para a solução do conflito. A conciliação pode ocorrer no curso de um processo, na modalidade processual, ou antes mesmo de existir processo na Justiça, na modalidade pré-processual. O conciliador pode exercer postura proativa, apresentando sugestões da melhor forma de se encerrar a demanda.

Conforme destaca André Pagani de Souza (2017), "é possível depreender que o Estado-juiz (i) deve tentar buscar a solução consensual de conflitos (CPC/2015, art. 3º, § 2º); (ii) deve estimular a solução consensual de conflitos, inclusive no curso de processo judicial (CPC/2015, art. 3º, § 3º); (iii) deve cooperar para que se obtenha decisão de mérito justa, efetiva e em tempo razoável; (iv) deve, a qualquer tempo, promover a autocomposição (CPC/2015, art. 139, inciso V)".

Como visto, decorre do ofício de juiz a atividade de tentar conciliar as partes. Como bem pondera Nelson Nery Junior (2015), ao comentar o inciso V do art. 139 do CPC/2015, "a atividade de tentar conciliar é decorrente do ofício de magistrado, de sorte que não pode ser vista como caracterizadora de suspeição de parcialidade do juiz, nem de prejulgamento da causa. Para tanto, deve o juiz fazer as partes anteverem as possibilidades de sucesso e de fracasso de suas pretensões, sem prejulgar a causa e sem exteriorizar o seu entendimento acerca do mérito" (p. 584)

Nesse diapasão, há algumas características e diferenças entre o método da conciliação e outras alternativas autocompositivas, como a mediação. A mediação é aplicável às causas cujo envolvimento/intimidade entre as partes é um fator de grande influência na complexa relação social. Nesse caso, em primeiro plano (até mais que o acordo), o mediador deve buscar restaurar o diálogo, de modo a promover a solução e manter o vínculo entre as partes, a exemplo do que ocorre em discussões familiares ou entre vizinhos.

Portanto, na mediação as partes estão entrelaçadas por um vínculo contínuo, caracterizando uma relação mais intensa. Por essa razão, o mediador assume uma postura mais passiva, e não poderá oferecer diretamente propostas para as pessoas envolvidas. Por outro lado, a conciliação é mais comumente usada para as relações temporárias, surgidas excepcionalmente, em que os sujeitos envolvidos possuem vínculos de natureza mais patrimonial.

A negociação, por seu turno, renuncia à presença de terceiros e as tratativas de composição se dão entre os próprios envolvidos.

Noutro giro, a arbitragem difere por ser o árbitro terceiro imparcial que exerce função semelhante ao juiz, porque tem poder cognitivo, analítico e decisório. Consiste em um terceiro escolhido pelas partes que possui habilidade técnica para solucionar a causa, sendo uma função regulamentada pela Lei 9.307/96.

Desse modo, funda-se-e a conciliação na pessoa de seu conciliador que, de forma proativa, conduz as partes por onde entende ser um terreno mais pacífico e com águas mais calmas, oferecendo sugestões, inclusive, sempre com o escopo de se chegar a uma solução conveniente aos diferentes lados envolvidos no litígio.

É de se ressaltar que, na praxe forense, não existe diferenciação das técnicas ou, quando ocorre, é rara, sendo frequentemente utilizada a conciliação para relações inclusive nas ações de família, quando o correto deveria ser a mediação (quando o mediador é absolutamente inerte e não interfere na condução do acordo, já que, pela intimidade das relações tratadas, o que se busca realmente é o restabelecimento de comunicação entre os envolvidos).

Dessa forma, deveria o Conselho Nacional de Justiça, a propósito, exigir, de forma prévia (e não apenas de forma escrita, como fez na Resolução n.º 125/2010 – CNJ), a qualificação técnica de conciliadores e mediadores para que pudessem conduzir as audiências, valendo-se da melhor técnica e forma de conciliação, sobretudo quando se sabe a importância dada ao conciliador pelo atual código de processo civil.

PRINCÍPIOS E REGRAS APLICÁVEIS AO CONCILIADOR

De início, novamente é citada a Resolução n.º 125/2010 – CNJ que tratou sobre a Política Judiciária Nacional de tratamento adequado dos conflitos de interesses no âmbito do Poder Judiciário, determinando, inclusive, que cada Tribunal criasse, dali a trinta dias, seus núcleos permanentes de métodos consensuais de solução de conflitos.

O atual CPC, por seu turno, consagrou as linhas gerais trazidas pela Resolução acima citada e, por meio de seu artigo 165 e seguintes, trouxe contornos mais específicos, dentre os quais são destacados os princípios que regem a conciliação, a saber: independência, imparcialidade, autonomia da vontade, confidencialidade, oralidade, informalidade e da decisão informada.

O princípio da independência garante ao conciliador uma atuação livre de amarras. Ele, conciliador, direciona as partes por onde entender ser uma área menos turbulenta, podendo inclusive propor alternativas, sem nada forçar, é claro.

A imparcialidade é considerada fundamental para a regularização do procedimento conciliatório, impondo ao conciliador uma conduta equidistante em relação as partes, não podendo atuar com finalidade de prejudicar ou beneficiar quaisquer delas.

Por sua vez, o princípio da autonomia é aquele que atribui às partes o poder de decidir o rumo da celeuma, isto é, assegura, o princípio, que a decisão final sobre o acordo cabe tão somente às partes, livres de qualquer vício de consentimento, não podendo ser compelidas a aceitar ou deixar de aceitar algum ponto entabulado em termo de acordo.

A confidencialidade determina que tudo o que for dito no curso daquele ato não poderá ser revelado sem a deliberação expressa das partes nesse sentido (art. 166, §1º, CPC), impondo, portanto, o dever de sigilo. Por essa razão, os conciliadores não podem servir de testemunhas ou atuarem como advogado das partes. Inclusive, violado esse princípio, o mediador será responsabilizado, passível de expulsão do banco de cadastro do CNJ.

Por seu turno, a oralidade exige, durante a conciliação, uma comunicação simples, clara e objetiva, facilmente compreensível pelo cidadão comum. Por isso, deve ser evitada linguagem rebuscada, excessivamente técnica ou de difícil compreensão.

A informalidade indica que durante a sessão não é recomendável a utilização de toga ou vestes solenes. Este princípio busca a empatia e a confiança entre o conciliador e os sujeitos do processo, sem o estabelecimento de hierarquia por parte do agente conciliador. A mesa redonda é outro ponto que merece destaque, sem deixar com que as partes fiquem em posição de confronto frontal, como se em lados opostos estivessem, afinal estão ali para entabular acordo e não para degladeio.

O princípio da decisão informada impõe o dever de transparência e de esclarecer os termos do acordo com suas consequências. Isto é, dá pleno conhecimento às partes sobre os termos do acordo, se é aquela realmente a vontade das partes, o que, ainda, traz maior adesão à fase de cumprimento voluntário.

Ao lado dos princípios aplicáveis aos conciliadores, há também características essenciais para que um conciliador seja capacitado a conduzir a sessão. Ora, o conciliador precisa estabelecer comunicação entre as partes, requerendo paciência e habilidade educacional, tendo que saber lidar com antagonismos de posição e resistências pessoais. Assim, o conciliador precisa de características de personalidade fundamentais: educação, paciência, cordialidade e atenção.

O conciliador precisa, então, apresentar conduta ilibada e, caso seja condenado por processo criminal em decisão definitiva, será desligado do cargo, pois se presume que não possui agir compatível com a dignidade da função. O conciliador também se curva às causas de impedimento e suspeição relacionadas ao juiz. Além disso, o conciliador deve estar constantemente em aperfeiçoamento por meio de cursos de capacitação, que são exigidos pelo CNJ.

Desse modo, verifica-se que o conciliador deve respeito aos princípios que tornam a sessão legítima para alcançar sua finalidade, e essas disposições garantem que o pacto seja moldado pela vontade das partes, através de um processo regular e que se aproxima do sentido de Justiça.

CONCILIAR É LEGAL?

Sem dúvida que a conciliação, desde que conduzida da maneira certa e pela livre vontade das partes, de fato, é salutar e deve ser incentivada. Inúmeros são os ganhos, tanto às partes, como ao próprio Poder Judiciário, na utilização máxima daquilo que propõe o referido instituto, porque o ganho é democrático e a todos agracia, vejamos:

As partes saem satisfeitas, porque entendem que um problema judicial foi encerrado por meio de uma alternativa possível por ela proposto, assimilado e aprovado. Soa-lhe, o combinado, justo, se não em todo, em parte razoável. Ora, afinal, conciliar é também ceder e chegar a um ponto em comum.

Se o resultado alcançado foi aquele proposto por ela em audiência e com o qual anuiu, resta minorada a possibilidade de recurso, apesar de grande parte da Doutrina entender ser irrecorrível a sentença homologatória de acordo. Nesta mesma esteira, também se aumenta a possibilidade de que seja este acordo cumprido, sem que o Poder Judiciário tenha que forçá-lo por meio de medidas constritivas em fase seguinte de cumprimento de sentença.

Para o Poder Judiciário também é a conciliação muito atrativa. Isso porque, de início, cumpre a finalidade de restabelecimento da paz social; segundo, porque encerra um processo antes que desarrazoada demora e sem a necessidade de longeva instrução processual; terceiro, porque aumenta seus índices de meta 03 – estímulo à conciliação – junto ao CNJ, pelo qual é anualmente avaliado; quarto, porque diminui quantitativo de fase seguinte de cumprimento de sentença, com diligências como intimações, mandados, pesquisas de SisbaJud, RenaJud, InfoJud, Siel, certidões de crédito, SerasaJud, ofícios, alvarás, leilões, penhora de bens e afins.

Somente os litigantes são os verdadeiros conhecedores de suas condições pessoais e da realidade dos fatos, pois é certo que ao juiz cabe interpretar o direito de modo frio, com o conhecimento apenas do que consta dos autos, sem muitas vezes revelar ou resolver verdadeiramente a demanda emocional por trás do processo.

O benefício de se conciliar não existe somente para as pessoas físicas, como pode ser imaginado. As empresas que utilizam os métodos adequados de resolução de conflito notam considerável redução de custos e bons resultados, inclusive com a preservação e valorização da imagem da pessoa jurídica, aumento da satisfação e agilidade nas respostas a necessidades dos clientes.

Assim, é possível afirmar que as vantagens da conciliação se aplicam a todas as partes envolvidas no processo, notadamente, por ser um método mais econômico, célere e desburocratizado que o método de jurisdição comum.

O QUE NÃO É CONCILIAR?

Neste tópico do artigo serão abordadas práticas forenses que não são compatíveis com a conciliação, pois, em verdade, consistem em condutas não desejáveis para se alcançar o melhor resultado em termos de efetiva prestação jurisdicional.

Há algumas situações que sugerem ter ocorrido uma tentativa de conciliação, quando, efetivamente, ela não ocorreu. É possível vislumbrar uma hipótese em que não há conciliação quando o conciliador indaga se há ou não acordo logo no início da audiência e, em caso de resposta negativa, encerra o ato, sem mais delongas. Ora, apenas perguntar se há ou não acordo não é propriamente conciliar, pois esta atividade implica uma atuação concreta por parte do seu condutor, o qual deve conduzir as partes a um consenso através da comunicação. Não se trata de um ato resumido a uma única pergunta, ao menos não era essa a intenção do Legislador.

Não é um problema a indagação inicial se há acordo ou não, mas, independentemente da resposta, não deve o conciliador pôr fim à audiência, mas sim abrir o diálogo entre as partes. O conciliador deve viabilizar que as partes conversem e se permitam expor seus desejos e insatisfações, a fim de alcançar o fim do litígio através do consenso.

Por outro lado, o contexto difere quando a pergunta é realizada pelo próprio magistrado, condutor de uma audiência de conciliação ou de instrução e julgamento, que deve ser iniciada com a tentativa de acordo. Isso porque as consequências são diferentes na condução do ato pelo juiz, pois este deve ter uma precaução maior para não macular seu dever de imparcialidade. Assim, se já houve tentativa anterior de entendimento entre as partes, presume-se que não houve êxito mesmo diante das técnicas adequadas utilizadas pelo conciliador, dessa forma, não deve a autoridade judicial insistir na ocorrência de uma acordo.

Desse modo, o conciliador deve tentar chegar a um acordo aplicando todas as técnicas possíveis ao caso, sob pena do não exercício adequado de sua função. Diferentemente do magistrado que, diante da resistência das partes, pode partir para a colheita de provas e julgamento do processo, preservando sua imparcialidade.

Outro fator relevante que pode consistir numa burla à conciliação é o pouco tempo dedicado para cada audiência, especialmente em semanas de mutirão ou na Semana Nacional de Conciliação, realizada anualmente. Deve-se dedicar tempo razoável à conciliação, com pelo menos 30 a 40 minutos. Pauta com intervalo muito exíguo entre uma audiência e outra não permite que haja tempo suficiente do conciliador lançar mão de todas as técnicas disponíveis e recomendáveis.

Prática igualmente duvidosa para a realização de uma boa conciliação é simplesmente tentar persuadir as partes sobre o acordo ao ressaltar as desvantagens de estar em juízo, tais como a demora na solução da lide, os custos do processo e um resultado incerto se depender exclusivamente da prestação jurisdicional. Tal conduta soa como uma intimidação ou uma forma de ameaça.

Destacar as fragilidades da infraestrutura do Judiciário enseja em reforçar uma desconfiança no poder estatal, aplicando-se uma tese de que este Órgão é insuficiente para apresentar uma solução justa. Verifica-se que a conciliação não deve ser forçada com base na ineficiência do Poder Judiciário. Com efeito, a técnica adequada é aquela que reforça as vantagens da conciliação, e não o contrário.

Destarte, deve haver um reforço positivo, ou seja, um estímulo focado no problema discutido entre as partes, e não a prática de macular a imagem do Judiciário, destacando a falta de estrutura da instituição.

Outra prática bastante duvidosa, e não desejável na praxe forense, é utilizar a conciliação apenas como forma mais rápida de se alcançar as metas impostas pelo CNJ, uma vez que a sentença homologatória é mais fácil de ser proferida, simplificando a dinâmica forense por evitar a análise de mérito da demanda (a qual costuma ser complexa e, por isso, depender de mais tempo/trabalho). Pode-se afirmar com segurança que não é conciliar a busca desenfreada por números de acordos homologados, exclusivamente para fins de alcançar estatísticas positivas, em detrimento da qualidade da decisão proferida e da efetividade do acordo para as partes.

De certo modo o desafio para os magistrados e os conciliadores é enorme, tendo inclusive o CNJ estabelecido meta própria, chamada "Meta 03 – Estimular a Conciliação". Portanto, tem-se, de um lado, a cobrança por estatísticas positivas e, de outro, a necessária consciência de que não bastam números, mas sim acordos que sejam efetivos, que encerrem de fato o litígio e impeçam que este retorne ao Poder Judiciário, em outro momento.

Técnica também inadequada é praticada pelo juiz quando atua como conciliador: antecipar claramente seu entendimento sobre a lide, para convencer a parte de que ela não conseguirá nada melhor do que o acordo. A título de exemplo, o juiz menciona que, em caso semelhante, não fixaria valor de indenização maior do que aquele ofertado pela parte em audiência e que, portanto, trata-se de um acordo favorável se comparado à vindoura sentença.

Talvez seja um entrave, ainda, o fato de não parecer atrativo aos advogados das partes, sabedores de que um acordo naquela fase inicial do processo reduziria o valor de honorários, instruir seus clientes a uma composição ainda em audiência inicial de conciliação ou talvez porque não está disposta a parte autora do processo à realização de um acordo, fruto de uma cessão mútua em que se receberia menos do que buscava em petição inicial.

Por fim, é essencial o entendimento de que o acordo é manifestação consensual, bilateral de vontades, não podendo ser algo imposto, sob pena de não se resolver com efetividade o processo e o litígio retornar ao Poder Judiciário em outra demanda futura, com os mesmos litigantes.

CONCLUSÃO

Conforme se pode verificar, a conciliação é um método autocompositivo de conflitos, em que uma terceira pessoa, neutra, possibilita a conversa entre as partes, para que estas cheguem, por elas mesmas, a um resultado final satisfatório. O conciliador pode, para alcançar essa finalidade, sugerir alternativas e propor caminhos, sendo-lhe imposta uma conduta ilibada para conduzir o procedimento.

Esse instituto tem regramento próprio em resolução do CNJ (125/2010) e em diversas disposições do atual CPC, como visto, sendo estabelecidos princípios que devem ser respeitados a fim de que a conciliação desenvolva-se de forma regular e válida, notadamente, os princípios da autonomia da vontade, confidencialidade, imparcialidade e independência.

A conciliação traz vantagens a todos os envolvidos: Poder Judiciário, partes e advogados: Ao Ente público, diminui-se o acervo e ajuda no alcance de metas nacionais traçadas pelo CNJ; Aos litigantes, também há ganhos como no fato de ser uma solução mais rápida, mais barata e mais eficaz, diminuindo os custos do processo e o desgaste emocional. Além de constituir em um método que aproxima as partes de uma solução mais democrática, pois estas podem exercer seu direito de cidadania e de voz ativa.

Por outro lado, é importante destacar que, em determinadas situações, a conciliação não será a forma mais vantajosa às partes litigantes e não terá tanta efetividade, de modo que, para isso não acontecer, devem ser evitadas determinadas práticas. A título de exemplo, a verdadeira conciliação não consiste no entabulamento forçoso de um acordo, quando é o ato conduzido pelo juiz, apenas em respeito ou temor à autoridade do magistrado. É preciso, pois, que haja adesão aos termos e compromissos assumidos.

Para fins de Meta do CNJ, em primeira análise, até poderia ser atrativa ao Poder Judiciário uma sentença homologatória forçada, eis que a sentença teria influenciado em suas metas 1 e 3, pelo menos. Às partes, no entanto, apenas haveria a transferência de um problema, do início do feito à fase de cumprimento de sentença, com uso de meios de constrição em desfavor do devedor.

No momento da conciliação não pode haver intimidação ou incisiva insistência do conciliador, sob pena de macular a finalidade última da autocomposição, qual seja, a pacificação social e a efetividade do acordo, que é obter a tutela estatal pretendida.

Se por um lado muito já se escreveu sobre o tema 'conciliação', sobretudo após seu revestimento dado pelo CPC/15, ainda é preciso fomentar a consciência de cidadão quando a parte abandona a posição passiva e passa a decidir o ponto que lhe traz incômodo e, ainda, evita que tenham os processos tramitações desnecessárias e por tempo irrazoável.

Até mesmo, pode ser que exista uma prática a ser seguida ou evitada pelo Poder Judiciário, quando da realização de audiências de conciliação, mediante o uso das recomendáveis técnicas de conciliação já conhecidas, com o entabulamento de mais acordo, com devolução da paz social de forma mais efetiva, diminuição do passivo judicializado e o evitamento, a todo custo, das práticas do que "não é conciliar".

É preciso, pois, entender como as partes recebem as técnicas aplicadas pelo conciliador, qual mensagem cada comando reverbera e o que poderia ser feito e evitado, na opinião delas, para, enfim, alavancar a média de acordo e trazer à engrenagem da Justiça um novo fluido.

REFERÊNCIAS BIBLIOGRÁFICAS

Cavalcante, N. M. L. (1999). A conciliação como instrumento de pacificação social na resolução de conflitos. Justiça & Cidadania. Disponível em: <https://www.editorajc.com.br/a-conciliacao-como-instrumento-de-pacificacao-social-na-resolucao-de-conflitos/>. Acesso em: 25 março. 2020.

Didier Junior, F. (2017). Curso de Direito Processual Civil (19 ª ed.). Salvador, BA: Jus Podivm, p. 305.

Mendes, A. G. de C. (2009). Teoria Geral do Processo. Rio de Janeiro, RJ: Lumen Juris, p. 285.

Movimento pela Conciliação, Conselho Nacional de Justiça – CNJ. Conciliar - O que é conciliação? Disponível em:<http://www.conciliar.cnj.gov.br/conciliar/pages/conciliacao/Conciliacao.jsp>. Acesso: 02 de julho de 2021.

Nery Junior, N. (2015). Comentários ao código de processo civil: novo CPC. São Paulo, SP: Revista dos Tribunais, p. 584.

Souza, A. P. (2000). O poder-dever do juiz de tentar conciliar as partes. Migalhas. Disponível em: <https://www.migalhas.com.br/coluna/cpc-na-pratica/267878/o-poder-dever-do-juiz-de-tentarconciliar-as-partes>. Acesso em: 25 junho. 2021.

ESTUDO DAS TÉCNICAS FUNDAMENTAIS DA NEGOCIAÇÃO: DIRETRIZES PARA UMA NEGOCIAÇÃO BEM SUCEDIDA

Autora:

Shellsy Anne Aquino Moslay

INTRODUÇÃO

Você já pensou a respeito do modo pelo qual você costuma negociar com os seus pares? Antes de falarmos do estudo das técnicas fundamentais, precisamos estabelecer um conceito básico de negociação, fenômeno onipresente no cotidiano de todos nós.

Negociamos não só de maneira formal, quando efetuamos a venda de um carro, mas também de modo implícito estamos sempre negociando. Inclusive, ainda que não prestemos atenção, o fazemos permanentemente com nós mesmos, por exemplo, sobre como gastaremos o nosso tempo ou como nos vestiremos, conforme as solicitações do momento e as nossas motivações.

Podemos definir a negociação como o ato essencial à obtenção de um resultado, com o objetivo de sanar um conflito e satisfazer a uma pretensão ou a uma necessidade das partes. Assim, estabelecer técnicas favoráveis e estratégicas pode fazer toda a diferença na conquista do interesse almejado.

Tendo em vista que a negociação pode ser considerada interdisciplinar, ou seja, reúne conceitos de diversas áreas como direito, psicologia, ciência política, sociologia, administração e teoria dos jogos entre outras, dispomos então de mecanismos provenientes dos mais variados ramos do conhecimento. Logo, o "como negociar" pode ser aprendido e o negociador possui ao seu dispor tais meios de desenvolver a habilidade por intermédio de estratégias, técnicas e/ou táticas utilizadas com a finalidade de alcançar os ideais pretendidos com a negociação.

Esse artigo tem como objetivo geral, a partir de uma revisão bibliográfica, contribuir no estudo da aplicação de algumas técnicas de negociação. Como objetivos específicos, descrever e estudar o uso de tais técnicas, revelando a sua importância quando se configuram como instruções destinadas a uma negociação bem sucedida, proporcionando, assim, a paz e o bem-estar social.

Serão abordados alguns métodos e maneiras de como fazer prosperarem tais técnicas, de modo a atingir a expectativa gerada em torno do processo de negociar. Assim, diante da necessidade de preparação efetiva e preliminar do negociador, a relevância da temática em questão demonstra-se nítida no sentido de aprimorar tomadas de decisões e estimular a busca por uma sociedade mais justa e equilibrada.

NEGOCIAÇÃO: O PROCESSO

A negociação também pode ser definida como um processo, no qual as partes utilizam a comunicação para alcançarem um acordo relacionado a valores escassos ou ao controle sobre o objeto da negociação.[1]

---

1   BURBRIDGE, COSTA, LIMA, MOURÃO & MANFREDI, Gestão de Negociação: como conseguir o que se quer sem ceder o que não se deve, 2007, p. 09.

O sucesso de uma negociação, geralmente, depende de uma fase de planejamento anterior à própria negociação.

Tal momento é de preparação, de conhecer o seu oponente, buscar saber os seus reais interesses e reconhecer os próprios objetivos a fim de que haja mais segurança para argumentar e evitar ansiedades prejudiciais ao processo.

Nessa fase, faz-se necessário o conhecimento de técnicas, táticas e estratégias que auxiliarão na melhor forma de negociar.

Patton, Ury e Fisher propõem três etapas que podem ser divididas em análise, planejamento e discussão[2].

No estágio de análise é feita uma avaliação e a reflexão sobre as informações disponíveis, revelar os interesses das partes envolvidas, separar as possíveis opções encontradas e identificar os critérios objetivos para chegar ao acordo. Na etapa do planejamento, buscam-se ideias e examina-se a maneira de lidar com os problemas, identificar os interesses primordiais a serem atendidos e os objetivos mais realistas, bem como delimitar tais critérios objetivos para então escolher o mais adequado. Enfim, na fase de discussão as partes devem comunicar-se entre si para alcançar o acordo, lidando com os quatro elementos básicos. Assim, sentimentos de raiva, entraves na comunicação e diferenças de percepção serão resolvidas.

Uma vez que toda negociação envolve pessoas, as quais possuem um estilo próprio de negociar conforme a sua educação, valores e experiência de vida, vale ressaltar a importância de algumas técnicas relacionadas à comunicação, à emoção e à percepção do negociador que a seguir serão estudadas.

---

2 PATTON, URY & FISHER, *Como Chegar ao Sim: como negociar acordos sem fazer concessões*, 2018, pp. 34-35.

Comunicação

Não há duvidas de que a comunicação é fator primordial à negociação, posto que sem ela qualquer relacionamento inexiste. Entretanto, o procedimento de comunicar-se não se faz simples, já que pode acontecer por intermédio de gestos, sinais, ações, omissões e até mesmo pelo silêncio.

Almeida & Martinelli[3] mencionam a habilidade de saber ouvir, pois sem a escuta atenta não se consegue negociar plenamente. Ouvir significa interpretar além das palavras proferidas, mas também, o que se quer dizer implicitamente com aquela comunicação, envolvendo mais que a audição, refletindo e questionando a mensagem transmitida pelo processo de comunicação.

Algumas atitudes são importantes para a obtenção de um acordo em que ambas as partes fiquem satisfeitas como, a prática da escuta ativa, registrando-se o que é comunicado; o esforço para se fazer entender com o maior grau de clareza possível; expressar os próprios sentimentos e falar com um propósito[4].

A escuta ativa exige atenção, pois manter contato visual e um simples balançar de rosto afirmativo enquanto o outro fala, pode demonstrar entendimento ao interlocutor, por exemplo. Afastar alguns pensamentos e questionamentos internos durante a fala do outro também é importante para a melhor compreensão. Pode ser esclarecedor fazer uma síntese sobre o que foi abordado para dar a oportunidade de correções caso tenha havido interpretação diversa do que se pretendia comunicar[5].

---

3   ALMEIDA, A. P., & MARTINELLI, D. R. (2011). Negociação: como transformar confronto em cooperação. São Paulo: Atlas, p.43.

4   PATTON, B. et. al., Op. Cit., pp. 57-60.

5   COLSON, A., DUZERT, Y., & LEMPEREUR, A. P. (2009). Método de Negociação: o novo papel dos recursos humanos nas organizações. São Paulo: Atlas,

Dessa forma, a escuta qualificada constitui-se como técnica que pode ser desenvolvida caso não esteja presente no repertório de habilidades do negociador, pois reflete a vontade sincera de se construir um bom relacionamento gerando grande chance de reciprocidade.

PERCEPÇÃO

Se o modo pelo qual desenvolvemos o processo de negociar é decisivo para obtermos sucesso, certamente a percepção do outro, dos seus interesses através do seu arcabouço comportamental e das informações adquiridas ao seu respeito, é fundamental para tal resultado.

É importante conhecer o que o outro lado deseja adquirir com a negociação, mas como será que conseguimos realmente saber qual a sua pretensão? Patton, Ury e Fisher[6] trazem algumas respostas a esse questionamento na sequência tratadas.

Seja empático. A empatia é a capacidade de saber colocar-se no lugar do outro sem fazer avaliações, inclusive não quer dizer que se aceita o ponto de vista diverso, porém demonstra considerável atenção aos objetivos alheios e consequentemente produz benefícios recíprocos. Fácil não é, obviamente, mas se submeter à visão de mundo do outro é de grande valia para se ter um acordo favorável a todos os envolvidos.

Da mesma forma, deve ser evitado o julgamento prévio do propósito do outro a partir de experiências negativas do passado. Logo, se a minha percepção das pessoas for sempre apoiada em algum evento mal sucedido ocorrido anteriormente, difícil será conseguir realizar com louvor qualquer negociação, uma vez que a sombra da desconfiança estará sempre presente,

---

pp. 110-111.

6   PATTON, B. et.al.,Op.Cit. pp., 46-51.

impedindo-me até de enxergar possibilidades oportunas e adequadas a melhor solução.

Manter o diálogo aberto sobre as intenções e percepções envolvidas no processo de negociação também é importante para diminuir as diferenças e esclarecer dúvidas que possam surgir. Se as partes conseguem estabelecer uma conversa cordial certamente terão oportunidade de desfazerem mal entendidos, além de proporcionarem um envolvimento maior no acordo. Assim, ambos sentir-se-ão efetivamente responsáveis pelas ideias e constatarão que o resultado foi construído a partir de concessões recíprocas.

Vale ressaltar que ego e valores estão presentes na negociação, o que demanda proposições condizentes aos princípios e à própria autoimagem dos negociadores, a fim de que não haja a rejeição de propostas por receio de danos à honra e à dignidade.

EMOÇÃO

Onde há a presença de um ser humano, inevitavelmente haverá emoção envolvida. Dependendo de como se conduza a negociação, ou seja, se está configurada numa disputa austera ou numa relação harmônica, sentimentos serão evocados constantemente entre os negociadores.

Reconhecer as nossas emoções configura-se numa tarefa árdua, visto que o autoconhecimento nem sempre é viável, já que nos apresenta a profundidade de nossa personalidade, muitas vezes negada por nós mesmos com o intuito de evitar esse confronto que traz algum sofrimento. Como consequência, compreender a emoção do outro pode ser um objetivo inatingível no processo negocial.

É necessário ser capaz de gerenciar as nossas emoções mais nocivas, isto é, a emoção que habita a consciência e distorce a percepção, dirigindo-nos para um comportamento irracional. Quando temos a verdadeira compreensão do que ocorre conosco temos menos dificuldade de lidar com pessoas difíceis, evitando ainda que nos manipulem[7].

O comportamento do negociador agressivo inclui a sua inabilidade de ouvir, a repetição contínua de questões já avaliadas, acusações infundadas e simulações. Além disso, costuma ter humor sarcástico, usa de linguagem desrespeitosa e realiza ameaças constantes. No entanto, o negociador agredido precisa ter paciência e dedicar-se à escuta ativa no sentido de buscar a compreensão do sentimento do agressor, a fim de que não se sinta estimulado ao contra-ataque, mas tenha tempo para interpretar e trazer o que foi entendido no intuito de restaurar o relacionamento[8].

ESTRATÉGIAS

A estratégia pode ser definida como o conjunto de técnicas destinadas ao alcance de um resultado pretendido com a negociação. Consoante Ríos, a estratégia pode ser tida como um plano de articulação de comportamentos peculiares, incluindo tomada de decisões, até que se atinjam interesses predeterminados[9].

ESTRATÉGIA DE COMPETIÇÃO

Esse tipo de estratégia leva em conta que uma das partes deve obter os ganhos e a importância de se manter um relacionamento futuro não é considerada. Ocorre, por exemplo, quando buscamos as melhores condições de compra sem

---

7   BURBRIDGE, R. et.al., Op. Cit.,pp. 126 e 137.

8   COLSON, A. et.al., Op. Cit., pp. 132 e 138.

9   RÍOS, A. S., (2017). Negociação e Teoria dos Jogos. São Paulo: Revista dos Tribunais, p. 116.

nos preocuparmos com as expectativas do vendedor de determinada loja ao nosso respeito, pois se ele não oferece o preço mais atrativo, inevitavelmente iremos comprar do seu concorrente[10].

Na estratégia competitiva, também conhecida como (ganha-perde), cada negociador procura ganhar não considerando o que irá ceder. A transitoriedade da relação é o que caracteriza esse modelo. Vale dizer ainda que tal estratégia pode gerar um sentimento de vingança no "perdedor" e o possível descumprimento posterior do acordo[11].

Desse modo, na primeira situação relacionada à compra de um produto num estabelecimento comercial, pode ser favorável o uso dessa estratégia, entretanto, no caso em que suscita um desconforto na parte lesada estimulando uma represália, não acreditamos que seja a melhor opção a ser utilizada no processo, já que provavelmente acarretará uma nova negociação.

Ter conhecimento da arte de negociar por intermédio de suas técnicas não é só recomendável para se obter êxito no procedimento, mas também é um modo de proceder que pode antever a estratégia em uso do outro negociador, beneficiando ainda mais o método empregado e, consequentemente, elevando o nível de poder do negociador.

---

10   MELLO, J. C. M. F. (2012). Negociação Baseada em Estratégias (3ª ed.). São Paulo: Atlas, p.06.

11   RÍOS, A. S., Op. Cit., p. 118.

O PODER

O poder pode ser considerado um fator determinante ao sucesso de uma negociação competitiva, uma vez que condiciona em certa medida as opiniões e a mobilidade da parte contrária[12].

O poder da posição[13] caracteriza-se pelo cargo ocupado pelo sujeito, ou seja, um chefe de setor, um juiz ou um pai, por exemplo, perdem esse poder caso sejam destituídos de função respectiva. Ressalta-se que muitas vezes esse poder é empregado de forma abusiva indicando acordos hostis e/ou uma relação comprometida.

A informação, certamente, constitui-se numa fonte de poder importante em qualquer negociação. Na modalidade competitiva, a informação tem grande valor e quanto mais for precisa, melhor. Logo, saber quais as expectativas do outro[14], se o mesmo detém algum tipo de poder e a qual forma de acordo tenha se submetido no passado são exemplos de informações assertivas para um bom resultado.

O uso do tempo pode favorecer aos negociadores, ganhando poder aquele que consegue suportar com paciência a sua rigidez. Na negociação competitiva, prudente é o que não revela o seu limite temporal e impor um prazo de vencimento contribui no sentido de forçar o outro negociador a tomar uma decisão[15].

---

12   RÍOS, A. S., Op. Cit., p. 95.

13   ALMEIDA, A. P., & MARTINELLI, D. R. Op. Cit., p. 72.

14   MELLO, J. C. M. F. Op. Cit., p. 36.

15   MELLO, J. C. M. F. Op. Cit., p. 38.

O poder de barganha pode ser definido como a aptidão de produzir influência e de conquistar resultados desejados, configurando-se como relativo aos negociadores e também sendo influenciado pela posição. Conforme o exemplo de Almeida & Martinelli, se uma pessoa resolve fazer uma reforma em casa e no local em que reside há inúmeros trabalhadores ou empresas que possam realizar tal trabalho, o poder de barganha ganha força, visto que a possibilidade de se pechinchar por preço e materiais relacionados à obra passa a ser elevada[16].

ESTRATÉGIA DE COOPERAÇÃO

A estratégia cooperativa ocorre quando se quer obter vantagens e concomitantemente procura-se preservar o relacionamento, sendo também denominada de estratégia "ganha-ganha". Esse modelo favorece a transparência entre os envolvidos, pois as concessões e os riscos são recíprocos; a informação é considerada um elemento auxiliar nesse caso e não uma fonte de poder e a confiança entre os envolvidos tende a ser fortalecida[17].

Trocar informações legitimamente origina o maior conhecimento dos interesses e das percepções das partes, além de criar e tornar mais efetiva a confiança entre elas. A credibilidade recíproca precisa ser construída com a finalidade de tornar os objetivos da negociação eficazes e não permitir que um lado se sinta em desvantagem e modifique a estratégia de colaboração para a competição[18].

O negociador com postura colaborativa investe em transações futuras e busca encontrar alternativas de ganho comum não se esquecendo de que o essencial é conseguir atingir o melhor acordo possível e não vencer

---

16   ALMEIDA, A. P., & MARTINELLI, D. R. Op. Cit., p. 78.

17   MELLO, J. C. M. F. Op. Cit., p. 84.

18   MELLO, J. C. M. F. Op. Cit., p. 94.

o seu oponente, pois pessoas que confiam umas nas outras estão aptas a influenciarem-se mutuamente[19].

Percebemos, então, que esse tipo de estratégia é a ideal para que ambas as partes sejam assistidas em seus propósitos ao máximo. Entretanto, vale salientar que se deve ter cautela no sentido de apenas uma parte sentir a necessidades de fazer concessões demasiadamente com o intuito de evitar controvérsias, já que desse modo, a cooperação estaria descaracterizada[20].

O estilo colaborativo geralmente está associado a negociadores solucionadores de conflitos e que agregam valor ao relacionamento. Costumam produzir diálogos frutíferos, são integrativos na busca de resultados que envolvam a todos e estão sempre abertos à troca de informações e ao encontro de soluções criativas[21].

TÉCNICAS COOPERATIVAS

É importante frisar que técnicas de cooperação são aplicadas para estimular uma atmosfera propícia à negociação e não com a finalidade de vencer o processo. Elas também são utilizadas com o objetivo de conhecer e compreender melhor as necessidades do outro em vez de serem usadas para se obter poder, como ocorre quando se negocia competitivamente. Existindo entendimento mútuo, diálogo aberto, quando se consideram as emoções e as pessoas se sentem respeitadas, ainda que discordem de algo, as negociações ficam inclinadas a terem sucesso[22].

---

19   MELLO, J. C. M. F. Op. Cit., p. 95.

20   RÍOS, A. S., Op. Cit., p. 119.

21   BURBRIDGE, R. et.al.,Op. Cit., p. 22.

22   MELLO, J. C. M. F. Op. Cit., p. 102.

REDUZIR DISTÂNCIAS

Vale dizer que tais distâncias podem ser geográficas, econômicas, culturais, de comunicação entre outras. Minimizar distância também significa diminuir as divergências entre as partes. E isso deve ser feito assim que possível, pois a delimitação inicial do que ambos concordam e a o afastamento do que precisa ainda ser acordado fortalecem a confiança e vislumbram o alcance de resultados mais favoráveis aos negociadores[23].

PROCURA DE ALIANÇAS

Aliança é vínculo de relação duradoura necessário ao prosseguimento da negociação. Pactos entre os sujeitos com frequência aproximam os mesmos do objetivo perseguido pelo processo negocial e ajudam na manutenção do relacionamento para futuros acordos[24].

NOVAS RODADAS

Na hipótese de acontecer algum atrito no decorrer da negociação com interesses comuns ou para tomar decisões diante múltiplas escolhas, o melhor a se fazer é chamar a outra parte para um novo ciclo de negociações em data e lugar diversos. Novas rodadas também facilitam a união e estendem o tempo para a análise sobre os novos acordos e sobre os que ficaram em pendência[25].

---

23   RÍOS, A. S., Op. Cit., p. 137.

24   RÍOS, A. S., Op. Cit., p. 138.

25   RÍOS, A. S., Op. Cit., p. 138.

A mediação é forma de resolução de conflitos, pela qual um terceiro sujeito sem ter um interesse particular organiza sessões com as partes envolvidas e, a partir de um diálogo franco, os negociadores passam a ponderar sobre o conflito existente, a fim de que cheguem a uma solução benéfica e satisfatória a todos[26].

O mediador oferece os elementos para que os próprios sujeitos encontrem uma solução favorável. Desse modo, tem sido muito empregada, uma vez que equilibra as emoções, facilita a comunicação e não favorece a competição, mas sim a cooperação para se alcançar o "ganha-ganha".

Diante do que a doutrina apresenta, podemos entender que conduzir uma negociação requer inúmeros fatores estratégicos, técnicas e ou táticas além das já estudadas, que são necessárias a um resultado com êxito incluindo empenho, flexibilidade, determinação, adaptabilidade, experiência, criatividade, persuasão, paciência e perspicácia do negociador.

MÉTODO DE NEGOCIAÇÃO POR PRINCÍPIOS

Patton, Ury & Fisher[27] afirmam que existem três critérios essenciais para que o tipo de negociação seja considerado justo, ou seja, deve produzir um acordo, caso possível, seja equilibrado, eficaz e capaz de melhorar ou pelo menos não causar dano às partes em questão. Assim, uma negociação do tipo posicional

---

26   LORENCINI, M. A. G. L., SALLES, C. A., & SILVA, P. E. A. (2020). Negociação, Mediação, Conciliação e Arbitragem: curso de métodos adequados de solução de controvérsias. Rio de Janeiro: Forense, p. 149.

27   PATTON, B. et. al., Op. Cit., p. 24.

ou de embate não respeita tais normas, visto que o negociador mantém sua posição (inflexibilidade) a qualquer custo enquanto os seus interesses não são perceptíveis, mas ocultos.

A negociação baseada em princípios ou negociação dos méritos de que trataremos agora se constitui também numa técnica colaborativa de negociação desenvolvida por Patton, Ury & Fisher no livro "Como chegar ao sim". Conhecida ainda como método Harvard de negociação, esse modelo compreende a interação mútua dos envolvidos para se chegar a um consenso que beneficie a todos se opondo ao método competitivo ou de barganha posicional. Os princípios norteadores desse método serão a seguir estudados.

Pessoas

Inicialmente devemos reconhecer qual o problema que deve der solucionado, qual é o objetivo pretendido com a negociação e separar as pessoas do problema[28].

São pessoas que possuem interesses, conflitos e que desejam resolver tais questões. Entretanto, não é difícil confundirmos, principalmente num momento de tensão, as pessoas com quem precisamos transigir e o próprio conflito a ser solucionado. Isso ocorre, quando não sabemos lidar com nossas emoções mais exacerbadas, ou quando temos dificuldade de perceber o que está realmente acontecendo, enxergando a partir de nossas próprias perspectivas e quando o processo de comunicação não é eficaz.

Negociamos com o intuito de satisfazermos nossos interesses essenciais e tendo em vista que a maior parte das negociações ocorre diante de circunstâncias relativas a uma relação duradoura, faz-se necessário direcionar a negociação

---

28   PATTON, B. et. al., Op. Cit., p. 31.

de modo a não prejudicar novas relações, pois preservar o relacionamento é o mais importante[29].

Conciliar um conflito e uma relação favorável não será tão complexo se os negociadores estiverem empenhados no consenso e se estiverem preparados psicologicamente para tanto.

Assim, se houver diferenças de percepções, busque formas de transparecê-las. Se as emoções estiverem exacerbadas, procure exprimir as mesmas evitando culpar o outro lado e aprimore a comunicação, fazendo-se entender de maneira mais clara e inteligível possível[30].

Construir uma relação amistosa, buscar conhecer pessoalmente o outro lado, descobrir seus hobbies e preferências através de um encontro oportuno e de caráter não formal, antes mesmo de se iniciar a negociação, certamente proporcionará ganhos mútuos sem desgastes entre as partes[31]. Além disso, ter o outro como aliado na resolução do problema gera mais eficácia devido ao grau de confiança estabelecido. Dessa forma, a harmonia criada pelas pessoas fará com que se unam para conciliarem os interesses em conflito e que juntas consigam enfrentar com firmeza o conflito.

INTERESSES

Após a identificação do problema a ser resolvido e de se ter separado o mesmo das questões pessoais, devemos nos concentrar nos interesses a serem alcançados com a negociação e não nas posições dos envolvidos.

O primordial num processo de negociação é conhecer as necessidades, desejos e temores de cada um, pois a posição é determinada por cada um, já os

---

29 PATTON, B. et. al., Op. Cit., p. 42.

30 PATTON, B. et. al., Op. Cit., p. 44.

31 PATTON, B. et. al., Op. Cit., p. 61.

interesses se compõem pelo que levou as partes decidirem. Assim, para cada interesse presente, há inúmeras posições capazes de concretizá-lo e em volta das posições divergentes, podem existir mais interesses equivalentes do que conflitantes[32].

As posições costumam ser evidentes, porém os interesses geralmente são obscuros. Os interesses podem ser revelados usando-se a técnica da empatia, isto é, buscando-se entender as necessidades, desejos e receios do oponente. As perguntas "Por quê?" e "Por que não?" para se descobrir quais os interesses motivam a posição do outro e quais os interesses impedem o outro de aceitar a minha posição são essenciais[33].

Vale frisar que os interesses mais intensos são os relativos às necessidades básicas do ser humano (segurança, bem-estar econômico, sentimento de pertença, reconhecimento e controle sobre a própria vida). Desenvolver uma relação de interesses por escrito de cada parte envolvida auxiliará na busca por solucioná-los[34].

Já mencionamos anteriormente que a comunicação é técnica fundamental para se atingir um resultado favorável. Então, não deixemos de falar de modo eficaz e transparente sobre os nossos interesses. Estabelecer um diálogo aberto e detalhar as pretensões são importantes maneiras de se chegar ao sucesso almejado. Também vale a pena não se esquecer de que os interesses alheios precisam ser reconhecidos. Ouvir atentamente e prestar atenção na linguagem corporal do outro fazem grande diferença no resultado[35].

---

32   PATTON, B. et. al., Op. Cit., pp. 64-65.

33   PATTON, B. et. al., Op. Cit., p. 67.

34   PATTON, B. et. al., Op. Cit., p. 71.

35   PATTON, B. et. al., Op. Cit., p.73.

Outra técnica que funciona é mostrar o problema inicialmente e em seguida demonstrar a solução, uma vez que se fizermos o inverso, o interlocutor provavelmente ficará incomodado e não dará atenção às propostas apresentadas, mas apenas aos interesses expostos[36].

Evitar discutir o passado e falar sobre os anseios futuros também é válido e viabiliza o processo. A flexibilidade dos negociadores sempre é bem vinda. Ela certamente amplia a visão dos envolvidos e permite os mesmo a descortinarem juntos novas ideias e soluções aptas a atenderem os interesses legítimos em discussão[37].

Ressalta-se novamente que agarrar-se à posição não é a melhor tática na negociação, mas fixar-se no interesse sim. Quando os negociadores são perseverantes no seu propósito conseguem construir em comum acordo soluções criativas e benéficas, pois a negociação exitosa é aquela que possui firmeza nos objetivos e maleabilidade entre as pessoas[38].

Opções

Esse princípio diz respeito à necessidade de se conceber uma variedade de alternativas de ganhos recíprocos. Tais opções são as diferentes maneiras pelas quais se podem suprir os interesses de cada negociador.

Alguns empecilhos à construção dessas alternativas são o prejulgamento, a busca por uma resposta única, a pressuposição de que o bolo é fixo e a crença de que resolver o problema do outro é problema do outro[39].

---

36 PATTON, B. et. al., Op. Ci., p. 75.

37 PATTON, B. et. al., Op. Cit., p. 76.

38 PATTON, B. et. al., Op. Cit., pp. 77-78.

39 PATTON, B. et. al., Op. Cit., p. 80.

A interpretação prematura é autolimitante, desencorajando a produção de novas ideias no sentido de revelar um receio da parte por supor ser desinteressante a sua proposta. Essa autocrítica traz prejuízo à nossa criatividade e assim descartamos possibilidades por julgarmos que serão rejeitadas[40].

Desse modo, acabamos acreditando que há somente uma solução possível, considerando inútil desenvolver opções, posto que são fixos os ganhos e apenas um resultado é admissível para a negociação, não havendo a possibilidade ganhos mútuos[41].

Em última análise, a tendência dos negociadores é considerar o problema da outra parte algo que só cabe a mesma resolver, pois acreditam já possuírem os próprios assuntos controversos para solucionarem[42]. Vale dizer que fazer concessões é indispensável para que o relacionamento humano prospere, pois a unilateralidade não consegue sustentar a relação por muito tempo e incapacita a condução da vida em sociedade.

Para criar soluções criativas teremos de afastar o nosso juízo de valor prévio a fim de que deixemos a nossa imaginação fluir livremente sem a preocupação de atender aos requisitos estabelecidos pelo outro. É salutar construir o máximo de soluções que poderiam corresponder ao objetivo da negociação. Antes da sessão de brainstorming é importante definir um propósito, estabelecer os participantes, escolher um lugar informal e decidir quem mediará a reunião[43].

Durante a sessão é importante destacar as normas fundamentais ressaltando a proibição de críticas para não impedir os participantes de expressaram-se sem ressalvas e registrando todas as ideias evocadas. Após a sessão serão

---

40   PATTON, B. et. al., Op. Cit., p. 81.

41   PATTON, B. et. al., Op. Cit., p. 82.

42   PATTON, B. et. al., Op. Cit., p. 83.

43   PATTON, B. et. al., Op. Cit., pp. 83-84.

destacadas as ideias mais promissoras aos envolvidos, se for necessário torná-las mais favoráveis e estabelecer um prazo de avaliação e tomada de decisão[44].

Expandir o leque de alternativas por intermédio do desenvolvimento de acordos de pesos desiguais, ou seja, não se prender ao objetivo principal vislumbrando a possibilidade de se criar opções para o secundário e ampliar a visão do problema, enxergando sob, por exemplo, o olhar de um especialista naquela questão também é recomendável[45].

Mais uma vez podemos dizer que o alcance de benefícios mútuos depende de empatia, de concessões recíprocas, da conciliação de objetivos diferentes, do esforço em conhecer as preferências do outro e de destacar os pontos positivos da nossa oferta sem oferecer ameaças[46].

CRITÉRIOS

O conflito de interesses sempre irá acontecer nos processos de negociação e na vida como um todo. Logo, ao invés de negociar com base na vontade individual é recomendável que se recorra aos critérios para acertar as divergências e, quanto mais critérios imparciais, que nos conduzam a uma lógica objetiva conseguirmos investir nos conflitos, as chances de encontrarmos as melhores respostas serão elevadas. Além disso, evitaremos desgastes resultantes da defesa implacável de uma negociação por posições[47].

---

44   PATTON, B. et. al., Op. Cit., pp. 85-86.

45   PATTON, B et. al., Op. Cit., p. 92.

46   PATTON, B., et. al., Op. Cit., p.102.

47   PATTON, B. et. al., Op. Cit., p. 107.

A busca de soluções baseada em princípios requer critérios objetivos hábeis, legítimos, simples de serem compreendidos e justos. Dessa forma, utilizar o teste de aplicabilidade recíproca costuma garantir a sua imparcialidade[48].

Permitir que o outro lado desempenhe um papel importante numa decisão em conjunto também é válido como, por exemplo, a técnica do "um corta, o outro escolhe". Algumas alternativas como sorteio e par ou ímpar podem trazer resultados diferentes, porém cada parte terá tido uma circunstância oportuna de conseguir o que se pretendia[49].

Para discutir esses critérios com o outro lado é determinante criar quesitos no sentido de alcançar em parceria com ele novos critérios objetivos. Exemplificando, na busca por achar o preço justo, a primeira pergunta poderia ser: "Qual o raciocínio você lançou mão para chegar a esse valor?" Não deixe de concordar com os princípios, pois assim poderá argumentá-los. Quando cada parte sugere um critério diferente, leve em consideração o critério do outro lado, não o descarte de imediato, talvez ambos consigam conectar os dois critérios e a solução permaneça sendo alheia à vontade de ambos e por fim, procure não se deixar levar pela coação, incitando que a parte mostre a sua ideia norteadora, oferecendo critérios que você supõe empregáveis e, apenas ceda aos princípios, jamais à pressão imposta pelo outro[50].

O melhor acordo possível deve passar pelo exame de diversas soluções concebíveis, com o objetivo incessante de buscar interesses similares que harmonizem de modo criativo os desejos conflitantes dos negociadores.

Assim, o programa de negociação de Harvard foi desenvolvido para executar um projeto de pesquisa destinado ao conhecimento teórico e prático

---

48   PATTON, B. et. al., Op. Cit., p. 110.

49   PATTON, B. et. al., Op. Cit., p. 112.

50   PATTON, B. et. al., Op. Cit., p. 116

da negociação por intermédio de workshops e conferências, além de contribuir efetivamente no meio acadêmico mundial através da publicação de livros e artigos sobre o assunto[51].

CONCLUSÃO

A negociação inegavelmente é algo presente no cotidiano humano que surgiu como uma ferramenta necessária ao convívio em sociedade e como um método capaz de auxiliar a distribuição de valores escassos.

Sabemos que onde há pessoas e relações estabelecidas o conflito torna-se inevitável, visto que existem alguns obstáculos para todos nós superarmos no que diz respeito a realizar concessões em prol da pacificação social.

Vimos nesse artigo que o processo da negociação é amplo e exigente, até mesmo quando ainda nem se formalizaram tais procedimentos e que negociar bem pode ter algo de inato, mas certamente é muito mais uma habilidade adquirida com a prática.

Negociar significa estar preparado para efetuar trocas de modo a saber como lidar consigo e com o outro utilizando-se de um repertório comportamental que envolve comunicação, psicologia, marketing e administração de litígios.

Pode-se traduzir a negociação ainda como um conjunto de estratégias e técnicas hábeis a conduzir controvérsias através do consentimento mútuo entre as partes negociantes, que muitas vezes influenciadas por suas ambições, expectativas e emoções não percebem que estão agindo determinadas por suas posições inflexíveis.

Apresentamos algumas técnicas cooperativas e o método de negociação por méritos que são fundamentais para que os negociadores interajam com a finalidade de minimizarem as tensões advindas do embate posicional, fazendo

---

51   LORENCINI, M. et. al., Op. Cit., p. 127.

uso da informação não como fonte de poder, mas como elemento propulsor de progresso e harmonia.

Técnicas como a empatia, evitar julgamentos, aproximação, fazer concessões e usar a criatividade na elaboração de alternativas de ganhos recíprocos demonstram vontade legítima e ética por parte dos envolvidos de alcançarem uma vitória relativa para ambos, unindo forças para solucionarem as divergências no modelo "ganha-ganha" de negociação.

Enfim, podemos afirmar que a negociação quando bem elaborada e conduzida reforça o ideal de uma humanidade que clama por justiça e paz afastando sentimentos egoicos que efetivamente comprometem o bem-estar social.

REFERÊNCIAS BIBLIOGRÁFICAS

ALMEIDA, A. P., & MARTINELLI, D. R. (2011). Negociação: como transformar confronto em cooperação (1ª ed.). São Paulo: Atlas.

BURBRIDGE, R., COSTA, S. F., LIMA, J. G. H., MOURÃO, A. N. S. F., & MANFREDI, D. (2007). Gestão de Negociação: como conseguir o que se quer sem ceder o que não se deve (2ª ed.). São Paulo: Saraiva.

COLSON, A., DUZERT, Y., & LEMPEREUR, A. P. (2009). Método de Negociação: o novo papel dos recursos humanos nas organizações (2ª ed.). São Paulo: Atlas.

LORENCINI, M. A. G. L., SALLES, C. A., & SILVA, P. E. A. (2020). Negociação, Mediação, Conciliação e Arbitragem: curso de métodos adequados de solução de controvérsias. (3ª ed.). Rio de Janeiro: Forense.

MELLO, J. C. M. F. (2012). Negociação Baseada em Estratégias (3ª ed.). São Paulo: Atlas.

PATTON, B., URY, W., & FISHER, R. (2018). Como Chegar ao Sim: como negociar acordos sem fazer concessões. Rio de Janeiro: Sextante.

RÍOS, A. S., (2017). Negociação e Teoria dos Jogos. São Paulo: Revista dos Tribunais.

O DESENVOLVIMENTO DA MELHOR ALTERNATIVA À NEGOCIAÇÃO DE UM ACORDO: QUANDO NÃO NEGOCIAR É O MELHOR NEGÓCIO

Autora:

Marcella Amud Botelho

INTRODUÇÃO

A negociação, como alternativa à solução de conflitos, vem ganhando cada vez mais relevância nos tempos atuais. Primeiro porque se apresenta em muitos casos como a medida mais célere para a resolução dos conflitos, economizando-se, com isso, além de tempo, recursos financeiros e humanos. Ademais, cada vez mais valoriza-se em nossa sociedade a ideia de participação ativa na resolução de problemas, motivo pelo qual muitas vezes não se apresenta interessante a terceirização dessa possibilidade mediante o ajuizamento de uma demanda perante o Poder Judiciário. Isso porque a característica de hiperdinamicidade de nossa sociedade requer imperiosamente a existência de métodos de resolução de controvérsias ágeis, atualizados e idôneos, o que, na maior parte das vezes, não se encontra no Poder Judiciário, seja em razão da demora inerente à burocracia dos procedimentos processuais ou em virtude do imenso número de litígios pendentes de julgamento[1].

Contudo, em que pese o destaque a que se tem dado merecidamente à negociação, é necessário que essa ferramenta seja corretamente desenvolvida a fim de que se obtenha dela os melhores resultados possíveis. Com efeito, não basta que se tenha somente o intuito de negociar. É fundamental que os negociadores tenham profundo conhecimento do objeto que está sendo negociado, dos princípios que norteiam a ideia de negociação, bem como que haja a definição prévia dos limites da negociação.

A partir desse contexto, o objetivo do presente artigo é, após a exposição acerca dos princípios que regem a negociação, explicitar de que modo deveria se dar idealmente uma negociação e em quais situações não se deve levá-la adiante. Para tanto, destacar-se-á a imperiosidade de preparação das partes no que pertine à definição da melhor alternativa à negociação de um acordo.

NEGOCIAÇÃO

Definição

As múltiplas relações pessoais e negociais, bem como a velocidade das mudanças situacionais, regem o atual andamento de nossa sociedade. Esse dinamismo, ao mesmo tempo em que revela nossas múltiplas capacidades e facetas, tem o condão de, em inúmeras e diversificadas situações, ocasionar uma crise na interação humana, gerando, assim, os conflitos.

---

1 Tartuce, F. (2018). Mediação nos conflitos civis. (4. ed). Rio de Janeiro, RJ: Forense.

Em razão da potencial ocorrência de danos originados pelos conflitos, é importante conhecer os meios disponíveis para abordá-los, principalmente a fim de evitar prejuízos à interação produtiva entre pessoas e/ou instituições.

A partir dessa premente necessidade de resolução dos conflitos, concebe-se a ideia de negociação, a qual se configura como um processo social muito complexo e pode ser conceituada como "uma forma de tomada de decisão em que duas ou mais partes discutem um assunto no esforço de resolver as diferenças relativas a seus interesses"[2].

Para Matos[3], a negociação, por ter como resultado um acordo, "pressupõe a existência de uma base comum de interesses que aproxime e leve as pessoas ao diálogo".

Já Fisher, Ury e Patton[4] ampliam o conceito de negociação ao defini-la como um fato da vida, um meio básico de conseguir as coisas que se deseja.

Por meio dessas breves definições, conclui-se ser pacífico que a negociação é praticada por todas as pessoas que pertencem a alguma sociedade e que ela é praticamente vital para o nosso bem-estar. A respeito de como se desenrola uma negociação, também é inquestionável o entendimento de que se trata de um processo por meio do qual duas ou mais pessoas em conflito gerado por sua interação discutem a possibilidade de se chegar a um acordo que traga benefícios a todos, ou ao menos que minorem os prejuízos.

---

2 Lewicki, R., Saunders, D., & Barry, B. (2014). Fundamentos da negociação (5. ed). Porto Alegre, RS: AMHG.

3 Matos, F. G. (2014). Negociação e conflito. São Paulo, SP: Saraiva.

4 Fisher, R., Ury, W., & Patton, B. (2014). Como chegar ao sim: como negociar acordos sem fazer concessões. Rio de Janeiro, RJ: Solomon.

PRINCÍPIOS

Nesse tópico, abordaremos os princípios cunhados pelo Projeto de Negociação de Harvard[5], tendo em vista seu elevado grau de importância no estudo desse tema.

O modelo de negociação criado pelos professores Roger Fisher, Bruce Patton e William Ury é baseado em quatro grandes princípios.

O primeiro deles é o que estatui que se deve separar a pessoa do problema e parte do pressuposto de que a relação entre os envolvidos interfere diretamente na negociação. O segundo princípio é de que não se deve negociar posições, mas sim os interesses em jogo. O terceiro é baseado no entendimento de que as pessoas gostam de escolher, ou seja, diz respeito à necessidade de haver diversas opções de escolhas em jogo. Por último, o quarto princípio é o de que se devem desenvolver critérios que a solução deve preencher.

Em relação ao primeiro princípio citado, de acordo com o modelo de negociação de Harvard, deve-se sempre ter em mente, que os negociadores são pessoas, com emoções, valores próprios, temores, experiências e interesses distintos. Nesse sentido, é essencial distanciar as pessoas, que compõem o outro lado, da substância e do próprio processo de negociação em si, caso haja o interesse de preservação do relacionamento[6].

De acordo com Lewicki[7], em toda negociação, as necessidades, desejos, motivações e experiências pessoais do ser perceptivo geram uma predisposição com relação à outra parte, o que se torna preocupante quando leva a vieses e

---

5   Program on Negotiation – Harvard (PON).

6   Lima, N. R. (2017). Negociação de alto impacto com técnicas de neuromarketing. São Paulo, SP: Brasport.

7   Lewicki, R., Saunders, D., & Barry, B. (2014). Fundamentos da negociação (5. ed). Porto Alegre, RS: AMHG.

erros na percepção e, consequentemente, na comunicação. Por esse motivo, a fim de que se mantenha o foco no problema, Fisher, Ury e Patton asseveram ser necessário

a) ouvir ativamente e demonstrar entender o que está sendo dito;

b) falar para ser compreendido;

c) falar sobre si próprio e não sobre os outros;

d) falar com um propósito;

e) colocar-se no lugar do outro;

f) não deduzir as intenções do outro a partir de seus próprios temores;

g) não culpar os outros por seus próprios problemas;

h) discutir as posições um do outro;

i) dividir com o outro o resultado, assegurando-se de que participem do processo;

j) tornar a sua proposta consistente com os valores da outra parte.

Já em relação ao segundo princípio (foco nos interesses e não nas posições), deve-se recordar que as pessoas frequentemente se sentam à mesa de negociação sob tensão, sentindo-se ameaçadas e pressionadas para chegar a um acordo, sendo desafiador levar esses aspectos em consideração e se empenhar para identificar os interesses por trás das posições e dos objetivos[8].

O problema real de uma negociação não se encontra nas posições que os negociadores adotam, mas nas necessidades, nos desejos, nos anseios, nas preocupações e nos receios de cada uma das partes. Posições se expressam por meio de exigências, que são feitas pelos negociadores habitualmente sob a forma de termos, condições, preços, descontos, prazos, níveis de qualidade,

---

8   Lima, N. R. (2017). Negociação de alto impacto com técnicas de neuromarketing. São Paulo, SP: Brasport.

quantidades etc. Já os interesses são as razões que estão por trás das exigências: motivações, aspirações, intenções, preocupações, temores, anseios etc[9].

Com efeito, é comum os negociadores se sentarem à mesa para iniciar uma negociação muito atrelados às exigências que querem fazer como se estivessem de lados opostos, mas sabe-se que para que se chegue a um acordo todas as partes devem ser flexíveis[10].

Sendo assim, é o exame de interesses que torna possível a criação de soluções que atendam às partes, motivo pelo qual se deve estar atento para que os interesses sejam identificados logo no início da negociação.

Tendo-se o conhecimento da imprescindibilidade da identificação dos interesses numa negociação, as partes devem, diante das possibilidades de acordo, perguntar-se "por quê?" e "por que não?", com o intuito de colocar-se no lugar do outro e forçar a reflexão sobre a escolha alheia.

A partir da identificação dos interesses, as partes envolvidas na negociação devem se ocupar na criação de várias possibilidades que tenham o condão de atender a esses interesses. Nesse contexto, insere-se o terceiro princípio citado: a necessidade de existência de diversas opções de escolhas para a solução do problema.

Esse princípio é baseado na sabedoria de que as pessoas gostam de escolher e de se sentirem partes do processo de escolha da solução criada. Havendo apenas uma possibilidade, ainda que criativa, ela talvez seja entendida como uma proposta, em vez de uma entre muitas opções. Por outro lado, produzir

---

9   Fisher, R., Ury, W., & Patton, B. (2014). Como chegar ao sim: como negociar acordos sem fazer concessões. Rio de Janeiro, RJ: Solomon.

10   Lima, N. R. (2017). Negociação de alto impacto com técnicas de neuromarketing. São Paulo, SP: Brasport.

variadas opções estimula seu interlocutor a criar em cima de suas ideias e evita um pingue-pongue improdutivo[11].

Por derradeiro, o quarto princípio é o de que se devem desenvolver critérios que a solução desenvolvida deve preencher. A importância da utilização de critérios é limitar as opções apresentadas para apenas as que sejam consistentes serem consideradas. Em outras palavras, mediante a aplicação de critérios, o negociador delineia os valores intangíveis na negociação, concluindo quais seriam as opções viáveis para a satisfação de seus interesses.

PREPARAÇÃO DAS PARTES

Para que uma negociação obtenha sucesso, não basta que se tenha apenas a intenção de chegar-se a um acordo. Conforme visto no tópico anterior, é preciso que haja um estudo prévio a respeito do problema que se encontra em pauta, dos interesses em jogo e das alternativas existentes para todas as partes envolvidas.

Com efeito, os princípios que norteiam o processo de conciliação demonstram que o processo de negociação engloba múltiplos fatores que devem ser considerados pelas partes.

Tendo-se já conhecimento acerca dos princípios balizadores da negociação, bem como da importância da preparação, muitos podem se questionar: como seria uma preparação ideal?

Dana Caspersen[12] sugere a realização para si próprio de sete perguntas:

a) Como você compreende esta situação?;

b) O que é mais importante para você nesta situação?;

---

11   Weiss, J. (2018). Negociações eficazes. Rio de Janeiro, RJ: Sextante.

12   Caspersen, D. (2016). Mudando o tom da conversa. Rio de Janeiro, RJ: Sextante.

c) Por que isso é importante?;

d) Qual seria um bom desfecho?;

e) Quais são os obstáculos para chegar a esse desfecho?;

f) O que você gostaria de ver acontecer agora?;

g) Por que isso importa para você?

Todas essas perguntas se relacionam aos quatros grandes princípios delineados anteriormente, senão vejamos.

Os dois primeiros questionamentos – Como você compreende esta situação? e O que é mais importante para você nesta situação? – exprimem bem a ideia central do princípio segundo o qual se deve separar a pessoa do problema. Isso porque é justamente a partir da compreensão da situação em conflito que se inicia a sua separação do relacionamento que se tem com a outra parte. Outrossim, identificar o grau de importância dos fatores envolvidos numa negociação, incluindo o relacionamento com quem se negocia, faz-se primordial para que se tenha ciência sobre o que de fato representa um problema a ser resolvido. Diz-se isso porque muitas vezes não se tem um objeto de negociação propriamente dito, mas sim diferenças pessoais, as quais não devem ser tomadas como ponto de partida jamais de uma negociação.

Os três questionamentos seguintes – Por que isso é importante? Qual seria um bom desfecho? e Quais são os obstáculos para chegar a esse desfecho? -, por sua vez, denotam a inteligência do princípio de que posições não devem ser negociadas, mas sim os interesses.

Quanto à pergunta da razão da importância do objeto, esse princípio fica bastante evidente. Ora, ao nos questionarmos sobre a importância do problema, tentamos retirar do foco a nossa individualidade para priorizar o problema em si. Tendo essa atitude, a chance de a negociação ser produtiva se eleva porquanto há ao menos a tentativa de colocar-se o ego distante da discussão. De igual modo, "Qual seria um bom desfecho?" também tem a finalidade de destacar os interesses, uma vez que no momento em que se definem quais as soluções possíveis e positivas de uma negociação também se está dando menos ênfase ao ego dos envolvidos, focando-se nos interesses de cada um dos lados.

O princípio baseado no entendimento da necessidade de múltiplas opções de escolhas é claramente refletido na pergunta: O que você gostaria de ver acontecer agora?

O corolário lógico da delimitação do problema e dos interesses é a abertura do leque de possibilidades de soluções viáveis na negociação e nada melhor do que, durante a preparação, já vislumbrar todas elas. Como já explanado, as pessoas gostam de ter escolhas, e disponibilizar pacotes de alternativas à outra parte pode ser uma técnica muito efetiva para fechar uma negociação[13].

Finalmente, "Por que isso importa para você?" é a pergunta que se encaixa no princípio de que se deve desenvolver critérios que a solução desenvolvida deve preencher. Isso porque, mediante uma resposta honesta a esse questionamento, pode-se perceber quais, de fato, são as condições e os valores morais que um eventual acordo deve preencher para que seja aceitável.

Respondendo a essas questões, será possível identificar os objetivos e as necessidades subjacentes, imaginar soluções em potencial e descobrir critérios objetivos para guiar a negociação[14].

Como bem observa Lewicki[15], a base do sucesso na negociação é o planejamento que precede o diálogo entre as partes, o qual exige muito trabalho para que se defina adequadamente as questões a serem negociadas, os interesses, os pontos de resistências, as metas e os objetivos.

---

13   Lewicki, R., Saunders, D., & Barry, B. (2014). Fundamentos da negociação (5. ed). Porto Alegre, RS: AMHG.

14   Weiss, J. (2018). Negociações eficazes. Rio de Janeiro, RJ: Sextante.

15   Lewicki, R., Saunders, D., & Barry, B. (2014). Fundamentos da negociação (5. ed). Porto Alegre, RS: AMHG.

LIMITES À REALIZAÇÃO DE UM ACORDO

IMPORTÂNCIA DA CRIAÇÃO DA MAANA

Durante os preparativos, deve-se também delinear as soluções alternativas caso a negociação não resulte em um acordo com as partes.

De fato, ainda que haja o conhecimento dos princípios da negociação, bem como que tenha havido a devida preparação prévia, sempre existirá a possibilidade de não se obter um acordo que satisfaça todas as partes envolvidas. Nesses casos, considerando que a razão pela qual se negocia é produzir um resultado melhor do que se conseguiria sem negociação, o mínimo a fazer é proteger-se contra a assinatura de um acordo que deveria ser rejeitado[16].

Tendo em vista esse cenário, é imprescindível estabelecer um ponto de recuo no caso de a negociação não sair como o esperado. Esse ponto de recuo foi denominado de MAANA – Melhor Alternativa à Negociação de um Acordo.

Vislumbrar a melhor alternativa possui dupla importância: não correr o risco de fazer a negociação de olhos vendados e aumentar o poder de barganha na negociação. Diz-se isso em virtude de que o poder no âmbito da negociação depende, basicamente, de quão atraente para cada lado é a opção de não se chegar a um acordo[17].

Ainda sobre a relação entre a existência da MAANA com o maior poder de persuasão, destaca-se que aquela deve ser aprimorada com criatividade

---

16   Fisher, R., Ury, W., & Patton, B. (2014). Como chegar ao sim: como negociar acordos sem fazer concessões. Rio de Janeiro, RJ: Solomon.

17   Fisher, R., Ury, W., & Patton, B. (2014). Como chegar ao sim: como negociar acordos sem fazer concessões. Rio de Janeiro, RJ: Solomon.

e esforço a fim de que, nos casos em que alguém se recuse a adotar uma abordagem cooperativa para a negociação, fique claro que ou a pessoa começa a agir de forma cooperativa ou você vai buscar satisfazer seus interesses em outro lugar[18]

Em síntese, uma MAANA é fundamental porque oferece ao negociador uma dose expressiva de poder ao conceder-lhe as opções de aceitar a proposta da outra parte ou de escolher sua própria alternativa[19].

Como desenvolver sua MAANA

Como visto no tópico anterior, o desenvolvimento da MAANA é uma ferramenta de poder, capaz de alterar o rumo das negociações, já que permite determinar o que é um acordo minimamente aceitável. Exatamente por esse motivo é que a sua definição não pode ser negligenciada. Pelo contrário, o processo criativo da MAANA deve ser feito com seriedade e levando em consideração todos os fatores decorrentes da aplicação dos princípios informativos da negociação.

Dessa forma, a definição da MAANA não pode ocorrer apenas durante a negociação, mas sim durante a sua preparação. Para tanto, deve-se ponderar de que forma os interesses em jogo poderiam continuar sendo atendidos caso não haja um entendimento, sendo que a melhor das alternativas é o que limita qualquer acordo, ou seja, jamais deve-se concordar com qualquer opção que valha menos para você do que a melhor alternativa[20].

Com o intuito de definir a MAANA, a adoção de três passos é fundamental:

---

18   Weiss, J. N. (2013). O negociador é você. Rio de Janeiro, RJ: LeYa.

19   Lewicki, R., Saunders, D., & Barry, B. (2014). Fundamentos da negociação (5. ed). Porto Alegre, RS: AMHG.

20   Weiss, J. (2018). Negociações eficazes. Rio de Janeiro, RJ: Sextante.

a) inventar uma lista de ações que você possa realisticamente adotar caso não chegue a um acordo;

b) aperfeiçoar algumas das ideias mais promissoras, convertendo-as em alternativas práticas;

c) selecionar, provisoriamente, a alternativa que lhe pareça melhor[21].

QUANDO DIZER NÃO AO ACORDO

A MAANA, além de se apresentar como um instrumento de poder, é também um instrumento de defesa, pois indica o momento em que o negociador deve dizer não a uma proposta desfavorável.

Na prática, mesmo aplicando-se todas as melhores técnicas de negociação e por melhor que seja o negociador, existem situações em que o acordo é improvável ou mesmo impossível. E esse é o motivo pelo qual nunca se deve conduzir uma negociação sem que exista uma opção alternativa (plano B) para o caso de não atingirmos o objetivo esperado[22].

Dito isso, se, no decorrer na negociação, não se identificar uma opção que seja melhor do que sua melhor alternativa, deve-se ponderar pelo abandono da negociação[23].

Nesse cenário, contudo, deve-se tomar a precaução de sempre confrontar as propostas recebidas com sua MAANA mediante a identificação das providências que terá que tomar caso o trato não seja feito, o aprimoramento

---

21   Fisher, R., Ury, W., & Patton, B. (2014). Como chegar ao sim: como negociar acordos sem fazer concessões. Rio de Janeiro, RJ: Solomon.

22   Daychoum, M. (2016). Negociação: Conceitos e Técnicas. São Paulo, SP: Brasport.

23   Weiss, J. (2018). Negociações eficazes. Rio de Janeiro, RJ: Sextante.

de algumas dessas providências para convertê-las em referências práticas e, por último, a seleção da referência que considera a melhor para ser sua MAANA[24].

Se, ainda assim, a MAANA for mais benéfica aos interesses do negociador que a proposta da outra parte, não se deve ter dúvidas em abandonar a negociação.

Por derradeiro, ressalta-se que uma opção alternativa muitas vezes pode ser confundida com uma opção reserva para ser negociada ou, ainda, como uma punição à outra parte. Contudo, adotar um plano B é, na verdade, uma conduta independente à concordância do outro e que não pode ser vista como uma punição, sendo simplesmente algo feito para preservar os interesses do negociador, mesmo que a outra parte não coopere nesse sentido[25].

CONCLUSÃO

Diante de todas as considerações feitas ao longo do presente trabalho, pode-sustentar que o desenvolvimento da MAANA – Melhor Alternativa à Negociação de um Acordo – é imprescindível para que o negociador detenha os poderes necessários para recusar eventualmente o acordo proposto de modo seguro e consciente.

Para que a melhor alternativa seja desenvolvida, o negociador deve ser conhecedor de seus interesses e da exata proporção de seu problema. Nesse sentido, considerando que a negociação está longe de ser linear e estrita, a melhor forma para que isso se dê é não negligenciando os preparativos para cada negociação feita e aprimorando a MAANA.

---

24   Lima, N. R. (2017). Negociação de alto impacto com técnicas de neuromarketing. São Paulo, SP: Brasport.

25   Ury, W. (2007). The power of a positive no. London: Hodder&Stoughton.

Com efeito, pondera-se que a MAANA, por mais que seja crucial para o fortalecimento do poder de persuasão do negociador, é mais importante ainda para evitar que se negocie apenas para chegar a um acordo qualquer. Isso porque muitos negociadores podem se sentir compelidos a selar um acordo a fim de obter a sensação de êxito, de modo que que geralmente aceitam opções inferiores às suas melhores alternativas apenas para que tenham a sensação de cumprimento do seu dever.

A fim de evitar esse cenário é que o conhecimento prévio das opções possíveis ao seu problema é imprescindível no âmbito da negociação, uma vez que o negociador terá como saber, mediante a análise comparativa das soluções propostas com a sua melhor alternativa, se o acordo proposto seria mais vantajoso aos seus interesses ou não.

Outro fator deveras importante a ser considerado no curso de qualquer negociação é que o seu sucesso não necessariamente está atrelado à realização de um acordo. Em verdade, os negociadores devem compreender que dizer não faz parte das habilidades de um bom negociador e que essa capacidade não pode ser menosprezada.

Na prática, dizer não a um acordo com assertividade, baseado em critérios objetivos e levando em consideração a MAANA é dizer sim aos seus interesses e aos seus valores, de modo que jamais pode ser considerada fracassada uma negociação que culminou na não realização de um acordo.

REFERÊNCIAS BIBLIOGRÁFICAS

Caspersen, D. (2016). Mudando o tom da conversa. Rio de Janeiro, RJ: Sextante.

Daychoum, M. (2016). Negociação: Conceitos e Técnicas. São Paulo, SP: Brasport.

Fisher, R., Ury, W., & Patton, B. (2014). Como chegar ao sim: como negociar acordos sem fazer concessões. Rio de Janeiro, RJ: Solomon.

Lewicki, R., Saunders, D., & Barry, B. (2014). Fundamentos da negociação (5. ed). Porto Alegre, RS: AMHG.

Lima, N. R. (2017). Negociação de alto impacto com técnicas de neuromarketing. São Paulo, SP: Brasport.

Matos, F. G. (2014). Negociação e conflito. São Paulo, SP: Saraiva.

Tartuce, F. (2018). Mediação nos conflitos civis. (4. ed). Rio de Janeiro, RJ: Forense.

Ury, W. (2007). The power of a positive no. London: Hodder&Stoughton.

Weiss, J. (2018). Negociações eficazes. Rio de Janeiro, RJ: Sextante.

Weiss, J. N. (2013). O negociador é você. Rio de Janeiro, RJ: LeYa.

Wheeler, M. (2014). A arte da negociação: como improvisar acordos em um mundo caótico. São Paulo, SP: LeYa.

TÉCNICAS PARA VENCER A RESISTÊNCIA DA OUTRA PARTE E FUGIR DE JOGOS SUJOS

Autora:

Bárbara Lúcia Tiradentes de Souza

INTRODUÇÃO

A paz é encontrada quando as necessidades básicas e desejos das pessoas são realizados ou estão em processo de realização. A sociedade hodierna, civilizada, possui plenas condições de, a partir do diálogo e do respeito ao próximo, externar o que deseja e lhe satisfaz, assim como, é capaz de, nas mesmas condições, aceitar satisfazer a necessidade de outro.

O presente trabalho possui como objetivo geral realizar uma análise do instituto da Negociação como mais um dos instrumentos de atingimento da pacificação social invocada no Preâmbulo da nossa Magna Carta, a Constituição da República Federativa do Brasil. Como objetivo específico, buscou-se apresentar as circunstâncias da Negociação, bem como as ferramentas e estratégias das quais podem lançar mão para a persecução de seus objetivos. O recorte metodológico utilizado é o temático descritivo partindo da revisão bibliográfica disponível. O marco teórico utilizado foi o autor Roger Fischer e sua obra "Como chegar ao sim – Como negociar acordos sem fazer concessões".

Por fim, não se pretende esgotar o tema, mas apresentar um viés da negociação e suas técnicas a partir dos agentes. Aqui traremos quais características os negociadores devem desenvolver, quais devem trabalhar e de quais ferramentas devem se servir para que se tornem habilidosos ao negociar.

AS TÉCNICAS PARA VENCER A RESISTÊNCIA DA OUTRA PARTE

A negociação toma lugar a partir da definição de uma meta – o que negocio e qual é o meu objetivo com esta negociação. A partir de então o negociador trabalhará para transformar esta meta em uma proposta interessante ao seu interlocutor, levantando informações estratégicas e analisando suas variáveis para estabelecer o ancoramento, ou seja, os limites da sua proposta.

Estabelecendo o ancoramento, poderá o negociador conhecer a sua margem de negociação e, consequentemente, sua flexibilidade para conduzir o procedimento servindo-se de algumas técnicas. As técnicas que iremos apresentar baseiam-se no método da negociação por princípios, cujos princípios fundamentais são as pessoas, os interesses, a variedade de opções, a imparcialidade de critérios e a busca pela melhor alternativa em caso de não acordo. Apresentamos a seguir algumas técnicas para vencer a resistência da outra parte:

Separar as pessoas dos problemas

Ao sentar-se "à mesa de negociação" é natural que os envolvidos tenham uma primeira impressão de seu interlocutor, bem como, de seu comportamento. É comum que uma das partes coloque em seu comportamento os problemas que está carregando e, ao sentar para negociar, jogue sobre o interlocutor toda a carga emocional que está trazendo consigo e passe então a apresentar resistência em dar continuidade à negociação.

É importante então que o negociador, ao invés de se fechar e passar a adotar o mesmo comportamento agressivo de seu oponente, respire fundo, torne o diálogo mais ameno, perceba que aquela pessoa traz consigo algum problema que precisa ser isolado da pessoa.

Separar a pessoa do problema ajuda o negociador a não entrar na mesma conduta negativa da outra parte e, ainda, tem o viés de preservar o relacionamento e o diálogo, pois não concentra a causa da disputa em uma pessoa e sim, sobre determinada situação, comportamento ou conduta.

Esta é uma técnica bastante apropriada para que seja possível analisar adequadamente o cenário. Separado a pessoa do problema o negociador poderá fazer questionamentos dentro do objeto da negociação para conhecer melhor o panorama e as possíveis alternativas a fim de compreender a situação em que o outro se encontra. Tecer o panorama do oponente permite esclarecer as suas necessidades e os seus reais interesses naquela negociação.

Com a utilização desta técnica o negociador poderá então, aumentar as suas chances de encontrar as melhores alternativas para que aquela negociação possa tornar-se agradável e frutífera para ambos.

INTERESSES VERSUS POSIÇÕES

Os interesses são os vetores de convergência de uma negociação, enquanto que as posições são os vetores de divergência.

A terminologia conceitual já trata a negociação como baseada em posições quando diz que negociadores são "oponentes". Este conceito por si demonstra as posições dos negociadores.

Esta técnica ensina a dar maior valor aos interesses dos negociadores para que a solução seja mais adequada para ambos. Os interesses giram em torno de necessidades, anseios e preocupações, sentimentos e emoções dos envolvidos, as razões que levam cada um dos negociadores a adotar suas posições, suas exigências, suas condições de negociação.

Quando se trabalha com os interesses há necessidade de se aprofundar o diálogo para que todas as necessidades que precisam ser contempladas no acordo possam emergir[1]. Para isso, mais e mais perguntas precisam ser geradas para que as opções sejam levantadas. Com as opções em pauta, os negociadores podem trabalhar para que os interesses sejam adequadamente atendidos.

BRAINSTORMING

Com as pessoas separadas dos problemas e as necessidades encontradas por trás das posições, é chegada a hora de reunir as opções levantadas e partir para um brainstorming, cuja tradução literal é "tempestade de ideias".

As ideias podem ser organizadas por temas, por necessidades, por questões convergentes em interesses comuns, buscando estabelecer a prioridade por ordem de complexidade, do menos complexo para o mais complexo e iniciando por pontos que provoquem sentimentos mais positivos em detrimento dos menos positivos.

Com o uso da empatia é possível ampliar o espectro[2], no sentido terminológico da física, de cada interesse para que as opções de solução fiquem mais claras e ofereçam maior possibilidade de satisfação.

---

1   BORG (2011, P. 208) ensina que "se analisarmos os motivos de uma pessoa para assumir determinada posição, fica claro que são para satisfazer os interesses dela".

2   (Física) conjunto dos raios coloridos, resultantes da decomposição de uma luz complexa: espectro de absorção, espectro eletromagnético

espectro solar = relativo à imagem que se visualiza na sombra quando a luz do sol se divide através de um prisma (Fonte: https://www.lexico.pt/espectro/, in: 06/04/2020)

O objetivo desta técnica é oportunizar o debate a partir das diversas opções levantadas desde o início do diálogo num ambiente de ganho mútuo.

IMPARCIALIDADE

A técnica da Imparcialidade diz respeito aos critérios a serem utilizados. Comumente é visto a negociação por barganha, onde os negociadores buscam obter concessões de maneira incisiva. É a negociação entre a freguesa e o feirante ajustando o preço da mercadoria baseado em posições, onde cada um vai "ceder" um pouco e o vencedor vai ser aquele que vai chegar mais próximo da sua proposta inicial.

Quando utilizamos a técnica da imparcialidade, o uso de critérios imparciais vai lançar mão de fatos em detrimento de vontades pessoais. No exemplo do feirante, a negociação se daria sobre argumentação referente aos custos de produção, de transporte, de distribuição, sazonalidade do produto e não somente em manter o preço já estipulado. Em conseqüência, a freguesa argumentaria em relação ao alto custo de vida no país, à crise mundial em decorrência da pandemia, ao congelamento e/ou perda dos salários dos trabalhadores, o preço do mesmo item na barraca vizinha, etc. Percebe-se que com a utilização desta técnica os critérios de negociação são imparciais, pois são externos às pessoas dos negociadores, são fatos.

Outra opção para utilização da técnica da imparcialidade seria a escolha de um mediador para conduzir determinado impasse. Ter-se-ia então um terceiro imparcial a auxiliar os interlocutores no restabelecimento da comunicação e retomada da negociação.

MACNA (MELHOR ALTERNATIVA EM CASO DE NÃO ACORDO)

Esta técnica, também denominada MAANA – Melhor Alternativa À Negociação de um Acordo; ou, BATNA – Best Alternative To a Negotiated Agreement, é conhecida popularmente como Plano B da negociação. Segundo seus criadores, Ury e Fisher, é a medida para saber o quanto vale a pena se dedicar a esta negociação e qual é o cenário em caso de não se obter um acordo.

A utilização desta ferramenta é importante fonte de equilíbrio emocional para o negociador por ser uma ferramenta externa à negociação, mas que lhe permite ter a consciência de seu real poder-dever de negociação.

Os efeitos de se negociar de posse de sua MACNA podem ser sentidos ao se negociar com maior dedicação a fim de se obter um resultado melhor do que a sua MACNA, bem como, sentir maior tranqüilidade ao trabalhar as opções apresentadas na negociação, podendo aceitar ou rejeitar conforme lhe parecer mais adequado, assumindo uma situação mais confortável durante as tratativas.

MOEDAS DE TROCA

Na negociação distributiva podemos utilizar a presente técnica a fim de oferecer um conjunto de propostas, baseadas em valores tangíveis e intangíveis, para que os resultados almejados sejam mais facilmente alcançados.

A utilização desta técnica pode gerar como benefício a sensação de liberdade de negociação. A outra parte, vislumbrando a gama de opções apresentadas, sente-se livre para escolher uma ou algumas delas para dar continuidade à negociação, sem se sentir pressionada ou, como o livro A arte da Guerra traz, encurralada pelo inimigo[3].

---

3   "Se, por acaso ou por erro, teu exército se encontrar em lugares inóspitos, cercado de desfiladeiros, onde o inimigo facilmente poderia colocar emboscadas, de onde seria difícil fugir em caso de perseguição, onde poderiam interceptar teus víveres e armar ciladas nos caminhos, evita com cuidado atacar em tal terreno. Mas, se o inimigo te encurralar em semelhante local, combata até a morte. Não te contentes com uma 'pequena vantagem ou com meia vitória. Isso poderia ser um engodo para te fulminar por completo. Permanece de sobreaviso, mesmo depois de obteres todas as aparências de uma vitória completa." Tzu (2006, p. 43)

Outro benefício trazido por esta técnica ocorre quando o outro interessado não consegue expor as suas necessidades. Com a apresentação de múltiplas moedas de troca é possível identificar o caminho que melhor atende os anseios do outro. Para isso é necessário observar a reação a cada uma das propostas individualmente e colocá-las na balança. Aquelas que mais agradarem o outro demonstram o caminho a ser seguido.

As moedas de troca podem ser elencadas a partir de itens, características, condições e temporalidade do objeto da negociação, com vistas a elevar o leque de possibilidades de atendimento das necessidades do interlocutor e facilitar a obtenção do acordo.

Há ainda a possibilidade de utilização da técnica para um caso de "xeque mate"[4]. Em uma negociação mais agressiva fazer uso de uma moeda de troca irresistível pode ter grande impacto sobre o resultado final.

Na negociação integrativa há possibilidade de utilização desta técnica com o objetivo específico de gerar ganhos mútuos a partir de moedas que agradem a ambos os negociadores.

Neste cenário os negociadores buscam, a partir do compartilhamento de informações, levantar múltiplas opções e alternativas que permitam atingir um acordo com vistas a manter uma relação continuada ao invés de encerrar em apenas uma negociação isolada.

O campo da negociação

O campo da negociação é o "tabuleiro" imaginário onde o jogo da negociação acontece.

---

4   "Para obter a vitória no jogo de xadrez, é preciso dar um xeque-mate, ou seja, colocar o Rei adversário em uma posição na qual seja impossível ele escapar. O jogador que fizer isso primeiro vence a partida." Fonte: https://www.soxadrez.com.br/conteudos/fases_partida/, in: 06/04/2020

Durante o planejamento da negociação o negociador desenhará neste tabuleiro as etapas que prevê para que a negociação aconteça e os parâmetros a serem adotados, a fim de estipular as "regras do jogo".

No tabuleiro, ou, campo de negociação, o negociador estabelecerá a sua meta, já tendo em mente a sua MACNA e algumas moedas de troca; apontará o seu início ou proposta de abertura, estabelecendo o ancoramento de suas propostas e condição de reserva, quando ambos os negociadores podem perder o interesse no resultado daquela negociação.

A negociação toma lugar costurando, interligando, os campos de negociação de ambos os negociadores, até chegar naquela opção que foi previamente traçada pelos dois negociadores, cada um em seu campo de negociação. Quando esses campos se tocam, temos aí então a denominada ZOPA - "Zone Of Possible Agreement"[5].

A ZOPA é o ponto exato onde os conjuntos formados pelas opções delineadas pelos negociadores em seus campos de negociação formam uma intercessão matemática, ou seja, Negociador 1 tem A, B e C propostas e Negociador 2 tem C, D e E propostas. A Zona de Possível Acordo entre eles será então a proposta C.

A PERSUASÃO

Esta técnica entra na seara da relação interpessoal e da capacidade de influenciar a vontade e a decisão de outrem. A persuasão vai além de uma visão egocêntrica[6] de influenciar pessoas. Para ser persuasivo o negociador

---

5   Fonte: https://www.mediacaonline.com/blog/o-que-e-zopa-importancia-de-se-planejar-melhor-alternativa-um-acordo-negociado/, in 08/04/2020

6   "Diz-se de pessoa que atribui valor excessivo a si mesma, a seus próprios juízos, sentimentos ou necessidades, preocupando-se pouco ou nada com os problemas e interesses alheios". Fonte: http://michaelis.uol.com.br/busca?id=QXme, in 06/04/2020

precisa conhecer os interesses, as necessidades e as vontades do outro, para que possa oferecer propostas de maneira que o outro sinta-se inclinado a aceitá-las.

Cialdini nos ensina seis princípios para que qualquer pessoa possa fazer uso dessa técnica em suas negociações e em suas vidas. O primeiro princípio apresentado é a reciprocidade, segundo o autor, se você espera algo de alguém, faça por ela primeiro. É da natureza humana sentir-se no dever de retribuir. Quando você oferece um benefício ao seu interlocutor ele como que automaticamente lhe oferece outro em retribuição.

O segundo princípio trata de coerência e compromisso, segundo o qual as pessoas tendem a se comprometer com suas decisões anteriores por coerência. Para utilizar esta técnica o negociador pode oferecer uma proposta simples inicialmente, mas que conduza para o seu objetivo. Ao concordar com aquela proposta simples o negociador conduz o interlocutor até a proposta com a qual deseja que ele concorde, que seja coerente com a qual já houvera concordado, a fim de vinculá-lo ao compromisso.

O terceiro princípio trazido é o da aprovação social, segundo o qual ao embasar sua estratégia na opinião positiva de outras pessoas a respeito de determinado feito as chances do outro ser influenciado por tal opinião seriam maiores. Este princípio é muito utilizado em campanhas de marketing que utilizam as opiniões de seus clientes para conquistar novos. Também é uma das plataformas do denominado "marketing boca a boca".

O quarto princípio é o relacionado à afeição que as pessoas são capazes de nutrir por alguém a partir de características como aparência física, semelhanças, carisma e proximidade. Aqueles que exercem alguma ou todas essas influências positivas sobre elas exercem também maior capacidade de persuasão.

O quinto princípio fala sobre a autoridade. A autoridade reduz a capacidade de racionalizar daquele que está sob ela, agindo também como um gatilho mental, concedendo àquele que a exerce a influência necessária a persuadi-la. A autoridade pode ser exercida, além das já pré constituídas, como pai, mãe, professor, padre, etc, por aqueles que dominem a sua área de conhecimento, demonstrando a sua autoridade sobre o tema em questão. Outra opção é "subir no ombro do gigante"[7] e servir-se do conhecimento e autoridade de outros para exercer influência em uma negociação.

O sexto e último princípio elencado pelo autor refere-se à escassez, ao valor dado àquilo que é raro, cuja disponibilidade é finita. Bastante utilizado pelo marketing digital este princípio prevê que a proposta seja oferecida de forma rápida, com pouca quantidade e por tempo bastante curto, conduzindo o consumidor a "aproveitar antes que acabe", sem que haja tempo para reflexão, sendo conduzido a agir de forma rápida e automática.

Os princípios são estratégias baseadas na programação neurolinguistica, que levam em conta a natureza psicológica de todo ser humano em sua coletividade, que podem ser adotadas a fim de facilitar a compreensão de si e do outro.

COMO FUGIR DOS JOGOS SUJOS

O conhecimento da programação neurolinguistica e das técnicas de persuasão em si são excelentes ferramentas para se conduzir uma negociação. Mas, e se ambos os negociadores dispuserem das mesmas técnicas e ferramentas e tenderem a "conduzir" ardilosamente a negociação? E se um dos negociadores optar por servir-se das técnicas e ferramentas com más intenções?

Dentro da negociação por princípios vamos elencar aqui não técnicas de embate e sim, técnicas de aproximação. Neste capítulo vamos analisar como trazer o seu oponente para jogar o mesmo jogo que o negociador para que ele mesmo não veja necessidade de adotar jogos sujos.

---

7   Newton acknowledged that he had only arrived at his conclusions because of the pioneering work done by Descartes and Hooke. He went on to say, "If I have seen further it is by standing on the shoulders of Giants," Fonte: https://www.americanscientist.org/article/on-the-shoulders-of-giants, in 11/04/2020

RAPPORT

Rapport é um termo francês, que foi adotado pela psicologia e difundido pelos operadores dos métodos adequados de solução de conflitos, sem tradução literal adequada para o português[8].

Para que possamos dar início à negociação em um ambiente sereno e respeitoso o rapport deve ser construído respeitosa e educadamente, utilizando uma abordagem atenciosa, envolta em uma atmosfera de sentimentos positivos e interesse sincero no outro.

O estabelecimento da empatia entre os negociadores, com uma relação harmoniosa e voltada para compreensão e aceitação recíprocas, promove o aumento de confiança entre si e proporciona a melhoria na comunicação do interlocutores.

ESCUTA ATIVA

A prática da escuta ativa é uma das mais poderosas ferramentas de comunicação e relacionamento interpessoal por proporcionar ao interlocutor o prazer de ser ouvido em suas questões, necessidades, sentimentos e interesses. Quando pratica a escuta ativa o negociador, além de obter as informações que precisa para estabelecer uma negociação positiva, ainda proporciona condições para que o outro apresente suas opções de negociação e vislumbre novas opções que podem ser construídas em comum.

A escuta ativa é aquela que é praticada pelo ouvinte com atenção, sem interromper, demonstrando ao interlocutor, por meio de parafraseamento, a sua compreensão do que está sendo falado, reunindo as informações e apresentando feedbacks, seja de forma verbal ou por demonstração corporal.

---

8   BACELLAR (2012, p. 140 e 141) define a construção do rapport como "uma relação respeitosa de confiança ou com qualidade no relacionamento".

Assertividade

Ao dialogar com o outro o negociador deve ser assertivo, se expressar claramente, com honestidade e neutralidade. A pessoa assertiva é capaz de se expressar sem causar qualquer dano emocional ao outro, preservando o conteúdo do diálogo em espaço neutro e agradável.

A assertividade permite ao negociador explanar suas ofertas de maneira respeitosa e confiante, transmitindo sua mensagem de modo franco, direto e honesto.

O negociador assertivo dá espaço para o outro apresentar a sua opinião, concordar ou discordar de si, sem cair nas armadilhas do ego.

Inteligência emocional

Durante embates verbais é comum o coração acelerar, a adrenalina circular e as pernas se prepararem para correr – é o stress se apresentando. Durante uma negociação pode não ser diferente. As discussões podem se acalorar, as propostas podem se tornar ofensivas e os ataques podem se tornar pessoais.

A inteligência emocional, largamente divulgada a partir dos estudos de Daniel Goleman, é hoje considerado um dos índices mais importantes do desenvolvimento humano. A partir de critérios objetivos define-se a inteligência emocional como a capacidade de perceber, identificar, exprimir e administrar as emoções.

O comportamento emocional de um negociador pode influenciar diretamente o comportamento do outro, a menos que este ciclo seja quebrado com a aplicação dos critérios objetivos pelo outro negociador, a fim de perceber a alteração emocional do outro, identificar os sentimentos envolvidos, exprimir com tranquilidade e respeito esta percepção e auxiliá-lo a administrar essas emoções.

Uma opção que pode ser utilizada pelos negociadores, é a técnica da Comunicação Não Violenta, de Marshall Rosenberg, que pode ser condensada em cinco passos: 1. Escute o outro; 2. Faça um resumo do relato; 3. Identifique os sentimentos apresentados; 4. Identifique as suas necessidades; e, 5. Apresente opções de solução.

Outra opção para o momento em que a negociação escapa ao controle emocional é convidar para uma pausa, oferecer um café, água, ou, caso seja o anfitrião que precise da pausa, peça licença para dirigir-se ao toilet, telefone, etc. O objetivo desta pausa é respirar, oxigenar as ideias e o corpo, para que se retome o controle emocional.

CONCLUSÕES

A negociação por princípios é focada nas pessoas, sua necessidade e interesses. Como tal é mais humana, mais gentil, mais altruísta. Ela sai do egocentrismo para sentir-se confortável na atenção ao outro de modo generoso e empático.

A fim de vencer a resistência da outra parte, ao separarmos as pessoas dos problemas conseguimos focar no motivo real do impasse da negociação e com isso preservar o relacionamento e o foco no objeto da negociação. Ao distinguirmos os interesses das posições percebemos que os interesses são os vetores de convergência de uma negociação, enquanto que as posições são vetores de divergência, pois os interesses giram em torno de necessidades, sentimentos, emoções, anseios e preocupações dos envolvidos, que precisam ser trabalhados conjuntamente para que a negociação possa se concretizar. Para isso é necessário servir-se do Brainstorming para que todas as variáveis da negociação sejam abertas ao debate. A utilização da imparcialidade, tratando-se os fatos em detrimento de vontades pessoais permite uma análise da sua MACNA, a melhor alternativa em caso de não acordo e, caso a negociação ainda seja do interesse de ambos, podem trabalhar as moedas de troca, com o objetivo de gerar ganhos mútuos, até que, ao costurar, interligar os campos de negociação de ambos os negociadores, a ZOPA – zona de possível acordo

–, intercessão matemática formada a partir dos conjuntos dos campos de negociação, apresente-se.

Para fugir de jogos sujos mister se faz investir-se de inteligência emocional para tempestivamente perceber, identificar, exprimir e administrar emoções. Ao aparelhar-se de Rapport, por meio de uma abordagem atenciosa, com sentimentos positivos e interesse sincero no outro é possível praticar a escuta ativa, com atenção, sem interrupção, demonstrando compreensão do que se está falando. Por fim, para arrematar a estratégia, sirva-se da assertividade para expressar-se claramente sem causar qualquer dano emocional ao outro.

As técnicas apresentadas buscam oferecer um aparato para que a negociação possa ocorrer de forma positiva e benéfica aos envolvidos, a partir de diálogo e respeito mútuo, visando externar o que cada um deseja e lhe satisfaz, assim como, é capaz de, nas mesmas condições, aceitar satisfazer a necessidade de outro, servindo o presente instituto como mais um dos instrumentos da constitucional pacificação social.

REFERÊNCIAS BIBLIOGRÁFICAS

BACELLAR, Roberto Portugal. Mediação e arbitragem. São Paulo: Saraiva, 2012.

BORG, James. A arte da persuasão: consiga tudo o que quer sem precisar pedir. São Paulo: Saraiva, 2011.

CIALDINI, Robert B. As armas da persuasão. Rio de Janeiro: Sextante, 2012.

FISHER, Roger e outros. Como chegar ao sim: como negociar acordos sem fazer concessões. Rio de Janeiro: Solomon, 2014.

GOLEMAN, Daniel. Inteligência emocional. Rio de Janeiro: Objetiva, 2011.

LIMA, Newton Rodrigues. Negociação de Alto Impacto com Técnicas de Neuromarketing. Rio de Janeiro: Brasport, 2017.

OLIVEIRA, Edson. Códigos da persuasão. 2ª Ed. ES: Vargem Alta, 2014.

REIMAN, Tonya. A arte da persuasão. São Paulo: Lua de Papel, 2010.

SCHAFER, Jack. Manual de Persuasão do FBI. São Paulo: Universo dos Livros, 2015.

TZU, Sun. A arte da guerra. Porto Alegre: L&PM, 2006.

WHEELER, Michael. A arte da negociação: Como improvisar acordos em um mundo caótico. São Paulo: LeYa, 2014.